Sem tempo a perder

Sem tempo a perder

Um Guia Útil para o Caminho do Bodhisattva

Pema Chödrön
Autora de *Quando Tudo Se Desfaz*

GRYPHUS

Rio de Janeiro

Título original
No time to lose - A Timely Guide to the Way of the Bodhisattva

Tradução de *O Caminho do Bodhisattva*, de Shantideva
Gentilmente cedida pela Editora Makara – www.makara.com.br

Revisão
Maria Helena da Silva

Editoração eletrônica
Rejane Megale Figueiredo

Capa
Carmen Torras – www.gabinetedeartes.com.br

Adequado ao novo acordo ortográfico da língua portuguesa

CIP-BRASIL. CATALOGAÇÃO-NA-FONTE
SINDICATO NACIONAL DOS EDITORES DE LIVROS, RJ

C473s
2. ed.

Chödrön, Pema
Sem tempo a perder : um guia útil para o caminho do Bodhisattva / Pema Chödrön ; tradução Ângela Machado. - 2. ed. - Rio de Janeiro : Gryphus, 2020.
340 p. ; 23 cm.

Tradução de: No time to lose
Inclui bibliografia
ISBN 978-85-8311-127-6

1. Bodhisattva. 2. Vida espiritual - Budismo. 3. Meditação - Budismo. I. Machado, Ângela. II. Título.

19-55954 CDD: 294.34
CDU: 24-1

GRYPHUS EDITORA
Rua Major Rubens Vaz 456 — Gávea — 22470-070
Rio de Janeiro — RJ — Tel.: (0XX21) 2533-2508 / 2533-0952
www.gryphus.com.br — e-mail: gryphus@gryphus.com.br

Diante de meu mestre,

Chögyam Trungpa Rinpoche

Eu me inclino

Sumário

Pessoas Como Nós Podem Fazer a Diferença

O CAMINHO DO BODHISATTVA foi composto na Índia há mais de doze séculos, embora permaneça excepcionalmente relevante para a nossa época. Este texto clássico, escrito pelo sábio indiano Shantideva, nos fornece instruções surpreendentemente atuais para que pessoas como você e eu possamos viver de maneira sadia e aberta até mesmo neste mundo tão atribulado. É o guia essencial para bodhisattvas inexperientes, aqueles guerreiros que anseiam aliviar o sofrimento, o seu e o dos outros. Por isso pertence ao mahayana, a escola de budismo que enfatiza a compaixão por todos e o cultivo da nossa mente de sabedoria flexível, imparcial.

Segundo a tradição, para escrever um comentário sobre um texto como *O Caminho do Bodhisattva* (ou *Bodhicharyavatara* em sânscrito), é preciso ter alcançado uma realização espiritual avançada ou sido direcionado em um sonho para compor um tratado. Como eu, infelizmente, não tenho nenhuma dessas qualificações, simplesmente ofereço este ensinamento com aspiração sincera de que possa auxiliar os leitores a se beneficiarem do texto de Shantideva tanto quanto eu.

A minha própria apreciação de *O Caminho do Bodhisattva* surgiu lentamente, e somente após conhecer Patrul Rinpoche, um grande iogue andarilho do século XIX, do Tibete. Através dos seus escritos e das histórias corajosas que contavam sobre ele, comecei a respeitar e a amar ternamente este homem. Não tinha morada fixa e nem pertences, e revelava um comportamento não convencional e espontâneo, embora fosse um mestre muito sábio e poderoso, cuja realização espiritual se manifestava em todas as situações de sua vida. Lidava com as pessoas com grande paixão e ternura, mas também com uma honestidade implacável.

Quando descobri que Patrul Rinpoche tinha ensinado este texto centenas de vezes, isto chamou a minha atenção. Ele podia vagar pelo Tibete ensinando a quem quisesse ouvir: ricos e pobres, nômades e aristocratas, estudiosos e pessoas que nunca tinham estudado os ensinamentos budistas. Ao ouvir isso, pensei: "Se este homem excêntrico, este iogue dedicado amava tanto este texto, deve haver algo nele". Então comecei a estudá-lo com fervor.

Algumas pessoas se apaixonam pelo *O Caminho do Bodhisattva* na primeira vez que o leem, mas não fui uma delas. Sinceramente, se não fosse a minha admiração por Patrul Rinpoche não teria conseguido. Mas quando eu me atraquei com o seu conteúdo, o texto me tirou de um estado de profunda complacência e comecei a apreciar a urgência e a relevância destes ensinamentos. Com a orientação de Shantideva, compreendi que pessoas comuns como nós podem fazer a diferença em um mundo que precisa desesperadamente de ajuda.

Também comecei a buscar um comentário menos erudito entre aqueles que estavam disponíveis, um que pudesse alcançar uma audiência ampla e fosse acessível até para pessoas que não conheciam nada dos ensinamentos budistas.

Por estas razões, quando me pediram que ensinasse *O Caminho do Bodhisattva* no colégio monástico da Abadia de Gampo, fiquei ansiosa para tentar. As transcrições daquelas palestras formam a base deste livro. O meu comentário sobre o ensinamento de Shantideva é muito mais uma visão de estudante e um trabalho em preparação. Inquestionavelmente, com a ajuda dos meus mestres, a minha compreensão destes versos aprofundará consideravelmente com o passar do tempo; contudo, estou verdadeiramente feliz ao compartilhar o meu entusiasmo pelas instruções de Shantideva.

• • •

Shantideva foi um príncipe que nasceu no século VIII, na Índia, e como filho mais velho, estava destinado a herdar o trono. Em um dos relatos da história, na noite anterior à sua coroação, Shantideva teve um sonho no qual Manjushri (o bodhisattva da sabedoria) apareceu e lhe disse para renunciar à vida mundana e buscar a sabedoria última. Então, Shantideva deixou imediatamente a sua casa, desistindo do trono para seguir o caminho espiritual, assim como fez o Buda histórico.

Em outra versão, na noite anterior à sua subida ao trono, a mãe de Shantideva lhe deu um banho cerimonial usando água escaldante. Quando ele perguntou por que ela o estava queimando intencionalmente, ela respondeu: "Filho, esta dor não é nada se comparada à dor que você sofrerá ao se tornar rei", e naquela mesma noite ele partiu rapidamente.

Qualquer que tenha sido o catalisador, Shantideva desapareceu na Índia e começou a levar uma vida de renunciante. Finalmente, chegou à Universidade Nalanda, que era o maior e mais poderoso monastério na Índia naquela época, local de grande aprendizagem que atraía alunos de todo o mundo budista. Em Nalanda, ele foi ordenado monge e recebeu o nome de Shantideva, que pode ser traduzido como "Deus da Paz".

Contrário ao que a sua reputação posterior sugere, Shantideva não era muito apreciado em Nalanda. Aparentemente, ele era uma dessas pessoas que não se destacam por nada, nunca estudando ou frequentando as sessões práticas. Seus companheiros monges diziam que as suas três "realizações" eram comer, dormir e defecar. Finalmente, para lhe dar uma lição, eles o convidaram para fazer uma conferência para a universidade inteira. Esta honra era concedida somente aos melhores alunos. O convidado tinha que se sentar em um trono e, naturalmente, dizer alguma coisa. Como achavam que Shantideva não sabia nada, os monges pensaram que ele ficaria envergonhado e, humilhado, deixaria a universidade. Essa é uma história.

Outra versão apresenta uma visão mais simpática de Shantideva, onde os monges esperavam que, ao se sentir desconfortável, Shantideva poderia ficar motivado para estudar. Contudo, como todos os seres conscientes que montam uma situação contra alguém, eles provavelmente sentiram alguma alegria com a possibilidade de deixar Shantideva embaraçado. É dito que tentaram humilhar mais ainda Shantideva fazendo um trono muito alto e sem uma escada para subir.

Para sua surpresa, Shantideva não teve problema para subir no trono. Então, com uma atitude confiante, perguntou aos monges reunidos se eles desejavam os ensinamentos tradicionais ou algo que nunca tinham ouvido antes. Quando eles responderam que gostariam de ouvir algo novo, ele deu início ao *Bodhicharyavatara,* ou *O Caminho do Bodhisattva.*

Estes ensinamentos eram passados em termos bem pessoais, repletos de conselhos úteis e relevantes para suas vidas, e também de maneira poética e diferente. Seu conteúdo não era radical. Em suas primeiras estrofes, Shantideva diz que tudo o que irá ensinar deriva da linhagem de Buda. O assunto não era original, mas sim a maneira direta e contemporânea com que ele expressou os ensinamentos, e a beleza e o poder das suas palavras. Na parte final da sua apresentação, Shantideva começou a falar sobre o vazio: a natureza incondicionada, inexpressível e semelhante ao sonho de toda a experiência. Quando falou, os ensinamentos ficaram cada vez mais sem fundamento. Havia menos onde segurar, e as mentes dos monges se abriram mais e mais. Neste ponto, é dito que Shantideva começou a flutuar. Ele levitou até que os monges não conseguiam mais vê-lo, mas somente ouviam a sua voz. Talvez isto exprima como a sua audiência se sentiu enlevada. Nunca saberemos. O que sabemos é que, após o seu discurso sobre o vazio, Shantideva desapareceu. Então o seu desaparecimento provavelmente deixou os monges desapontados, mas ele nunca mais retornou a Nalanda e permaneceu como um iogue andarilho pelo restante da sua vida.

• • •

O Caminho do Bodhisattva é dividido em dez capítulos. Patrul Rinpoche os organizou em três seções principais, baseando-se nos seguintes versos do grande mestre budista Nagarjuna:

> Possa o bodhichitta, precioso e sublime,
> Surgir onde ainda não está;
> E onde surgiu que não decline,
> Mas cresça e floresça cada vez mais.

O termo sânscrito *bodhichitta* é muitas vezes traduzido como "coração desperto", e se refere a um desejo intenso de aliviar o sofrimento. A nível relativo, bodhichitta se expressa como aspiração. Especificamente, é o anseio sincero de se libertar da dor da ignorância e dos padrões habituais para ajudar os outros a fazer o mesmo. Esta aspiração de aliviar o sofrimento dos outros é o ponto principal. Começamos próximo de casa com o desejo de ajudar aqueles que conhecemos e amamos, porém, a inspiração subjacente é global e abrangente. Bodhichitta é um tipo de "missão impossível": o desejo de acabar com o sofrimento de todos os seres, inclusive daqueles que nunca encontramos, bem como dos que detestamos.

A nível absoluto, bodhichitta é a sabedoria não-dual, a vasta e imparcial essência da mente. O mais importante é que esta é a sua mente – a sua e a minha. Pode parecer algo distante, mas não é. Na verdade, Shantideva compôs este texto para lembrar a si mesmo que ele poderia contatar a sua mente de sabedoria e ajudá-la e se abrir.

Segundo a tripla divisão de Patrul Rinpoche, os três primeiros capítulos de *O Caminho do Bodhisattva* elucidam os versos de abertura do poema de Nagarjuna – "Possa o bodhichitta, precioso e sublime surgir onde ainda não está" – e se referem à nossa aspiração inicial de cuidar dos outros. Ansiamos que esta qualidade transformadora surja em nós, e em todos os seres, mesmo naqueles que nunca antes se preocuparam com o bem-estar dos outros. O capítulo 1 oferece uma rapsódia das maravilhas do bodhichitta. O capítulo 2 prepara a mente para nutrir esta aspiração do bodhichitta: como se preparássemos a terra, preparamos a mente para que as sementes do bodhichitta possam crescer. O capítulo 3 nos introduz à promessa do bodhisattva, o compromisso de dedicar a vida para ajudar os outros.

Infelizmente, em geral estamos tão preocupados com o nosso próprio conforto e segurança que não damos muita atenção ao que os outros possam estar passando. Embora justifiquemos o nosso próprio preconceito e raiva, tememos e denunciamos estas qualidades nos outros. Não queremos que nós ou aqueles que gostamos sofram, embora condenemos a vingança de nossos inimigos. Mas, ao vermos os resultados desastrosos do pensamento "primeiro eu" nas notícias dos jornais, devemos ansiar que o bodhichitta desperte nos corações de homens e mulheres em toda parte. Então, em vez de buscar vingança, desejamos que até os nossos inimigos estejam em paz.

Martin Luther King Jr. explicou este tipo de aspiração. Ele sabia que a felicidade depende da cura da situação *inteira.* Assumir um lado – negro ou branco, ofensor e ofendido – somente perpetua o sofrimento. Para que eu possa estar curado, todos precisam estar curados.

As pessoas que fazem uma diferença positiva neste mundo possuem corações grandes. O bodhichitta está bem desperto nestas mentes. Através de meios hábeis para se comunicarem com grandes grupos de pessoas, eles conseguem mudanças enormes, mesmo naqueles que nunca tinham considerado nada além das suas próprias necessidades. Este é o assunto dos três primeiros capítulos de *O Caminho do Bodhisattva:* o amanhecer inicial do coração desperto.

O verso seguinte do poema de Nagarjuna, "E onde surgir que não decline", corresponde aos outros três capítulos de *O Caminho do Bodhisattva* e enfatiza a necessidade de nutrir o bodhichitta. Se não o encorajarmos, o nosso anseio para aliviar o sofrimento pode ficar adormecido. Embora ele nunca desapareça por completo, a capacidade de amar e enfatizar pode definitivamente declinar.

O mesmo pode ser dito do *insight*. Um mero vislumbre da abertura da nossa mente pode nos tocar profundamente. Pode nos inspirar a começar a ler livros como este e despertar uma sensação de urgência para fazer algo significativo em nossas vidas. Mas se não nutrirmos esta inspiração, ela vacila. A vida assume o lugar e nós esquecemos que vimos tudo de uma perspectiva mais ampla. Portanto, quando sentirmos a aspiração do bodhichitta, é preciso que nos digam como proceder.

Nos capítulos 4, 5 e 6 Shantideva descreve como trabalhar com habilidade com a reação emocional e com a rebeldia das nossas mentes. São instruções essenciais para nos libertarmos da autoabsorção, o ponto de referência da mente estreita que o meu mestre Chögyam Trungpa Rinpoche chamou de "casulo".

Nesses capítulos, somos também apresentados às seis *paramitas.* São as seis orientações básicas para ir além da segurança falsa dos padrões habituais e relaxar na impermanência e imprevisibilidade de nossas vidas. A palavra *paramita* significa literalmente "ir para a outra margem", ir além dos preconceitos usuais que nos deixam cegos para a nossa experiência imediata.

No capítulo 5, Shantideva apresenta a *paramita* da disciplina; no capítulo 6, a *paramita* da paciência. Mas estas não são a disciplina e a paciência no sentido comum de restrição e clemência; são a disciplina e a paciência que despertam o nosso coração, dissolvendo os hábitos arraigados da negatividade e do egoísmo.

Os capítulos 7, 8 e 9 iluminam o último verso de Nagarjuna e contêm ensinamentos que encorajam o bodhichitta a "crescer e florescer mais e mais". O capítulo 7 discute a *paramita* do entusiasmo; o capítulo 8, a *paramita* da meditação e o capítulo 9, a sabedoria do vazio.

Nesta terceira seção, Shantideva nos mostra como o bodhichitta pode se tornar um modo de vida. Com o seu apoio, podemos finalmente encarar até as situações mais desafiadoras sem perder a nossa compreensão ou compaixão. Isto, naturalmente, é um processo gradual de aprendizagem, e poderemos ter algumas recaídas. Mas quando iniciamos a viagem do medo para o destemor, Shantideva está sempre ali com a sabedoria e o incentivo de que precisamos.

Após algumas considerações, decidi que o comentário sobre o nono capítulo de *O Caminho do Bodhisattva* requer um livro separado. Embora estes ensinamentos sobre a *paramita* da sabedoria sejam importantes para a apresentação geral de Shantideva, eles são muito mais intimidadores do que o restante do texto. Eles apresentam um debate entre a visão do vazio do "Caminho do Meio" de Shantideva e as visões de outras escolas budistas e não-budistas. Devido à sua complexidade, senti que seria melhor apresentá-los separadamente mais tarde. Por ora, indico a vocês a excelente explicação na introdução da tradução de Padmakara de *O Caminho do Bodhisattva* e o livro de Sua Santidade o Dalai Lama, *Transcendent Wisdom.*

No décimo e último capítulo, Shantideva – com sinceridade e grande paixão – dedica o benefício de seus ensinamentos a todos os seres sofredores, sejam eles quem forem e onde estejam.

• • •

Considero este texto como um manual de instrução para nos expandirmos até os outros, uma orientação para a ação compassiva. Poderemos lê-lo para nos libertarmos dos hábitos incapacitantes e da confusão. Poderemos lê-lo para encorajar a nossa sabedoria e compaixão a crescerem mais fortes. E poderemos lê-lo com a motivação de partilhar o benefício com todos com quem temos contato.

Este é o espírito: leiam *O Caminho do Bodhisattva* com a intenção de aceitar e digerir aquilo que soar como verdade. Nem tudo os inspirará. Poderão achar a linguagem desafiadora e se sentir ocasionalmente provocados ou ofendidos. Mas lembrem-se de que a intenção inabalável de Shantideva é nos encorajar. Ele nunca duvida de que temos a força e a bondade básica para ajudar os outros, e nos conta tudo o que aprendeu sobre como fazer isto. Então, naturalmente, cabe a nós usar esta informação e torná-la real.

Pessoalmente, devo à Shantideva a sua determinação de difundir esta mensagem: pessoas como eu e você *podem* transformar as nossas vidas ao despertar a aspiração pelo bodhichitta. E sou profundamente agradecida a ele por expressar, inexoravelmente, que é urgente, muito urgente, que façamos isto. Não temos tempo a perder. Quando vejo o estado do mundo atualmente, sinto que a sua mensagem não poderia ser mais atual.

> E agora enquanto houver espaço,
> Enquanto houver seres existindo,
> Que eu permaneça da mesma forma
> Para afastar os sofrimentos do mundo.
> – *O Caminho do Bodhisattva, v. 10.55*

Desenvolver uma Intenção Clara

A Excelência do Bodhichitta

O PRIMEIRO CAPÍTULO do *Bodhicharyavatara* é um elogio extensivo ao bodhichitta. Shantideva começa com uma nota positiva: podemos nos conectar com a melhor parte de nós mesmos e ajudar os outros a fazer o mesmo. O bodhichitta é uma sabedoria humana básica que dispersa os sofrimentos do mundo.

Bodhi significa "desperto", livre da mente comum confusa, livre da ilusão de que estamos separados um do outro. *Chitta* significa "coração" ou "mente". Segundo Shantideva e o Buda precedente, a mente imparcial e o bom coração de bodi contêm a chave para a felicidade e a paz.

Shantideva inicia o seu ensinamento com a abertura tradicional em quatro partes. Primeiro, ele expressa a sua gratidão e respeito. Segundo, assume o compromisso para terminar a sua apresentação. Terceiro, expressa a humildade, e na terceira estrofe ele desperta a confiança. Este início formal era muito familiar para os monges de Nalanda, mas o seu toque e frescor o tornam único.

1.1

Diante daqueles que vivem em meio à felicidade, diante do Dharma que consumaram e diante de todos os seus herdeiros,
Diante de todos aqueles que são dignos de veneração, eu me curvo.

De acordo com a tradição, vou agora descrever, em breves palavras,
Como se ingressa na disciplina do bodhisattva.

Estas frases de abertura homenageiam as "Três Joias": o Buda, o dharma e a sangha. Na fórmula padrão, o Buda é saudado como um exemplo ou modelo. O dharma se refere aos seus ensinamentos e a sangha aos praticantes monásticos e bodhisattvas avançados.

Daqueles que vivem em meio à felicidade inclui naturalmente os budas, mas se refere também ao nosso próprio potencial. Nós também podemos nos libertar das esperanças e medos da autocentralização. A felicidade de perceber a realidade sem estas limitações é um direito nosso por nascimento. Por isso, Shantideva não se inclina para algo fora dele, mas para a sua própria capacidade de iluminação. Ele venera aqueles que realizaram o que é possível para todos nós.

Diante do dharma que consumaram se refere não somente aos ensinamentos escritos e orais, mas também à verdade da experiência direta, à vida correta, não censurada como ela é.

Diante de todos os seus herdeiros se refere à sangha amadurecida com sua grande sanidade mental e compaixão, mas inclui também os aspirantes a bodhisattva. Todos aqueles que desejam ir além da nossa autoimportância para encontrar meios de cuidar dos outros são considerados herdeiros de Buda.

Finalmente, para expressar a sua gratidão a *todos aqueles que são dignos de veneração,* ele se inclina diante dos mestres e amigos que o auxiliaram ao longo do caminho.

Como segunda etapa nesta abertura tradicional, Shantideva apresenta o seu assunto e se compromete a terminar o seu ensinamento sem obstáculos. Além disso, ele fará isto *de acordo com a tradição,* apresentando aquilo que aprendeu e compreendeu através do Buda, do dharma, da sangha e também dos seus outros mestres.

Não podemos valorizar em excesso o poder do compromisso. Até resolvermos inequivocamente realizar uma tarefa e chegar ao fim, existe sempre hesitação e vacilo. Lembre que Shantideva tinha sido convidado para fazer uma palestra pelos monges que tentavam humilhá-lo. Considerando a sua audiência, é possível que ele estivesse um pouco apreensivo. Portanto, ele invoca uma coragem altruísta que não é facilmente ameaçada e segue em frente.

1.2
Tudo o que eu tenho a dizer já foi dito antes,
E faltam-me erudição e habilidade no uso das palavras.
Portanto, não é minha intenção que esta obra venha a beneficiar os outros;
Escrevia tão somente para sustentar minha própria compreensão.

Ao invocar a humildade, que também é tradicional, Shantideva expressa uma compreensão clara do perigo da arrogância. Ele sabe que, mesmo que o Buda estivesse sentado diante dele, ele não seria favorecido se a sua mente estivesse permeada de orgulho.

Contudo, a humildade não deve ser confundida com baixa autoestima. Quando Shantideva diz que *faltam-me erudição e habilidade no uso das palavras,* ele não está expressando autodesprezo. A baixa autoestima tão comum no Ocidente repousa sobre uma ideia fixa de inadequação pessoal. Shantideva está compromissado a não ser apanhado nestas identidades limitadoras. É simplesmente humilde o suficiente para saber onde está preso, e inteligente o suficiente para compreender que tem as ferramentas para se libertar.

Nos versos finais desta estrofe, Shantideva explica que compôs originalmente esta narrativa como um encorajamento pessoal, sem sonhar em partilhá-la com os outros.

1.3
Fique assim fortalecida a minha fé por algum tempo,
Para que eu possa me familiarizar com este caminho virtuoso.
Possam, porém, aqueles que se depararem com minhas palavras
Também nelas encontrar proveito e experimentar fortuna igual à minha.

Na estrofe 3, Shantideva completa a abertura tradicional ao despertar a confiança. Compor este texto e viver segundo as suas palavras traz para ele muita alegria. O pensamento de que as suas reflexões pessoais possam agora beneficiar outras pessoas o deixa ainda mais feliz.

1.4
Quão difíceis de encontrar são as liberdades e dotes
Que conferem significado a este nascimento humano!

Se agora eu deixar de tirar proveito desta oportunidade,
Como poderia consegui-la novamente?

Do ponto de vista budista, o nascimento humano é muito precioso. Shantideva assume que nós compreendemos esta preciosidade com relativa *liberdade e dote*. Ele nos incita a contemplar a nossa boa situação e a não perder esta oportunidade de fazer algo significativo com nossas vidas.

Esta vida, entretanto, é uma janela breve e fugidia de oportunidade. Nenhum de nós sabe o que acontecerá em seguida. Quando cresci com meus irmãos e irmãs de sangha, vi muitos amigos morrerem ou vivenciarem mudanças dramáticas em sua saúde ou estabilidade mental. Mesmo agora, quando nossas vidas podem parecer estar longe da perfeição, temos circunstâncias excelentes. Temos inteligência, disponibilidade de mestres e de ensinamentos, e pelo menos alguma inclinação para o estudo e a meditação. Mas alguns de nós morrerão antes de o ano terminar, e nos próximos cinco anos, outros entre nós estarão muito doentes ou com muita dor para nos concentrarmos sobre um texto budista, e muito menos para vivermos de acordo com ele.

Além disso, muitos de nós ficarão mais distraídos com as buscas mundanas – por dois, dez, vinte anos ou pelo restante de nossas vidas – e não mais teremos o tempo disponível para nos libertarmos da rigidez da autoabsorção.

No futuro, as circunstâncias externas como a guerra ou a violência poderão se tornar tão penetrantes que não teremos tempo para uma autoreflexão honesta. Isto poderá acontecer com facilidade. Ou poderemos cair prisioneiros de um conforto excessivo. Quando a vida parece tão agradável, tão rica e confortável, não existe dor suficiente para nos afastar das seduções mundanas. Acalentados na complacência, tornamo-nos indiferentes ao sofrimento dos nossos companheiros.

O Buda afirma que o nosso nascimento humano é ideal, com o equilíbrio correto entre prazer e dor. A intenção é não desperdiçar esta boa sorte.

1.5
Tal como um relâmpago rasga a noite
E seu clarão revela tudo o que as nuvens negras e escuras ocultam,
De igual modo, raramente, pelo poder dos budas,
Pensamentos virtuosos surgem neste mundo, breves e passageiros.

1.6
Contemple assim a extrema fragilidade do bem!
Com exceção do perfeito bodhichitta,
Não há nada capaz de deter
A força enorme e avassaladora do mal.

Nas estrofes 5 e 6, o surgimento inicial do bodhichitta é descrito como passageiro e frágil. Os ensinamentos mahayana em geral nos dizem que a *neurose* é que é passageira e insubstancial, como as nuvens em um céu claro. Quando temos as nossas convulsões emocionais, os budas e bodhisattvas não nos veem como estúpidos ou irremediáveis; eles veem a nossa confusão como um momento atribulado, efêmero e transitório que está atravessando a nossa mente semelhante a um céu.

Porém, os versos 5 e 6 não retratam o ponto de vista dos budas e bodhisattvas; são do nosso ponto de vista. Somos os que se sentem perplexos por trás das nuvens: talvez não tenhamos o necessário, talvez sejamos muito fracos. Mesmo com um vislumbre do céu, tudo parece muito difícil, muito doloroso. Ouvimos, com frequência, este tipo de conversa vinda das nossas próprias bocas e também das dos outros.

Em vez de vivenciarmos os nossos problemas como algo sólido e duradouro, em vez de acreditarmos definitivamente que eles são "eu", *poderíamos* dizer: "é somente por um tempo, vai passar. Não é um estado fundamental". Da perspectiva de Shantideva, estes vislumbres da mente bodi contêm grande poder. Todos sabem que é da natureza das nuvens se dividirem, mesmo que por pouco tempo, e sentir uma sensação de potencial e possibilidade. Sem este clarão inicial ou disponível, nunca ficaríamos inspirados para investigar este caminho.

1.7
Os budas poderosos, tendo refletido por muitas eras,
Enxergaram que isto, e apenas isto,
Poderá salvar as incomensuráveis multidões
E facilmente conduzi-las à felicidade suprema.

Shantideva sabe que podemos confiar nestes clarões do bodhichitta e que, ao reconhecê-los e aceitá-los, eles crescerão. Os que estão despertos, *tendo refletido por várias eras*, perceberam que somente este bom coração de bodi pode impedir que sejamos apanhados pelas mesmas ideias autocentradas.

Neste ponto, poderemos perguntar por que o bodhichitta possui tanto poder. Talvez a resposta mais simples seja que ele nos ergue da autocentralidade e nos dá a chance de deixar para trás estes hábitos disfuncionais. Além disso, tudo o que encontramos se torna uma oportunidade para desenvolvermos uma coragem temerária do coração de bodi.

Quando somos muito atingidos, olhamos para fora e vemos como as outras pessoas também passam por momentos difíceis. Quando nos sentimos sozinhos, ou zangados, ou deprimidos, permitimos que estes humores obscuros nos liguem aos sofrimentos dos outros.

Partilhamos da mesma reatividade, o mesmo apego e resistência. Ao aspirar que todos os seres se libertem do seu sofrimento, nós nos libertamos dos nossos próprios casulos e a vida se torna maior do que "eu". Independente de quanto escuras e sombrias ou alegres e leves as nossas vidas são, podemos cultivar um sentido de humanidade partilhada.

Isto amplia toda a nossa perspectiva. Trungpa Rinpoche costumava dizer: "A essência do mahayana é pensar maior". Shantideva apresenta essa essência. Seus ensinamentos são uma orientação para viver de modo compassivo e pensando maior.

> 1.8
> Aqueles que desejam superar as penas de suas vidas
> E afastar a dor e o sofrimento da vida dos outros seres,
> Aqueles que desejam ganhar beatitude assim tamanha,
> Não deveriam nunca dar as costas ao bodhichitta.

Quando Shantideva menciona *aqueles que desejam superar as penas de suas vidas,* ele se dirige aos ensinamentos básicos do Budismo, que enfatizam a cessação do sofrimento pessoal. Quando ele fala de *afastar a dor e o sofrimento da vida dos outros seres,* ele destaca a intenção do mahayana de liberar a todos, sem exceção, da dor.

Naturalmente ele não está dizendo: "Vou cuidar somente dos outros. Não importa que eu esteja infeliz e constantemente preocupado, ou que eu me detesto e o meu humor está fora de controle". Não existe dúvida de que desejamos acabar com o nosso próprio sofrimento. Porém, o estratagema no budismo mahayana é este: desejamos acabar com o nosso sofrimento pessoal para que possamos ajudar os outros a acabar com o deles. Esta é a mensagem primordial de Shantideva e a essência do bodhichitta.

A maioria de nós deseja partilhar aquilo que compreendemos com os outros. Porém, ao tentar fazer isto, vemos ainda mais claramente o trabalho que ainda precisa ser feito em nós. Ao mesmo tempo compreendemos que aquilo que fazemos por nós beneficia os outros, e aquilo que fazemos pelos outros nos beneficia. É a isso que Shantideva se refere quando diz que aqueles que desejam conquistar uma grande felicidade *não deveriam nunca dar as costas ao bodhichitta.*

1.9
Caso o bodhichitta venha a nascer
Em alguém que padece na prisão do samsara,
Nesse instante essa pessoa passa a se chamar herdeira dos budas,
Digna da veneração dos deuses e humanos.

Uma explicação essencial da palavra sânscrita *samsara* é a definição de Albert Einstein de insanidade: "fazer a mesma coisa várias vezes e achar que teremos resultados diferentes". Shantideva descreve isto como *alguém que padece na prisão de samsara.* Entretanto, mesmo quando nos sentimos aprisionados em hábitos repetitivos, podemos sentir a gentileza e a empatia pelos outros. Quando até mesmo um clarão momentâneo do bodhichitta nasceu, neste instante ele se torna um filho dos budas e digno de respeito universal.

Este verso, segundo Dzongsar Khyentse Rinpoche, pode ser uma crítica à sociedade hindu. Shantideva está dizendo que não precisamos pertencer a uma determinada casta para vivenciar o bodhichitta; mesmo aqueles considerados "intocáveis" são herdeiros dos budas.

O bodhichitta não é uma teoria elitista para pessoas sofisticadas ou bem-educadas. Não precisamos nos sentir muito desesperados para invocar o bodhichitta, e nem é preciso parecer que desprezamos os outros e que os classificamos de muito frívolos ou arrogantes para serem qualificados. Qualquer um na prisão do samsara é candidato para despertar um coração compassivo.

1.10
Pois, tal qual a substância suprema dos alquimistas,
Ele toma a forma impura da carne humana
E a transforma no corpo inestimável de um buda.
Assim é o bodhichitta: devemos segurá-la com firmeza!

1.11
Se os guias perfeitos de todos os seres migrantes
Em sua infinita sabedoria enxergaram seu valor inestimável,
Nós que desejamos abandonar nossos passos errantes
Devemos nos apegar bem a este precioso bodhichitta.

1.12
Todas as demais virtudes, como a banana-de-são-tomé,
Produzem seus frutos e, com isso, sua força se esvai.
Somente a árvore maravilhosa do bodhichitta
Dá fruto e cresce sem cessar.

1.13
Como uma pessoa que atravessa perigos guardada por um herói,
Mesmo aqueles sobre quem pesa atroz perversidade
São prontamente liberados ao cultivar o bodhichitta.
Quem, então, deixaria de nele depositar sua confiança?

1.14
Como que tragados pelo fogo do final dos tempos,
Os grandes pecados são inteiramente consumidos pelo bodhichitta,
Seus benefícios, portanto, são incomensuráveis, Como o Senhor Sábio e Amoroso explicou a Sudhana.

Nesta seção, Shantideva fornece seis analogias para o bodhichitta. A primeira, na estrofe 10, é a alquimia. O bodhichitta pode utilizar qualquer coisa – um pensamento, palavra ou ato comum – para falar sobre a nossa autoabsorção. Nas estrofes de 11 a 14, as analogias são uma joia inestimável, uma árvore que realiza desejos, um herói e o fogo no final dos tempos. A sexta analogia é como as demais, e se refere à escritura budista onde são descritas várias outras analogias.

Os *guias perfeitos* na estrofe 11 são os budas e os bodhisattvas. Como capitães experientes de um navio em busca de pedras preciosas, eles conhecem *o valor inestimável* de uma boa joia quando a veem. Os marinheiros confiam nestes capitães e os associam a riquezas; com eles, devem fazer fortuna e deixar o seu *passo errante.* Shantideva diz que podemos ter a mesma confiança. Como marinheiros que confiam no conhecimento do seu capitão, podemos confiar na avaliação do Buda sobre o *precioso bodhichitta.*

Na estrofe 12, o bodhichitta é comparado a uma árvore que realiza desejos e que produz frutos para sempre. Como contraste, uma bananeira-de-são-tomé dá fruto somente uma vez antes de morrer. Da mesma maneira, ajudar alguém é sempre uma coisa boa e produzirá frutos de modo limitado. Mas se a nossa ajuda for motivada pela aspiração de libertar esta pessoa de toda a confusão, ela produzirá frutos até eles atingirem a iluminação. Um simples ato de gentileza com a intenção do bodhichitta poderá nos abrir para esta vasta possibilidade.

A analogia na estrofe 13 é um herói, comparável a um bom amigo que nos mantém afastados do problema. Os *perigos* se referem ao amadurecimento das nossas sementes cármicas negativas. Quando usamos estas situações difíceis como aberturas e não como fechamentos, é como estar acompanhados de um protetor.

Na estrofe 14, a comparação é a um grande fogo que queimará as tendências negativas. Normalmente adquirimos hábitos negativos, conduzindo-os ou colocando-os contra nós mesmos. De qualquer maneira, nós os deixamos mais fortalecidos.

Os bodhisattvas praticam “no meio do fogo”. Isto significa que eles entram no sofrimento do mundo; significa também que permanecem firmes no fogo de suas próprias emoções dolorosas. Não se deixam levar por elas e nem as reprimem. Desejam permanecer “no centro” e explorar as qualidades incontroláveis e as energias fluidas da emoção – e deixar que essa experiência os conecte com a dor e a coragem dos outros.

A sexta analogia se refere à escritura budista na qual um futuro buda, chamado Maitréia, dá outros 230 exemplos de bodhichitta ao seu discípulo Sudhana.

1.15
Diz-se, em breves palavras, que o bodhichitta,
a mente do despertar, possui dois aspectos:
Primeiramente, aspiração, bodhichitta na intenção
A seguir, bodhichitta da ação, o engajamento prático.

1.16
Desejar partir e pôr-se a caminho –
assim a diferença se conceitua.

Os sábios e estudiosos deveriam desse modo compreender
Essa diferença, que é ordenada e progressiva.

Aqui Shantideva apresenta os dois aspectos do bodhichitta relativo: a aspiração e a ação. O bodhichitta que aspira, ou é intencional, é como desejar fazer uma viagem; o bodhichitta ativo está realmente iniciando a viagem. Primeiro, aspiramos atingir a iluminação e beneficiar os outros; depois, faremos o que tem que ser feito para tornar isto uma realidade.

Para dar um exemplo mundano: vamos dizer que você esteja obcecado pelos apegos e anseios; você sabe que acumula e armazena, que entra em pânico quando algo lhe é tirado ou que precisa deixar ir embora. Como trabalhar com este apego irracional para o seu próprio bem e felicidade dos outros?

Uma maneira seria cultivar a generosidade. A nível de aspiração do bodhichitta, você deveria procurar algo que preza. Depois, visualize você dando este item: o seu belo suéter vermelho, aquele livro especial, ou o chocolate que você guardou debaixo da sua cama. Você não precisa dar literalmente, mas simplesmente visualizar o ato. Depois, expanda a oferenda para incluir milhões de suéteres, livros ou chocolates. Envie-os para determinadas pessoas ou para o universo, para alguém receber.

Deste modo, a aspiração do bodhichitta realiza duas coisas: preenche o seu desejo de minimizar a dor da autoabsorção e o seu desejo de beneficiar os outros. Além disso, se nós aspirarmos que os outros vivenciem não somente os nossos presentes, mas também as alegrias de uma mente sem grilhões, a nossa intenção fica ainda maior.

A intenção do bodhichitta é uma maneira poderosa para trabalhar com situações com as quais não nos sentimos prontos para lidar. Por exemplo, ao simplesmente aspirar soltar algo ao qual somos apegados, treinamos a nossa mente destemida para soltar. Então, o bodhichitta ativo – neste caso, a capacidade de literalmente *dar* – surgirá com o tempo.

Se equacionarmos "doar" com "libertação do anseio", ficaremos mais propensos a agir, mesmo que isso cause alguma dor.

1.17
O bodhichitta da intenção dá frutos fecundos
Àqueles que ainda vagam pelo samsara.
No entanto, dele não brotam um fluxo incessante de méritos,
Pois isso só advém do bodhichitta ativo.

1.18
Quando, com intenção irreversível,
A mente abraça o bodhichitta,
Disposta a liberar os seres em sua infinita profusão,
Nesse instante, desse momento em diante,

1.19
Uma corrente enorme e ininterrupta,
Um manancial potente de méritos
Surge tão vasto quanto o céu,
Mesmo durante o sono e na desatenção.

A aspiração do bodhichitta traz benefícios enormes. Para aqueles de nós que vagueiam em samsara, ele *dá frutos fecundos.* Podemos perceber como isto acontecerá. A nível de intenção, começamos com o que é administrável e deixamos a nossa compreensão se desdobrar. Com o tempo, ficamos capazes de agir sobre a nossa intenção, e realizamos algo profundo: compreendemos que a ação altruísta *nos* libera do medo e da dor.

Nas estrofes 18 e 19, Shantideva explica que a nossa intenção de libertar todos os seres do sofrimento pode se tornar irreversível, trazendo um benefício *tão vasto quanto o céu.* Isto acontece quando não mais questionamos a sabedoria do pensamento dos outros; sabemos verdadeiramente que isto é a fonte da felicidade indestrutível. Algo é substituído no cerne do nosso ser e, quando isso acontece, vivenciamos um fluxo incessante de benefícios, *mesmo durante o sono e na desatenção.*

Esta é a felicidade da ausência do ego. É a alegria de compreender que não existe uma prisão; existem somente velhos e fortes hábitos e nenhuma razão sensata para reforçá-los ainda mais. Na essência, estes hábitos são frágeis. Além disso, não existe uma autoidentificação ou separatismo. Inventamos tudo isso. É esta compreensão que desejamos para *os seres em sua infinita profusão.*

1.20
Isso o *Tatágata*
Disse com exposição bem fundamentada
No sutra pedido por *Subahu,*
Ensinando àqueles inclinados aos caminhos inferiores.

Aqui Shantideva nos diz que o Buda passou este ensinamento sobre os méritos do bodhichitta àqueles *inclinados aos caminhos inferiores,* aqueles que buscam primeiramente a libertação da sua dor pessoal. Neste sutra, solicitado pelo seu discípulo Subahu, o Buda os estava inspirando a dar o próximo passo e despertar o bodhichitta.

Seu raciocínio era: os seres sencientes são incontáveis como os grãos de areia no Ganges. Como existe mais do que a mente consegue apreender, o desejo de salvá-los é igualmente inconcebível. Ao ter esta aspiração, a nossa mente comum e confusa estica-se bem além da sua capacidade normal; ela se estica de modo ilimitado. Quando expandimos o nosso anseio pessoal pela liberação para incluir um número incomensurável de seres, o benefício que recebemos é igualmente imensurável.

Em resumo, quanto mais nos conectarmos com o inconcebível, a vastidão indescritível da mente, mais alegres seremos.

1.21
Se com generosidade e bondade
Alguém alimenta o desejo de apenas aliviar
A dor de cabeça de outros seres,
Tal mérito não conhece limites.

1.22
O que dizer, então, do desejo
De afastar o infindável penar
De todos os seres vivos,
Dotando-os de infinitas virtudes?

Esta é a lógica do mahayana. Se é maravilhoso para a dor de cabeça de uma pessoa ser minimizada, então melhor ainda seria se as dores de cabeça de todos fossem aliviadas.

Naturalmente, quando o nosso desejo se torna imensurável, isso pode criar um dilema. Os candidatos a bodhisattva que seguem os ensinamentos de maneira muito literal dizem: "Não há como eliminar as dores de cabeça de todos os seres! O que faremos? Enviar para cada um uma aspirina?"

Por outro lado, existe a resposta de Bernard Glassman Roshi, que trabalhou com os sem-teto em Yonkers, Nova York. Ele disse que sabia que não havia uma maneira de acabar com os sem-teto, embora ele devotasse a sua vida a esta tentativa. Esta é a aspiração de um bodhisattva.

Não se preocupe com os resultados, simplesmente abra o seu coração de uma maneira inconcebivelmente grande, aquela maneira ilimitada que beneficia a todos que você encontrar. Não se preocupe se é ou não exequível. A intenção é vasta: que a dor física de todos seja aliviada e, melhor ainda, que todos atinjam a iluminação.

1.23
Poderia nosso pai ou mãe
Alguma vez manifestar desejo assim generoso?
Será que os próprios deuses, os rishis, mesmo Brahma,
Abrigaram benevolência igual a essa?

1.24
Pois, no passado, eles jamais concederam,
Ainda que em sonho, benefício assim sequer para si mesmo.
Como poderiam, então,
Propor tal meta em proveito de outra pessoa?

Nossas mães e pais podem ser muito gentis. Porém, mesmo eles tendo nos criado e desejado o melhor para nós, conseguiram nos livrar dos nossos padrões habituais? E, mais importante ainda, aspiraram que todos os seres sem exceção ficassem igualmente livres? Na estrofe 23, Shantideva faz outra referência à religião hindu ao perguntar se até os *rishis* (veneráveis sábios) ou Brahma (o criador do universo) teriam tido essa aspiração.

Nestes versos, Shantideva se refere indiretamente ao sistema de castas no qual algumas pessoas são dignas de despertar e outras, devido ao seu mau carma, não. Se até os deuses e os *rishis* pensam desta maneira, como eles poderiam desejar que os outros seres se libertassem de uma mente tendenciosa?

1.25
Pois, em verdade, os seres não desejam seu próprio bem.
Como poderiam, então, pretender tal bem para outrem?
Esse estado de mente, tão precioso e raro,
Surge como um verdadeiro assombro, nunca dantes visto.

Quando Shantideva fala sobre aqueles que *não desejam o seu próprio bem,* ele está se referindo à maioria de nós. Trabalhar com os padrões habituais não é, em geral, a nossa prioridade. A maioria de nós não é apaixonada por reduzir a intensidade das emoções e preconceitos ou para despertar o bodhichitta. Este *verdadeiro bem* não é o nosso foco principal. Simplesmente gostaríamos de atravessar o dia sem percalços e, definitivamente, não queremos ser incomodados por aqueles que nos trazem desgostos. Mas, sem a aspiração pela libertação, como poderemos desejar isto para os outros? Podemos desejar para eles somente aquilo que valorizamos para nós.

Este estado de mente para despertar o bodhichitta é *tão precioso e tão raro.* Vivenciar algo que nos libera da mente estreitada pelas nossas tendências e preconceitos é, como diz Shantideva, *um verdadeiro assombro.* Além disso, não existe ninguém que não possa vivenciar isto, se desejar tentar.

> 1.26
> Essa brisa que dissipa a dor,
> Essa causa de felicidade àqueles que vagam pelo mundo,
> Essa atitude preciosa, essa joia da mente.
> Como se há de avaliar ou mensurar?

O que é comparável a esta *brisa que dissipa a dor?* Esta medicina excelente do bodhichitta nos libera da autocentralidade, trazendo alívio e um coração amoroso para nós.

Essa causa de felicidade é encontrada por *aqueles que vagam pelo mundo.* Até mesmo nós, bebês-bodhisattvas, não planejamos as nossas vidas de modo a escapar do caos do mundo; penetramos no cerne das questões e trabalhamos com aquilo que encontramos. O samsara se torna o nosso campo de prática, nosso laboratório, por assim dizer. Se nos virmos continuamente obcecados pelo drama, retiramo-nos temporariamente para trabalhar sobre nós mesmos. Porém, a nossa paixão é aliviar profundidades ainda maiores de sofrimento e encarar desafios ainda maiores com equanimidade.

> 1.27
> Pois, se o simples pensamento de ajudar o próximo
> É mais valioso que a própria veneração dos budas,
> O que falar de efeitos concretos
> Que trazem felicidade e benefícios a todos os seres?

1.28
Pois os seres anseiam se liberar de seu sofrer,
Mas é justamente para esse sofrimento que correm.
Anseiam por felicidade, mas, em sua ignorância,
Destroem-na como a um inimigo odiado.

Novamente Shantideva louva os benefícios de um pensamento comum, altruísta, enquanto acrescenta como é ainda maior chegar ao fim sem se desviar. Contudo, para ajudar os outros em um nível mais significativo, precisamos primeiro nos dirigir à nossa própria confusão.

Como Shantideva destaca, embora desejando nos libertar do infortúnio, é *justamente para esse sofrimento que correm*. Podemos assumir que fazemos coisas loucas intencionalmente, mas, na verdade, estas ações nem sempre são volitivas. O nosso condicionamento é algumas vezes tão profundo que fazemos o mal sem mesmo sentir. Ansiamos pela alegria e fazemos coisas que destroem a nossa paz mental. Vezes e vezes seguidas, inconscientemente deixamos as coisas ainda piores. Se iremos ajudar outras pessoas a se libertarem, temos que trabalhar com compaixão com as nossas próprias tendências infelizes. Shantideva, como veremos, é um especialista em desmantelar estes padrões repetitivos.

1.29
Mas aqueles que preenchem de bem-aventurança
Todos os seres carentes de satisfação,
Que removem toda dor e tormento
Daqueles que se vergam sob seu padecer

1.30
Aqueles que debelam as trevas da ignorância dos seres –
Que virtude se iguala à sua?
Que amigo se lhes pode comparar?
Onde encontrar mérito semelhante ao seu?

As estrofes 29 e 30 se referem indiretamente à *paramita* da generosidade, a generosidade que nos liberta do estresse e do egoísmo. Segundo os ensinamentos, existem três tipos de generosidade, três modos de ajudar os outros através da nossa doação.

O primeiro tipo de generosidade é o doar de coisas materiais, como comida e abrigo.

O segundo é "doar o dom da ausência do medo". Ajudamos aqueles que estão assustados. Se alguém tem medo do escuro, nós lhe damos uma lanterna; se estão atravessando tempos horríveis, nós os confortamos; se têm sentido terrores noturnos, dormimos próximo a eles. Pode parecer fácil, mas é preciso tempo, esforço e cuidado.

O terceiro tipo de generosidade extirpa a escuridão da ignorância. Este é o "dom do dharma", sendo considerado o mais profundo. Embora ninguém possa eliminar a nossa ignorância por nós, através do exemplo e dos ensinamentos podemos inspirar e apoiar uns aos outros.

O desejo inconcebível de ajudar todos os seres sencientes sempre começa consigo mesmo. A nossa própria experiência é a única coisa que temos para partilhar. Além disso, não podemos pretender estar mais despertos ou mais compassivos do que realmente estamos. Grande parte da nossa realização vem do reconhecimento honesto dos nossos pontos fracos. A incapacidade de estar à altura dos nossos próprios padrões decididamente nos torna humildes. Ela nos permite que nos identifiquemos com as dificuldades e os erros das outras pessoas.

Em resumo, o melhor amigo é aquele que compreende a nossa igualdade e está apto a nos ajudar a ajudarmos a nós mesmos.

1.31
Se as pessoas que praticam algum bem, em agradecimento
A favores recebidos, são objetos de louvor,
Como descrever os bodhisattvas,
Aqueles que liberalmente beneficiam o mundo?

1.32
Os homens que, com desdém e condescendência,
Oferecem apenas uma vez uma única refeição a seu próximo,
Alimentando-o por apenas meio dia,
São honrados pelo mundo como virtuosos.

1.33
O que se há de dizer daqueles
Que incessantemente derramam sobre um número infinito de seres
A alegria e a bem-aventurança inigualáveis do estado búdico,
O preenchimento de todas as suas esperanças?

A estrofe 32 se refere ao costume indiano do doar convencional. Se uma vez por dia, semana ou mês alguém doa refeições aos mendigos, ele é visto como um membro virtuoso da sociedade. Por isso, Shantideva enfatiza a doação com uma agenda.

A maioria de nós que vive em cidades com pessoas sem teto faz isso. Surgimos com um plano – como dar para a primeira pessoa que nos pedir – na esperança de aliviar a nossa culpa pelo restante do dia. Naturalmente, doar desta maneira é benéfico, porém poderíamos definitivamente ampliar este ato. Quando damos dinheiro para homens e mulheres carentes, poderíamos aspirar que eles se libertassem de toda a sua dor. Poderíamos aspirar ampliar o nosso próprio conforto e felicidade para eles e para outros sem teto. E até poderíamos reconhecer o quanto temos em comum e doar livremente sem ressentimento ou condescendência.

Mesmo nos primeiros estágios da prática da aspiração ao bodhichitta, podemos incluir todos os seres. Se *derramam sobre um número infinito de seres a alegria e a bem-aventurança inigualáveis do estado búdico* parecer um pouco distante de você, simplesmente encare-a como algo real. Quando ficamos doentes, por exemplo, em geral não pensamos na doença dos outros. Mas esta alteração pode acontecer: quando você adoecer, poderá pensar nos outros que estão no mesmo barco. Até mesmo tomar um banho reconfortante poderá lhe fazer sair do seu casulo. Inúmeras pessoas não têm acesso a este conforto, pessoas que estão congelando e ansiando por algum calor, pessoas que estão exaustas e não têm como relaxar. Poderemos aspirar que todos os seres se libertem do seu sofrimento e aproveitem os prazeres que nós temos.

As três últimas estrofes enfatizam o tratamento adequado a um bodhisattva.

1.34
E aqueles que em sua mente abrigarem o mal
Contra esses senhores da generosidade, os herdeiros dos Budas,
Permanecerão nos infernos, disse o Poderoso Senhor,
Por eras iguais aos momentos de sua malquerença.

1.35
Por contraste, pensamentos bons e virtuosos
Produzirão frutos abundantes em medida ainda maior.
Mesmo em meio à adversidade, os bodhisattvas
Nunca dão causa ao mal – apenas a uma crescente corrente de bem.

1.36
Diante daqueles que deram à luz
Esta mente sagrada e preciosa – diante deles eu me curvo!
Tomo refúgio nesta fonte de felicidade
Que conduz seus próprios inimigos à perfeita bem-aventurança.

Na estrofe 34, temos a primeira menção ao inferno. Quando criança, me ensinaram que o inferno era a punição final. Era para aonde seríamos enviados ao morrer se fôssemos realmente muito maus. Fico feliz ao registrar que esta não é a visão aqui. Para compreender esta referência da perspectiva budista, consideramos a causa e o efeito e a maneira que imprimimos continuamente às nossas mentes. Lançamos as sementes dos nossos futuros infernos ou de felicidade pela maneira como abrimos ou fechamos as nossas mentes agora.

Os infernos consumidores descritos graficamente em vários textos tibetanos não existem separados das mentes dos seres que os vivenciam. Por exemplo, em sua dedicatória final, Shantideva se refere *àqueles cujo inferno é lutar e ferir.* A ideia aqui é que quando causamos intencionalmente um mal a outra pessoa, particularmente alguém dedicado a beneficiar os outros, as consequências a longo prazo da nossa crueldade serão vivenciadas como circunstâncias exteriores infernais. É a nossa própria agressão que nos danifica. Não somos punidos e enviados ao inferno; o inferno é a manifestação de uma mente vingativa.

É também importante compreender o que Shantideva quer dizer com *aqueles que em sua mente abrigam o mal.* A palavra-chave aqui é "abrigar". Abrigar o mal contra alguém produz uma estrutura angustiada de mente. Permanecemos neste estado infernal *por eras iguais aos momentos de sua malquerença* – em outras palavras, pelo tempo que nos agarrarmos ao nosso ódio, sem soltá-lo.

Pensamentos virtuosos, por outro lado, nos trazem felicidade. No lugar de nos separar e nos fazer sentir mais afastados e assustados, eles nos aproximam mais dos outros.

Na estrofe 35, Shantideva diz que, *mesmo na adversidade*, o bodhisattva produz somente o bem. Com frequência, em tempos de adversidade ficamos assustados, atacamos com raiva ou nos permitimos vários vícios na esperança de escapar da nossa dor. Shantideva diz que os bodhisattvas permitem que o sofrimento da adversidade amenize-os, deixando-os mais gentis, e que podemos aspirar o mesmo.

Este caminho do bodhisattva requer algum trabalho. Nossos padrões habituais são muito arraigados. Contudo, quando os tempos difíceis nos deixam mais egoístas e retraídos, podemos encarar isto como o nosso momento da verdade. A transformação pode ocorrer até neste local doloroso. No lugar do *mal* de mais neurose e aspereza, a adversidade pode produzir um sentido de humildade e empatia. Ao nos vergarmos, por assim dizer, poderemos ficar mais ternos e mais capazes de buscar os outros.

Na última estrofe, Shantideva se inclina diante de todos nós que desejamos despertar o bodhichitta; e ele se inclina diante do próprio bodhichitta, *fonte de felicidade que conduz seus próprios inimigos à perfeita bem-aventurança.*

Estas palavras de fechamento podem parecer contradizer a estrofe 34, com as consequências infernais daqueles que agem agressivamente. Mas, do ponto de vista dos despertos, a felicidade pode chegar até para aqueles que *em sua mente abrigam o mal.* Como resultado das nossas intenções compassivas, até os nossos "inimigos" podem ser liberados da autoabsorção e, desta forma, atingir a iluminação.

Saber onde se encontra a raiz da felicidade nos salva do aumento da dor. Se alguém o insulta, por exemplo, você pode querer retaliar, mas sabe que isso não beneficiará ninguém. Pelo contrário, na ânsia de desejar se igualar, você pode dizer para si mesmo: "Que a raiva que sinto desta pessoa auxilie a nós dois a nos liberarmos".

Esta é a aspiração de um jovem bodhisattva, aquele no processo de aprender a soltar. Mesmo que não *sintamos* genuinamente, somos capazes de dizer: "Que esta ligação aparentemente negativa seja o nosso vínculo para despertá-lo".

Preparar a Base

Confissão

SEMPRE ME PERGUNTEI como surgem os primeiros vislumbres do bodhichitta. Como qualquer um de nós vai do estar completamente autoabsorto nas "garras de samsara" à ligação de até mesmo um vislumbre de um anseio e da vasta perspectiva do bodhichitta?

No capítulo 2 de *O Caminho do Bodhisattva,* Shantideva introduz as "sete oferendas", sete práticas que preparam a mente e o coração para o despertar. São métodos tradicionais para acumular méritos. Shantideva começa na estrofe 1 com a prática de fazer oferendas.

> 2.1
> Aos budas, aqueles que assim passaram,
> À Lei sagrada – imaculada, suprema e rara –,
> E à prole do Buda, um mar imenso de boas qualidades,
> Faço uma oferenda perfeita para que eu possa adquirir esta atitude preciosa.

Esta prática consiste de três partes: o objetivo especial da oferenda, a intenção especial e as próprias oferendas especiais.

O objetivo especial é as Três Joias: os budas, o dharma, ou *Lei sagrada,* e a sangha ou comunidade da *prole do Buda.* O objetivo aqui é a ressonância do despertar: o despertar que está aparentemente "lá fora" ressonando com o despertar que está aparentemente "aqui". Portanto, a veneração de *qualquer* exemplo de sabedoria convida à nossa própria abertura e traz o melhor.

A intenção especial de fazer oferendas é *obter a atitude preciosa* do bodhichitta. Fazemos esta prática com a clara intenção de despertar o coração bodi. Por exemplo, quando nos sentimos inadequados ou com o coração fechado, podemos nos elevar com um gesto simples, embora potente, de oferecer mentalmente as coisas mais agradáveis e belas em nossas vidas. Shantideva, como logo veremos, é apaixonado por esta prática. Ele oferece com entusiasmo toda a beleza que percebe no mundo; oferece a si mesmo, e oferece visualizações elaboradas dos melhores dons imagináveis.

Quando fazemos oferendas de valor real, este ato de doar vai contra a semente do nosso habitual egoísmo que o efeito está liberando. O ato de doar nos capacita a soltar aqueles apegos que aumentam a nossa vulnerabilidade e medo. Desta maneira, a prática ventila a claustrofobia da autoabsorção e nos coloca mais próximos da mente generosa do bodhichitta.

Fazer oferendas aos budas, bodhisattvas e outros objetos de veneração nos conectam não somente com a nossa possibilidade de expansão como também com o calor da devoção e do amor. Ao fazer oferendas para aqueles que estão sofrendo e que necessitam de ajuda, obtemos acesso à nossa ternura e compaixão. Então, esta prática aparentemente simples de dar – abrindo e soltando – pode ser profundamente transformadora.

Qualquer coisa que nos leve para além da autocentralidade lança sementes positivas em nossa corrente mental. Com as causas e condições corretas, estas sementes florescerão em circunstâncias afortunadas. Esta boa sorte é chamada de "mérito" e se manifesta como condições externas de apoio e estados mentais. O mérito final vem da ligação com a clareza imparcial da nossa mente.

Quando tomamos partido da nossa sanidade no lugar da mente limitada da autoabsorção, acumulamos mérito. Esta é a maneira sincera de fazer amigos. Trungpa Rinpoche disse uma vez: "A pessoa que acumula o maior mérito deve ser humilde e desejar dar em vez de desejar acumular". Com este espírito, com a intenção de acumular mérito e com o anseio de vivenciar o bodhichitta, Shantideva realiza estas sete práticas.

2.2
Ofereço todas as flores e frutos,
E ervas medicinais de todos os tipos;

E todas as coisas preciosas que o mundo tem a oferecer,
Juntamente com todas as águas puras e refrescantes.

2.3
Todas as montanhas, ricas e repletas de pedras preciosas
Todos os bosques perfumados e solitários;
As árvores celestiais ornadas de flores,
Com galhos vergando sob o peso de seus frutos;

2.4
As fragrâncias dos reinos dos deuses e humanos;
Todos os incensos, árvores de pedrarias resplandecentes e árvores mágicas que preenchem desejos;
Todas as plantações que crescem sem lavra;
E todos os ornamentos dignos de serem oferecidos;

2.5
Lagos aprazíveis aos olhos, enfeitados de flores lótus
E embalados pelo canto dos gansos selvagens;
E todos os seres livres da natureza,
Estendendo-se até os confins do firmamento.

2.6
Imaginando todas essas coisas em minha mente,
Faço delas um presente perfeito aos budas supremos e aos seus herdeiros.
Pensem em mim com amor, ó senhores compassivos;
Objetos sagrados de minhas orações, aceitem estas oferendas.

2.7
Pois minhas mãos estão vazias e sou desprovido de mérito,
Não possuindo nenhum outro bem. Porém vocês, protetores,
Cujos pensamentos se voltam para o bem-estar dos outros seres,
Em seu grande poder, aceitem estas oferendas para meu benefício.

Estas primeiras oferendas da generosidade da natureza – frutos e flores, água, montanhas, árvores – não podem ser "possuídas". Elas podem ser feitas pela pessoa mais pobre entre os pobres. Podemos oferecer o céu, o som do canto dos pássaros, o prazer de ver um amanhecer. Como Shantideva, podemos alegremente fazer oferendas vastas e maravilhosas de tudo que vemos, ouvimos, provamos e cheiramos e de *todos os ornamentos* que gostarmos.

Ao aproveitar esses momentos de deleite, sempre temos um presente precioso nas mãos. Mesmo se estivermos morando nas ruas – de mãos vazias, destituídos de mérito e sem nenhuma outra riqueza – somos ricos de presentes inestimáveis. Como apreciamos o mundo e percebemos a sua abundância disponível, podemos oferecer isto aos outros. Em vez de coisas desejáveis que se tornam objetos de ganância, nós os convertemos em veículos de liberação utilizando-os para a melhor das oferendas.

2.8
Aos budas e seus filhos Bodhisattvas
Faço de mim uma oferenda por toda eternidade
Oh heróis supremos, aceitem-me por inteiro,
Já que, com devoção, serei seu servo.

2.9
Pois, se me aceitarem,
Serei de benefício a todos os seres e ficarei livre do medo.
Passarei além dos males do meu passado
E, daí em diante, a eles darei as costas.

Nas estrofes 8 e 9, Shantideva oferece a si mesmo. Seu raciocínio é prático: qualquer coisa que nos afaste da autocentralidade pressagia o bem. A nível diário, podemos literalmente nos oferecer. Em um encontro, por exemplo, alguém pode dizer: "precisamos de mais uma pessoa para trabalhar até mais tarde". Quando sentimos o aperto familiar da resistência, poderemos nos oferecer, mesmo que seja um obstáculo. Quando estamos determinados a nos libertar dos nossos hábitos que têm o medo como base, as oportunidades para praticar surgirão de todos os lados.

Naturalmente Shantideva não está se dirigindo aos companheiros de trabalho ou a amigos; está se dirigindo a budas e bodhisattvas. Mas, na verdade, não estamos fazendo isso pelos budas. Quando Shantideva se oferece para aqueles que encarnam a sabedoria e a compaixão, é *ele* quem se beneficiará. Os budas não precisam que nós sejamos os seus servos. Por outro lado, quem não se alegraria ao nos ver iluminados e menos avarentos e possessivos?

Fazer oferendas nos liberta da dor da autoabsorção. Estaremos ansiosos para oferecer algo precioso como o nosso tempo, energia e qualquer coisa sobre a qual nos apoiamos? Estaremos desejosos de soltar hábitos de egoísmo, medo e estreiteza de mente? Se assim for, poderemos nos beneficiar muitíssimo desta prática.

2.10
Em salas de banho permeadas de doces fragrâncias,
Com chão de cristal translúcido,
Ornadas por graciosas colunas cravejadas de joias
E dosséis de pérolas cintilantes,

2.11
Aí banharei os venturosos budas e seus herdeiros
Com muitos jarros preciosos,
Transbordantes de água perfumada e deliciosa,
Ao som de cantos e música.

2.12
Com tecidos de qualidade incomparável,
Com toalhas aromatizadas sem par, secarei seus corpos
E lhes oferecerei trajes esplêndidos e perfumados
De ricas cores e extraordinária confecção.

2.13
Com diferentes vestes, delicadas e sedosas,
E uma profusão de ornamentos,
Adornarei Samantabhadra
Majughosha, Lokeshvara e seus pares.

Shantideva visualiza oferendas magníficas e nos mostra como esta prática pode ser agradável. Podemos nos deleitar em fantasias maravilhosas e visualizar oferendas suntuosas, não somente para nós mesmos, mas também para os budas, bodhisattvas e todos os seres sencientes.

Nas estrofes 10 e 11, ele descreve um requintado quarto de banho. Nas estrofes 12 e 13, oferece tecidos excelentes – as toalhas mais macias, mais suntuosas; trajes belos e perfumados – todas essas coisas que cobiçamos nas lojas. Podemos nos deliciar em nossos devaneios, e depois nos desfazermos de tudo!

Estes presentes são oferecidos a três dos oito principais bodhisattvas: *Samantabhadra, Manjughosha, Lokeshvara.* Samantabhadra está associado à generosidade ilimitada. Esta é uma qualidade que nós também possuímos: uma mente de generosidade com um potencial infinito para crescer. Manjughosha manifesta a sabedoria incondicional que está disponível para todos nós. Lokeshvara personifica a compaixão. Nós o veneramos sabendo que a nossa própria compaixão pode se desenvolver e expandir.

2.14
E, com requintados aromas
Que permeiam milhares e milhares de universos,
Ungirei os corpos dos budas
Iluminados e resplandecentes como ouro puro e lustroso.

2.15
Depositarei diante do buda, objeto perfeito da minha veneração,
Flores como o lótus e a mandarava,
A utpala e outras ainda perfumadas,
Dispostas e entrelaçadas em graciosas guirlandas.

2.16
Oferecerei nuvens de incenso
Cuja fragrância inebria a mente,
E um vasto sortimento de alimentos e bebidas,
Todas iguarias dignas dos deuses.

2.17
Oferecerei lamparinas preciosas
Perfeitamente confeccionadas como flores de lótus douradas,
Um leito de pétalas derramadas
Sobre o chão espargido de perfume.

Shantideva parece estar apreciando muitíssimo. Ele oferece óleos perfumados com os quais *ungirei os corpos dos budas* e flores reunidas em guirlandas como as *leis* havaianas. Quando oferece uma luz, não é somente uma vela; são lamparinas preciosas perfeitamente confeccionadas como flores de lótus douradas, um leito de pétalas derramadas sobre o chão espargido de perfume.

Iniciando a estrofe 15, as oferendas assumem um significado especial. Compreende-se tradicionalmente que cada oferenda cultive uma qualidade específica. A oferenda de flores, por exemplo, aumenta a nossa capacidade de sentir amor e compaixão; a oferenda de incenso, na estrofe 16, aumenta a capacidade de disciplina.

Tudo o que oferecemos revela as nossas boas qualidades inerentes. É como remover uma cobertura: como resultado, podemos nos sentir imersos na riqueza e nos descobrir menos possessivos e mais generosos. Desta maneira, é dito que fazer oferendas supera a mesquinhez. Cultivar esta prática é uma maneira direta, não conceitual de descobrir a nossa bondade básica.

2.18
Oferecerei palácios onde reverberam hinos melodiosos,
Todos decorados com grinaldas de pérolas e gemas,
Tesouros cintilantes capazes de adornar o céu sem limite.
Tudo isso ofereço aos amorosos bodhisattvas.

2.19
Para-sóis preciosos ornados com cabos de ouro e
Enfeitados em toda sua volta por franjas nacaradas,
Eretos, com belas proporções e agradáveis ao olhar.
Novamente tudo isso ofereço a todos os budas.

2.20
Possam nuvens de outras oferendas,
Acompanhadas de música doce aos ouvidos,
Ser feitas em grande sucessão
Para alívio do sofrimento dos seres vivos.

2.21
Possam chuvas de flores, de todas as coisas preciosas,
Cair como uma corrente incessante
Sobre as gemas do Dharma sagrado,
As Três Joias e todos os suportes de oferendas.

Na estrofe 18, a oferenda de belos palácios *onde reverberam hinos melodiosos* simboliza a criação de comunidades harmoniosas, elevadas. A oferenda tradicional de para-sóis cerimoniais, na estrofe 19, está associada à capacidade de beneficiar os seres. Na estrofe 20, a oferenda da música aumenta a nossa capacidade de comunicar o dharma, para que as pessoas possam ouvir a doçura incessante de flores e joias preciosas para cobrir os textos sagrados, as Três Joias e tudo mais que apoie a nossa prática.

Finalmente, nas estrofes 22 e 23, ele fará a oferenda mais sublime: a oferenda de seguir o exemplo dos nossos mestres e praticar aquilo a que fomos ensinados.

2.22
Do mesmo modo que Manjughosha, gentil e melodioso,
Ofertou a todos os conquistadores,
Também eu farei oferendas
Aos budas e a seus filhos bodhisattvas

2.23
Oferecerei preces por todas as formas e meios
A esses vastos oceanos de boas qualidades
Possam nuvens de melodioso louvor
A eles ascender sem cessar.

A próxima prática é a das prostrações. Ao oferecer as prostrações preparamos mais o solo para que a semente do bodhichitta germine. Da estrofe 24 até a 26, Shantideva novamente acumula méritos doando a si mesmo.

2.24
Diante dos budas do passado, presente e do tempo futuro,
Diante da doutrina e da sublime congregação,
Com tantos corpos quantas são as partículas de pó
Que cobrem o chão, eu me prostro e me curvo.

2.25
Diante dos altares e de todos os suportes do bodhichitta
Eu me curvo:
Todos os abades que conferem os votos, todos os mestres doutos
E todos os nobres que praticam o Dharma.

2.26
Até que a essência da iluminação seja alcançada
Busco refúgio nos budas
Também tomo refúgio na Doutrina
E em todas as hostes de bodhisattvas.

Qualquer oferenda pode ser expandida. Por exemplo, quando visualizamos a doação dos nossos pertences mais queridos, não imaginamos somente um livro ou um casaco; expandimos aquela oferenda em inúmeros livros ou casacos. Da mesma maneira, na estrofe 24, Shantideva visualiza incontáveis imagens do seu corpo fazendo prostrações.

Existem vários benefícios nesta prática. Em primeiro lugar, e o mais importante, é que as prostrações dominam a arrogância. Trungpa Rinpoche costumava dizer que, pelo fato de termos uma bondade básica, poderemos nos orgulhar da nossa entrega. Não temos que nos apoiar nas nossas realizações ou na nossa boa sorte. Temos meios para ser humildes e nos inclinarmos diante daqueles que encarnam a sabedoria, esses seres corajosos que trabalharam muito para que os ensinamentos permanecessem vivos até hoje.

Segundo, as prostrações nos conectam com a nossa própria sanidade. Na presença de uma pessoa extremamente aberta e compassiva, podemos sentir estas qualidades desdobradas em nós. Uma pessoa aparentemente separada ou um objeto de veneração pode despertar a clareza e o diferente da nossa mente. Como um gesto de respeito, amor e gratidão para aqueles que nos mostram a nossa bondade básica, nos inclinamos e nos prostramos.

Terceiro, as prostrações servem como uma maneira para superar a resistência e a entrega das nossas neuroses e hábitos profundamente arraigados. A cada vez que nos inclinamos, oferecemos a nós mesmos: a nossa confusão, a nossa incapacidade de amar, a nossa maneira dura e egoísta. É como abrir as nossas mãos e dizer: "Com este gesto eu de boa vontade reconheço como sou presunçoso. Eu me entrego ao amplo e compassivo coração do bodhichitta. Até atingir a essência da iluminação, eu me refugio na mente desperta".

Ao realizar as prostrações com qualquer uma destas três intenções nos preparamos para vivenciar o coração de bodi.

Da estrofe 27 até o final deste capítulo, Shantideva apresenta a prática da confissão ou, como traduziu Trungpa Rinpoche, "depositar os nossos crimes neuróticos". Sempre que fazemos algo que não gostaríamos de fazer, damos a ele a nossa total e compassiva atenção. Em vez de esconder os nossos erros de nós mesmos e dos outros, nós os declaramos com franqueza. Ao reconhecê-los como *nossos,* evitamos a autodecepção. Em determinadas circunstâncias, também podemos declará-los para outra pessoa como testemunho da nossa sábia intenção.

Para ver com clareza como reforçamos ou enfraquecemos padrões limitadores, precisamos expô-los. É como se aprontar para dormir à noite: tiramos nossas roupas com facilidade em nosso quarto, mas a presença de outra pessoa aumenta a nossa consciência. O papel das outras pessoas, sejam elas *grandes protetoras* ou nossos amigos, é simplesmente nos ouvir, sem julgar e nem tentar consertar. Desta maneira, a confissão supera a ignorância, ou falta de autorreflexão.

Você pode se perguntar: "Não é suficiente reconhecer as minhas falhas para mim mesmo?" Ajuda muito, mas não é suficiente para dissolver completamente a autodecepção. Quando expressamos as nossas falhas aos budas ou a outro ser humano, não podemos nos enganar. Como um ato de autocompaixão e de autorrespeito, utilizamos uma testemunha para nos expor para nós mesmos. Então, em vez de carregar o fardo da vergonha, nós nos libertamos para realizar um novo início. O benefício de depositar os nossos "crimes neuróticos" é ser capaz de prosseguir sem culpa.

A prática da confissão é uma maneira excelente de ir além da culpa e da autodecepção. Ela confia na visão de que a neurose, embora seja talvez *sentida* como monolítica ou imutável, é essencialmente transitória e insubstancial. É somente uma energia muito forte que, erroneamente, identificamos como um "eu" sólido e permanente. Confessar, como fazer oferendas e prostrações, nos auxilia a soltar esta versão determinada de quem somos.

Quando fazemos algo que desejaríamos não fazer, não permanecemos desatentos; nós o reconhecemos como aquilo que Dzigar Kongrul Rinpoche chama de "tristeza positiva". Em vez de condenar a nós mesmos, podemos nos conectar com a ternura sincera da falha. Assim, os hábitos da autodecepção e da culpa têm uma chance de murchar. Este é o ponto essencial da prática da confissão.

2.27
Diante dos budas e bodhisattvas perfeitos,
Em todas as direções, onde quer que residam,

Diante desses que são soberanos todos misericordiosos,
Junto minhas mãos, rogando assim:

2.28
Nesta e em todas as minhas outras vidas,
Vagando pelos ciclos de existência sem começo,
Enceguecido dei causa ao mal,
Incitando outros a agir do mesmo modo.

2.29
Encontrei prazer nessas más ações
Enganado e dominado por minha ignorância.
Agora enxergo minha culpa e, em meu coração,
Ó grandiosos protetores, eu a declaro!

Nestas estrofes, Shantideva introduz a prática tradicional tibetana dos "quatro poderes da confissão", quatro métodos para subjugar atos neuróticos. São eles: (1) reconhecimento das más ações com "tristeza positiva", (2) confiança na sabedoria básica, (3) ação reparadora, e (4) resolução de fazer o melhor para não repetir os mesmos erros.

A estrofe 27 apresenta a "confiança" na sabedoria básica. Na presença de uma sabedoria imparcial e sem julgamento dos *soberanos todos misericordiosos,* Shantideva declara, nas estrofes 28 e 29, que ele causou o mal. Com honestidade e confiança na sua bondade básica, ele reconhece que errou o alvo.

Esta admissão curativa é o poder do reconhecimento com a tristeza positiva. Quando ele diz *enceguecido dei causa ao mal, incitando os outros a agir do mesmo modo,* ele aplica o tipo de autorreflexão compassiva que traz a liberdade. Como diz Dzigar Kongtrul: "Podemos admitir para nós mesmos que pela nossa ignorância fizemos o mal sem estarmos presos nas definições de 'ser mau'."

O terceiro dos quatro poderes é chamado de "ações reparadoras", ou "poder opositor". Ao reconhecer as coisas infelizes que fizemos, esta ação nos permite resolver o passado nos libertando para ir além da repressão e da culpa.

Exemplos de ações reparadoras variam das práticas clássicas até as contemporâneas. O mestre vietnamita Thich Nhat Hanh, por exemplo, trabalhou com um veterano americano da guerra do Vietnã que não conseguia superar a culpa por ter matado espectadores inocentes. Para ele, a ação reparadora era retornar ao Vietnã e dedicar um tempo para ajudar pessoas necessitadas. Com o mesmo espírito, se matamos animais no passado, talvez agora pudéssemos protegê-los.

Outro método é a "revisão de vida". Pelo menos uma vez por ano eu imagino que vou morrer logo. Revendo toda a minha vida com o máximo de sinceridade que consigo, dou inteira atenção àquilo que não gostaria que tivesse acontecido. Ao reconhecer estes erros com honestidade, mas sem autorrecriminação, tento me alegrar na sabedoria inata que me permite ver com tanta bravura, e sinto compaixão pela maneira como frequentemente eu me atrapalhei. Então consigo prosseguir. O futuro está aberto, e o que faço com ele cabe a mim resolver.

A ação reparadora de Shantideva é a declaração *Em meu coração, ó grandiosos protetores, eu a declaro!* Ao expressar abertamente os seus arrependimentos ele realiza a cura, a ação reparadora.

O quarto poder, a resolução, está na última estrofe deste capítulo, a estrofe 65. Shantideva promete dar o melhor de si para não repetir os mesmos erros e para prosseguir sem a bagagem desnecessária da culpa.

Estes quatro poderes da confissão geram uma relação mais sincera com o mundo. Podemos transformar o arrependimento de que fomos basicamente maus, desejando não assumir a compreensão de que somos basicamente bons e não querer continuar a encobrir esse fato.

2.30
Tudo o que eu pratiquei contra as Três Joias
Contra meus pais, mestres e os demais,
Pela força dos meus obscurecimentos,
Através do meu corpo, fala e mente

2.31
Todo mal que eu, pecador, cometi,
Os pecados que me acompanham devido a inúmeras más ações
Todas as coisas terríveis a que dei causa,
Declaro abertamente a vocês, os guias do mundo.

Esta tradução *eu, pecador* pode induzir ao erro. O Budismo enfatiza ir além de qualquer identidade fixada: bom, mau, ou qualquer ponto entre os dois. Basicamente, com os métodos corretos de trabalhar com as nossas mentes e a vontade de utilizá-las, todos temos a capacidade de transformar tudo. Podemos ir além de opiniões sólidas e de preconceitos que nos levam a agir insensatamente; e podemos revelar a nossa abertura e bondade básicas. Nas estrofes 30 e 31, Shantideva declara tudo o que o impede de seguir uma vida compassiva, sem qualquer sentido de maldade ou culpa.

Uma visão positiva de palavras como "pecado" e "pecador" é que elas chamam a nossa atenção e nos lembram que este não é um assunto para ser encarado superficialmente. Prefiro evitar palavras que são culturalmente pesadas para não impregnar os ensinamentos budistas com projeções confusas. Trungpa Rinpoche, por exemplo, traduziu a palavra tibetana *dikpa* como "crimes neuróticos" e não por "pecado", escolhendo uma interpretação psicológica e não ética. Palavras que nos identificam como fundamentalmente danificados não parecem ajudar. Sem elas, provavelmente ficaremos inspirados a nos conectar com a nossa força e bem inerentes.

2.32
Antes que meu mal seja purificado,
Talvez a morte chegue para mim.
Para que eu me livre, haja o que houver,
Rogo a vocês, concedam-me rapidamente sua proteção.

2.33
Não conseguimos prever o implacável Senhor da Morte
E, quer as tarefas de nossa vida estejam cumpridas ou por cumprir, não podemos ficar.
Quer estejamos bem de saúde ou enfermos,
Não podemos confiar em nossa vida – essa vida breve e passageira.

2.34
E teremos que partir, deixando tudo para trás.
No entanto eu, carente de compreensão,
Por conta de meus amigos e inimigos,
Provoquei e causei tantos malefícios.

2.35
Chegada a hora, meus inimigos deixarão de existir
Meus amigos e eu próprio

Deixaremos de existir
E, de igual modo, tudo o mais está fadado a se dissipar.

Da estrofe 32 até a 46, Shantideva introduz a impermanência e a morte. A sua intenção é destacar a necessidade da autorreflexão antes que seja tarde demais. Qualquer um de nós pode morrer subitamente. Isto produz uma forte motivação para revermos nossas vidas com uma atitude de autoperdão. Então poderemos morrer sem arrependimentos.

Na estrofe 32, Shantideva diz *concedam-me rapidamente sua proteção,* e em outras liturgias budistas lemos "concedam as vossas bênçãos". Mas *a quem* estamos pedindo ajuda e bênçãos? Como podemos compreender isto de forma não dualista? Trungpa Rinpoche explicou que não se trata tanto da noção de alguém nos protegendo ou abençoando; é mais uma atitude de "que assim seja". Que eu seja protegido e abençoado pela inspiração da mente de sabedoria. Que assim seja!

A estrofe 34 discute um tópico estimulante: bem depois de nossos amigos e adversários terem partido, ainda carregamos as marcas das nossas reações positivas e negativas. Nossos padrões habituais permanecem no lugar bem depois de os objetos dos nossos apegos e aversões terem cessado de existir. O problema não está em nossos amigos e adversários; o problema é a maneira como nos relacionamos com eles ou com qualquer circunstância externa. Quais hábitos estamos reforçando quando enredados em nossos apegos e aversões? Como vivenciaremos o mundo daqui a um mês, um ano ou cinco anos? Estaremos mais zangados, mais apegados e temerosos ou terá ocorrido alguma alteração? Isto depende inteiramente das tendências que reforçamos hoje.

Shantideva nos diz que é fútil prosseguir com quem, como nós, vive vidas *fugazes, momentâneas.*

2.36
Todas as coisas que possuo e uso
São como a visão fugaz de um sonho
Elas desbotam e passam para a memória
E, perdendo sua cor, nunca mais serão vistas.

2.37
Mesmo na breve duração desta minha vida atual
Muitos amigos e inimigos já se foram,

Mas o mal que pratiquei por causa deles
Permanece terrível à minha frente.

2.38
Nunca me passou pela mente
Que também sou algo efêmero e passageiro
E assim, por ódio, desejo e ignorância,
Fui a causa de tantos males.

2.39
Sem nunca estancar, dia e noite,
Minha vida vai escorrendo, escorrendo,
E nada que passou pode ser recuperado.
Qual será o meu destino senão a morte?

A estrofe 36 evoca a qualidade insubstancial de nossas vidas. É a primeira referência de Shantideva à natureza ilusória, semelhante a um sonho da realidade. Sempre que nos sentirmos presos, a simples lembrança destas palavras poderá ser um apoio poderoso. Elas podem nos ajudar decepando obstáculos emocionais e nos harmonizando com uma visão maior.

Estas estrofes enfatizam a impermanência essencial da nossa experiência. Se estivermos tentando ignorar a verdade da morte, poderemos nos deparar com o tipo de pânico que Shantideva descreve. Qualquer grau de atenção dedicado à nossa experiência facilmente nos convencerá de que a vida vai *escorrendo, escorrendo.* Na minha própria experiência, ficar mais velho é um bom motivador para não perder esta preciosa vida humana.

2.40
Lá estarei eu, prostrado sobre o leito,
tendo à volta aqueles que conheço e amo –
mas somente eu irei experimentar
o fio da vida se cortar.

2.41
E, quando os mensageiros do Rei da Morte me agarrarem,
De que valerão meus amigos e parentes?
Apenas o bem adquirido durante a vida poderá me ajudar,
Mas foi justamente disso que eu me afastei.

Morremos sós. Amigos, família ou abundância material nada podem fazer para mudar este simples fato. Quando meus filhos eram adolescentes, eu os levei até o Décimo Sexto Karmapa. Como não eram budistas, solicitei a Sua Santidade que dissesse alguma coisa que não precisasse da compreensão do dharma. Sem hesitar, ele disse: "Vocês irão morrer; e quando morrerem não levarão nada com vocês, somente o seu estado da mente". Na estrofe 41, Shantideva reitera isto e depois fala graficamente sobre os horrores da morte.

2.42
Ó, protetores! Sendo eu tão descuidado,
Mal poderia adivinhar terror igual a este.
E, só por causa desta existência breve e transitória,
Juntei para mim tanto mal.

2.43
No dia em que é levado para o cadafalso,
Onde seu corpo será dilacerado e trucidado,
O homem se transforma, transfigurado pelo medo:
Sua boca fica seca, seus olhos saltam das órbitas.

2.44
Assim sendo, qual será então minha aflição
quando, derrubado, fora de mim de tanto terror,
Eu avistar a forma assustadora do mensageiro da Morte,
Que lança sobre mim seu olhar cruel?

2.45
Quem poderá me salvar, quem agora poderá me proteger
Desse medo, desse horrível pavor?
Então, vasculharei as quatro direções,
Buscando ajuda com os olhos inundados de pânico.

2.46
Em parte alguma ajuda ou refúgio poderá ser encontrado
E, vergado sob o peso da dor –
Nu, impotente, desvalido –
O que farei eu quando assim me deparar?

Shantideva utiliza duas técnicas tradicionais de ensinamento. Uma proclama a beleza e os benefícios da ligação com o bodhichitta. A outra emprega a tática do medo para nos sacudir dos nossos hábitos neuróticos e nos assustar na vigília.

O último estilo não funciona muito bem no Ocidente; sem confiar em nossa bondade básica, sua mensagem é facilmente confundida. O ponto é compreender que tudo que fazemos tem consequências, e que nem sempre elas serão confortáveis. A cada dia estamos reforçando ou enfraquecendo padrões negativos. Mas, como disse Trungpa Rinpoche, uma vez: "O carma não é uma punição; são as consequências às quais estamos temporariamente agarrados. Podemos desfazer isso ao seguir o caminho".

Embora a morte talvez seja realmente terrível, ela também apresenta uma oportunidade para a iluminação. Isto depende do que cultivamos durante as nossas vidas. Na preparação para a morte, é extremamente útil cultivar a familiaridade com o bodhichitta e com a abertura incondicional da nossa mente.

No treinamento do bodhichitta, aprendemos a utilizar qualquer dor ou medo que vivenciarmos para abrir nossos corações para a aflição das outras pessoas. Desta maneira, a nossa infelicidade pessoal não nos bloqueia; torna-se um grau para uma perspectiva maior. Com este treinamento durante a vida, a morte despertará a compaixão. Até o desconforto da dor física, das dificuldades para respirar ou o medo, automaticamente despertarão o bodhichitta.

A melhor preparação para morrer é reconhecer a natureza da mente. Ao ver pessoas morrendo, observei que a morte pode ser um forte apoio para o despertar. Tudo está naturalmente se desintegrando: nosso corpo está se desintegrado, nosso modo de perceber a realidade está se desintegrando, tudo a que nos agarramos está se dissolvendo. O soltar que cultivamos durante a nossa vida está acontecendo naturalmente; isto é o que queremos, e agora está ocorrendo por si.

Para aqueles que passam suas vidas aprendendo a relaxar com impermanência, a morte é liberadora. Mas se vivemos as nossas vidas tentando nos segurar nesta breve e passageira existência, ficaremos assustados, muito assustados quando morrermos. A morte é o desconhecido final que estamos sempre evitando; é a impermanência final da qual tentamos escapar. Mas, se aprendermos a relaxar com a incerteza e a insegurança, então a morte será um apoio para a alegria.

Se passarmos a nossa vida buscando uma ajuda externa – através de uma boa aparência, terapia de compras, vícios e outros – procuraremos algo sólido para nos agarrarmos quando morrermos. Quando nos descobrirmos *buscando ajuda com os olhos inundados de pânico,* descobriremos muito tarde que esta resposta habitual não ajudará. Esta é a mensagem sensata de Shantideva.

Precisamos nos perguntar: "Em que procuro me refugiar?" Quando me sinto assustado, infeliz ou sozinho, em que pessoalmente procuro o refúgio? Shantideva deduz que buscar refúgio no coração e mente incompreensíveis e inconcebíveis do bodhichitta valerá a pena no momento das nossas mortes.

2.47
Portanto, de hoje em diante busco refúgio
Junto aos budas, guardiães dos seres errantes,
Que trabalham para o bem de todas as formas de vida,
Esses seres potentes que afugentam todo o medo.

2.48
No Dharma que reside em seus corações,
Que espanta todos os temores do samsara,
E na multidão de Bodhisattvas,
De igual modo e com perfeição eu tomo refúgio.

Se nos refugiarmos na própria mente desperta – corajosa e ilimitada – no lugar do chão aparentemente sólido, isto *afugenta todo o medo* no momento que mais precisarmos.

2.49
Crispando de terror, fora de mim de tanto medo,
A Samantabhadra eu me entrego,
E a Manjushri, melodioso e gentil,
Dou-me por inteiro.

2.50
A você que é constante em sua conduta amorosa,
Ó, meu guardião, Avalokita,
Lanço um grito em meio a minha aflição:
Proteja-me agora, pecador que sou!

2.51
Do fundo do meu coração clamo agora
Ao nobre Akashagarbha e a Kshitigarbha
E a todos os protetores, grandes e compassivos
Eu me volto, buscando refúgio.

2.52
E para Vajrapani, o detentor do Vajra,
Cuja simples aparição põe em debandada
Todos os perigos como as hostes mortais de Yama,
Para ele eu corro, à procura de refúgio.

2.53
No passado transgredi suas palavras,
Mas agora vejo esses pavores à minha volta.
A vocês venho pedir ajuda
E rogar que rapidamente me livrem deste terror.

Na estrofe 53, Shantideva conclui que quando não compreende os trabalhos de causa e efeito, ele continua a reforçar as propensões negativas. Porém agora entende que é ele que cria as causas da sua futura felicidade ou infelicidade. Ele é, portanto, inspirado a seguir o exemplo dos mestres bodhisattvas mencionados aqui, e a colocar seus ensinamentos em prática. Desta maneira, eles estarão sempre com ele, protegendo-o do medo.

2.54
Pois, se alarmado por uma enfermidade comum
Sigo as palavras do médico,
O que dizer de quando sou constantemente abatido
Pelo desejo e por uma centena de outros tormentos?

2.55
E, se apenas um deles
Consegue jogar por terra todos os habitantes do mundo,
E, se nenhum outro remédio existe,
Nenhuma outra cura que possa ser encontrada

2.56
Que não as palavras do médico onisciente,
Capaz de debelar todo mal e sofrimento,
A ideia de não lhe dar ouvidos
É rematada loucura, perversa e desprezível

A analogia aqui é muito conhecida nos ensinamentos budistas: sofremos de uma doença; o Buda é um médico e mestre do diagnóstico; e os ensinamentos são o medicamento. Para que os medicamentos funcionem, precisamos tomá-los segundo as prescrições; não podemos somente ler as prescrições. Para sermos curados precisamos *seguir com as palavras do médico.*

Quando as pessoas descobrem que elas ou uma pessoa querida estão com uma doença terrível, elas são inspiradas a fazer tudo que puderem para encontrar a cura. Isto auxilia não somente a pessoa doente, mas a todos que estão com a mesma doença. Embora uma doença como a AIDS ou o câncer afete milhões de pessoas, a doença da ignorância e da autoabsorção afeta a todos nós. Receber o remédio da cura do *médico onisciente* e nem tentar – nem dedicar um ou dois anos – não é somente uma loucura, é *rematada loucura, perversa e desprezível.*

2.57
Se à beira de um precipício, ainda que pequeno,
Preciso discernir meus passos com especial cuidado,
Quanto mais terei de fazê-lo próximo a uma fenda enorme,
Que mergulha por incontáveis léguas

Esta *fenda enorme* se refere à estrutura de samsara da mente de buscar continuamente conforto e tentar evitar a dor. Shantideva pergunta por que, se ficamos tão atentos ao caminhar ao longo de um *precipício, ainda que pequeno,* não estamos pelo menos vigilantes a respeito da fenda enorme de samsara? Por uma interminável sucessão de vidas temos caído nesta fenda. Vamos finalmente ser espertos e não cair mais. E se tropeçarmos ocasionalmente, vamos nos levantar e subir novamente. Essa é a mensagem.

2.58
Hoje ao menos não morrerei –
Como é temerário embalar-se por palavras assim!

Minha dissolução e a hora da minha morte
Irão se abater sobre mim inexoravelmente

2.59
Então, por que permaneço assim tão sem medo?
Que escapatória há para mim?
A morte, a minha morte certamente chegará
Como consigo ficar assim descontraído e despreocupado?

Pratiquemos ou não, a morte virá, *Como consigo ficar assim descontraído e despreocupado?* Na verdade *podemos* relaxar se aplicarmos regularmente os quatro poderes da confissão. Ao rever o que aconteceu antes e esclarecendo tudo, seremos capazes de relaxar e soltar no momento das nossas mortes. Tendo considerado honestamente o passado e o presente, podemos morrer com uma consciência clara.

2.60
Das experiências da minha vida, passadas todas as épocas,
o que sobrou para mim? O que resta agora?
Apegando-me àquilo que já não está mais aqui,
Desobedeci aos preceitos do meu mestre.

Embora não tenhamos a possibilidade de nos agarrarmos a nada, este hábito permanece como um dos mais fortes. Mesmo sendo inútil, devotamos grande parte da nossa energia para segurar o que é ilusório e impermanente.

Neste momento atual não resta nada do passado além das recordações. A nossa nostalgia dos bons tempos, nosso medo dos maus momentos: isso é tudo que realmente restou. Em vez de ficarmos mais obcecados pela nostalgia e pelo medo, podemos simplesmente reconhecer estas tendências e questionar a inteligência de continuar a fazer mal a nós mesmos pelo bem destas preocupações passageiras.

2.61
Este tempo de minha vida e tudo o que ele contém,
meus parentes e amigos terão todos que ser abandonados!
Eu terei que os deixar, seguindo só.
Como, então, distinguir entre amigos e inimigos?

Qual o nosso critério *para distinguir entre amigos e inimigos?* Um amigo deve ser a causa de revoluções emocionais e hábitos negativos, enquanto que um dito adversário deve nos beneficiar muitíssimo. É com frequência quando alguém nos magoa que temos uma abertura na compreensão. Os ensinamentos muitas vezes penetram quando tudo se desfaz. "Amigo" e "inimigo" são conceitos comuns, mas é difícil dizer quem auxiliará ou prejudicará o processo do despertar.

2.62
Portanto, como posso me assegurar de que
Irei me desvencilhar do mal, a única causa do sofrimento?
Essa deveria ser minha exclusiva preocupação,
Meu único pensamento, noite e dia.

2.63
Portanto, todos os pecados que cometi,
Cego pelas trevas da ignorância,
Atos nocivos por sua natureza
Ou falhas advindas da transgressão de votos

2.64
Recordando-me do sofrimento que está por vir,
Junto as mãos e prostro-me sem cessar
E todo mal que pratiquei confesso agora
Diante da presença dos Budas.

2.65
Rogo a vocês, guias e guardiães do mundo,
Que me acolham como sou, um pecador.
E todos esses atos, danosos que são,
Prometo nunca mais cometer.

Shantideva termina com um resumo dos quatro poderes da confissão e uma promessa apaixonada de se libertar das causas do sofrimento. É extremamente difícil resistir à sedução dos hábitos, mesmo sabendo como os resultados serão insatisfatórios. Persistimos nos mesmos padrões antigos, que ilogicamente contêm a promessa de conforto. Para nos livrarmos do sofrimento inevitável, é crucial reconhecer no ato como somos repetidamente envolvidos. Dzigar Kongtrul chama este processo de desenvolver o "sofrimento profundo com samsara". Trungpa Rinpoche se refere a ele como "náusea de samsara": a náusea da tendência a agir sob impulsos tolos repetidas vezes.

Esta é uma prática complicada para os ocidentais. Tendemos a considerar as nossas imperfeições como uma prova não da nossa humanidade, mas da nossa indignidade. Os quatro poderes da confissão, entretanto, enfatizam a inteligência pragmática. Encaramos os fatos com compaixão e ficamos espertos para promover os nossos melhores interesses.

Recordando-me do sofrimento que está por vir fornece uma forte motivação para resistir à corrente contrária das necessidades nocivas. Nos capítulos 5 e 6, Shantideva fornecerá instruções detalhadas para trabalhar criativamente com a sedução dos velhos hábitos. Mas, primeiro temos que reconhecer com inteligência e compaixão que estamos presos.

Por isso, na presença dos *guias e guardiães do mundo*, Shantideva se abstém. Confiando na inspiração da mente desperta, ele apresenta uma versão integral dos seus atos anteriores e diz *me acolham como sou*. Ao reconhecer totalmente ações passadas e presentes, ele aspira sinceramente a nunca mais ser enganado por falsas promessas de vícios e respostas mecânicas. Ao limpar o passado, ele cria a oportunidade para que a sua sanidade básica possa emergir.

Transcender a Hesitação

Compromisso

O CAPÍTULO 3 de *O Caminho do Bodhisattva* é o capítulo final sobre a preparação para a base do bodhichitta. Aqui Shantideva conclui a sua apresentação das oferendas sétuplas com as quatro práticas finais: contentamento, pedido aos mestres para que eles apresentem o dharma, solicitação para que eles permaneçam conosco e dedicação do mérito.

O contentamento pela boa sorte dos outros é uma prática que pode nos ajudar quando nos sentimos emocionalmente fechados e incapazes de nos conectar com os outros.

O contentamento gera boa vontade. Na próxima vez que você sair no mundo, poderá tentar esta prática: dirija a sua atenção para as pessoas – em seus carros, na calçada, falando em seus telefones celulares – simplesmente deseje que todas elas sejam felizes e estejam bem. Sem saber nada sobre elas, elas poderão se tornar bem reais ao considerar cada uma delas pessoalmente e se alegrando com os confortos e prazeres que estão em seu caminho. Cada um de nós possui este ponto sensível: uma capacidade para o amor e a ternura. Mas se não o encorajarmos, poderemos ficar inflexíveis e permanecer amargos.

Tenho um amigo que, quando começa a se sentir deprimido e retraído, vai até um parque próximo e realiza esta prática com todos por quem ele passa. Ele acha que isto o tira do colapso antes que seja tarde. A parte complicada é sair de casa em vez de se render à sedução da melancolia.

Quando você inicia a prática da alegria pela boa sorte dos outros, você pode esperar encontrar o seu ponto sensível – e também a sua competitividade e inveja. Sentar-se em um banco no parque sentindo simpatia por desconhecidos é relativamente fácil de fazer; mas quando a boa sorte sorri para aqueles a quem conhecemos melhor, especialmente os que não gostamos, isto poderá nos fazer encarar a nossa inveja.

Este certamente foi o meu caso. Até eu começar a praticar o contentamento, não tinha consciência da inveja que sentia. Lembro de ouvir que o livro de um colega estava rapidamente se tornando um dos mais vendidos e fiquei atormentada porque a minha primeira reação foi o ressentimento. Da mesma maneira, quando pratico a generosidade, vejo a minha resistência mais vividamente do que antes. Ao praticar a paciência, a minha raiva fica mais difícil de ser negada. Para alguém no caminho espiritual, constatar isso pode ser desconcertante.

Quem poderia imaginar que a prática do contentamento seria uma base para vermos as nossas neuroses? A nossa resposta normal seria sentir que nós estragamos tudo; mas para aspirantes a bodhisattvas este não é o caso. Como a nossa intenção é despertar para que possamos ajudar os outros a fazer o mesmo, alegramo-nos tanto ao ver onde estamos agarrados e ficamos contentes com a nossa gentileza amorosa.

Este é o único caminho para que a verdadeira compaixão surja: esta é a nossa oportunidade para compreender onde os outros resistem. Como nós, eles aspiram se abrir somente para se verem fechando; como nós, eles possuem a capacidade para a alegria, e por ignorância eles a bloqueiam. Para o bem deles e para o nosso, podemos soltar essa história e permanecer presentes com o coração aberto e nos alegrar por estarmos ainda interessados nessa nova alternativa.

> 3.1
> Com alegria celebro
> A virtude que livra todos os seres
> Das dores dos estados de privação
> E conduz aqueles que padecem ao reino da bem-aventurança

Para introduzir a prática do contentamento, Shantideva expressa a sua felicidade de que os seres possam se mover de reinos inferiores para os superiores. Segundo a tradição, os seres em samsara nascem em seis reinos diferentes. Os três reinos inferiores são os *estados da perda* mencionados na estrofe 1. São caracterizados por um sofrimento tão intenso que, mesmo sendo irreal e impermanente, parece eterno e inescapável. Os *reinos da bem-aventurança* se referem aos três estados superiores, incluindo o reino humano. Aqui há menos sofrimento e, portanto, uma chance maior de libertação do samsara.

Se acreditamos que existem reinos como locais verdadeiros ou simplesmente como estados psicológicos não importa. De qualquer forma, é o nosso estado mental que determina se vivemos na tristeza ou na bem-aventurança. Felizmente temos uma capacidade inata de nos libertar da confusão. É com esta possibilidade sempre presente de liberdade que Shantideva se alegra aqui.

Poderemos nos perguntar a respeito desta *virtude* que nos permite sair de um sofrimento maior para um menor. Segundo os ensinamentos budistas, este desvio ocorre quando compreendemos o carma. Quando aceitamos completamente que as ações do nosso corpo, fala e mente produzem consequências agradáveis ou desagradáveis, somos motivados a agir, falar e pensar de maneiras que nos beneficiem em vez de nos causarem o mal.

Tenho um amigo budista que é interno na Prisão de San Quentin, na Califórnia. Um dia, ele estava sendo importunado por um guarda, mas não revidou. Os outros homens viram isso e lhe perguntaram como ele conseguia manter o sangue frio. Ele lhes disse que se deixasse o guarda mais transtornado, ele iria para casa e bateria nos filhos. Esta é o tipo de compreensão virtuosa e compassiva a que Shantideva se refere em sua estrofe de abertura.

> 3.2
> Regozijo-me com a virtude
> Que serve de causa para o estado de iluminação,
> E celebro a libertação dos ciclos de sofrimento
> Conquistada pelos seres vivos.
>
> 3.3
> E na natureza búdica dos protetores eu me deleito,
> Assim como nos estágios dos filhos dos budas.

Shantideva se regozija com a possibilidade *do estado de iluminação*. Na estrofe 2, isto se refere aos *arhats* e sua experiência de liberação pessoal. Que alegria pelos seres poderem se liberar *do ciclo do sofrimento.* Se eles conseguem, nós também conseguimos. Ele se alegra pelos arhats e pelo nosso próprio potencial iluminado.

Na estrofe 3, ele se regozija com a *natureza búdica dos protetores* e também com a iluminação parcial dos bodhisattvas. É maravilhoso eles terem atingido a liberação para benefício próprio e dos outros.

3.4
A intenção, oceano de virtudes,
Que busca levar todos os seres ao estado da bem-aventurança,
E todos os atos que se voltam ao benefício dos seres:
Eis aí meu contentamento e toda minha alegria.

O *oceano de virtudes* se refere à aspiração do bodhichitta. Uma vez que a intenção de despertar para benefício dos outros se torna o nosso princípio orientador, até as convulsões emocionais não nos induzem ao erro. As pessoas que veem com clareza o seu compromisso se tornam como montanhas, permanecendo firmes mesmo quando o tempo fica difícil. É importante manter isso em mente e não achar que não podemos prosseguir antes que as tempestades estejam completamente apaziguadas.

Shantideva se regozija com aqueles que anseiam *levar todos os seres ao estado de bem-aventurança* e naqueles de nós que até vislumbram essa aspiração ampliada e se comprometem a treinar as nossas mentes. Da mesma maneira, ele se regozija com aqueles ativamente engajados em aliviar o sofrimento *em benefício dos seres.*

Porém, a referência a *todos os seres* pode soar excessivamente vasta; mas, na verdade, é somente uma maneira de olhar para o mundo para ver alguém a quem detestamos, alguém a quem tememos ou que não podemos evitar o ressentimento. Incluir todos os seres desafia seriamente a nossa tendência usual de escolher quem gostamos e não gostamos, quem desejamos que prosperasse ou que fracassasse. Estes velhos hábitos são difíceis de extirpar. Então, ao manter a intenção de beneficiar todos os seres, sem exceção, damos um passo de cada vez.

Eu li uma série de artigos sobre uma mulher cuja prática principal era parar de odiar os líderes políticos. Em torno do 39º dia ela registrou: "não muito bem, porém sem desmoronar". Esse é, definitivamente, o espírito do bodhisattva. Permitir um tempo amplo para que a mudança ocorra e você não esmoreça, simplesmente porque o processo se desenvolve lentamente.

A prática do contentamento suplanta a inveja e a competitividade. Isto é realizado intensificando a nossa conscientização imparcial daquelas qualidades que desejamos negar.

3.5
Então, junto as mãos e rogo
Aos budas que habitam em todas as direções:
Acendam agora a luz do Dharma
Para aqueles que tateiam, aturdidos, na escuridão do sofrimento.

Aqui Shantideva apresenta a quinta das sete oferendas: a prática de pedir aos mestres que esclareçam a nossa compreensão do dharma. Pedir aos sábios que iluminem a nossa confusão supera as "visões erradas", tais como acreditar que as pessoas são basicamente más ou que o carma é uma punição aplicada em nós por forças exteriores.

3.6
Junto minhas mãos, implorando aos seres iluminados
Que desejam passar adiante das cadeias do sofrimento:
Não nos deixem em nossa ignorância,
Mas permaneçam entre nós por incontáveis eras!

Na estrofe 6, Shantideva introduz a sexta prática: pedir aos mestres que permaneçam conosco e não habitem permanentemente no nirvana. Sem estes exemplos de sabedoria, será difícil conectar com o nosso próprio potencial.

Sabedoria e compaixão estão sempre acessíveis para nós. Mas, sem alguns exemplos do que é possível, raramente penetramos em nossa força interior. Grandes mestres com frequência nos fornecem os nossos primeiros vislumbres da expansividade da nossa mente. Se eles permanecem conosco, temos exemplos vivos para nos lembrar da nossa sabedoria. Por isso, a tradição diz que esta prática suplanta o medo de permanecer na ignorância e na confusão para sempre.

3.7
E por meio destes atos ora praticados,
Por todas as virtudes que vim a acumular,
Possam as dores de todos os seres vivos
Ser totalmente dissipadas e extintas.

Aqui Shantideva apresenta a prática final: a prática da dedicação do nosso mérito. Esta prática supera a autoabsorção. Em vez de armazenar as nossas fortunas, nós as distribuímos – para pessoas específicas ou para seres sencientes em toda parte. Fazemos isto com a aspiração de que as dores deles *sejam totalmente dissipadas e extintas.*

A palavra *mérito* é problemática para alguns budistas ocidentais. Dizer que realizar atos virtuosos fará com que tudo se desenrole suavemente para nós no futuro não é convincente para alguns de nós. Outros poderão achar a visão final de Trungpa Rinpoche mais acessível. Acumular méritos, diz ele, depende de soltar todo o nosso sentido de posse. Isto não pode ser feito com uma mentalidade voltada para os negócios; não é colocar o dinheiro em uma conta-poupança para a época da nossa aposentadoria. O mérito só pode ser acumulado através da doação.

Partindo deste ponto de vista, partilhar o mérito significa uma entrega completa, com uma atitude de deixar tudo acontecer: se for melhor para mim sentir prazer, que eu sinta o prazer; se for melhor sentir dor, que eu sinta a dor. Não estamos acumulando nada para o ego se agarrar; é o oposto.

Nas estrofes 8, 9 e 10, o mérito é dedicado com intenções específicas. Primeiro, Shantideva dedica o seu mérito aos doentes. Se alguém que você ama está doente e sofrendo muito, por exemplo, você deseja se desfazer de tudo que você gosta com a aspiração de que ele se beneficie do seu sacrifício. Você pode expressar esta intenção em palavras semelhantes às de Shantideva.

> 3.8
> Para todos aqueles que padecem no mundo,
> Até que todas as suas doenças tenham sido curadas,
> Possa eu me tornar
> O médico, o enfermeiro e o próprio remédio.
>
> 3.9
> Fazendo jorrar uma torrente de comida e bebida
> Possa eu debelar os males da fome e da sede;
> E nas eras marcadas pela escassez e carestia,
> Possa eu aparecer como bebida e alimento.

Na estrofe 8, ele dá o exemplo de como um bodhisattva pode se manifestar: como médico, enfermeiro e como o próprio medicamento. Sua aspiração não é somente ajudar as pessoas que estão fisicamente doentes, mas também auxiliar aqueles que sofrem das doenças da ansiedade, da agressão e da ignorância. Deste modo, ele deseja ajudar com coisas materiais tais como remédios, alimentos e bebidas e beneficiar no nível mais profundo da nutrição espiritual. O ponto principal é não refrear por medo de terminar sem nada para si mesmo.

3.10
Para os seres sencientes, pobres e desprovidos,
Possa eu me tornar um tesouro inesgotável
E dispor à sua frente, logo ao seu alcance,
Uma fonte abundante de tudo que possam precisar.

Aqui Shantideva dedica o seu mérito aos *pobres e desprovidos,* novamente a nível material e espiritual. Um bodhisattva pode surgir como *um tesouro*, um abrigo, um enfermeiro ou qualquer coisa que alivie a nossa dor e abra os nossos olhos para um contexto maior.

Na história do grande mestre budista indiano Naropa, seu mestre Tilopa apareceu para ele sob a forma de um cão coberto de larvas. Sentindo repulsa tentou pular por cima da pobre criatura e fugir. Imediatamente o cão se transformou em Tilopa, que disse: "Se você sente aversão pelos seres sencientes, como pode esperar despertar da mente de samsara?"

Qualquer coisa que desperte a nossa compaixão ou sabedoria serve como bodhisattva.

3.11
Meu corpo, juntamente com todos os seus bens,
E todos os méritos que adquiri e que irei adquirir,
Ofereço todos, sem nada conservar,
Para propiciar o bem-estar de todos os seres.

Esta é a instrução de Shantideva para desenvolver uma mente generosa reparadora: uma mente com o poder de superar os apegos e o "eu quero, eu preciso", da autoabsorção. É o mais próximo que podemos chegar para desistir de *tudo* que é "meu".

A jornada para a iluminação envolve soltar, não amealhar. É um processo contínuo de abertura e entrega, como retirar camada após camada de roupa até ficarmos completamente nus, sem nada para nos cobrir. Mas não podemos somente fingir, fazendo uma grande exibição de se desnudar, depois colocando tudo de volta quando ninguém está olhando. A nossa entrega deve ser verdadeira.

Após treinar com Tilopa por vários anos, Naropa começou a ensinar aos seus próprios alunos. O mais famoso destes foi o mestre tibetano conhecido como Marpa, o tradutor. Marpa, que foi estudar com Naropa na Índia, tinha uma grande quantidade de pó de ouro para presentear o seu mestre como um presente de despedida. Quando estava pronto para voltar para casa, ele o ofereceu cerimoniosamente. Mas Naropa viu que ele estava guardando um pouco para a sua viagem. Exigiu que Marpa desse tudo dizendo: "você acha que pode comprar os meus ensinamentos com a sua trapaça?" Relutante, Marpa entregou todo o pó de ouro, que Naropa, casualmente, soltou no ar.

Foi um momento de choque e descrença para Marpa, mas também de grande abertura. Finalmente, ele se tornou um recipiente vazio e pôde receber as bênçãos de Naropa sem qualquer reserva. Até desistir de tudo, a autoimportância bloqueava o seu caminho.

Nesta estrofe, Shantideva se compromete a se entregar às três bases principais de autoimportância: apego às posses, corpo e mérito. A palavra tibetana para apego é *shenpa.* Dzigar Kontrul a descreve como a "carga" por trás das emoções: a carga por trás do "eu gosto e não gosto", a carga por trás da própria autoimportância.

Shenpa é a sensação de se sentir "aprisionado", um aperto não verbal ou repressão. Suponha que você está conversando com alguém e, de repente, você vê a mandíbula da pessoa apertar; ela enrijece ou seus olhos ficam vidrados. O que você está vendo é *shenpa:* a manifestação exterior do esforço violento interior, a forma mais sutil da aversão ou atração. Podemos ver isso nos outros; o mais importante é que podemos sentir esta carga em nós mesmos.

As posses evocam *shenpa* durante todo o tempo: tememos perdê-las, quebrá-las ou nunca ter o suficiente. Não está ligado às coisas em si. É a *carga* por trás de querê-las ou temer que sejam levadas embora. Ficar aprisionado desta forma é completamente irracional, como se os objetos do nosso desejo pudessem fornecer segurança e felicidade duradoura. Contudo, *shenpa* acontece. É esta sensação grudenta que surge quando queremos que as coisas estejam em nosso caminho.

Nossos corpos também provocam *shenpa.* Isto se manifesta de várias maneiras. É a sensação ansiosa que é acionada pela nossa saúde, nossa aparência, nosso desejo de evitar a dor física. Pessoalmente, apesar da minha sincera aspiração de aliviar o sofrimento dos outros, a minha boa vontade ocasionalmente se desfaz ao menor desconforto. Neste verão, por exemplo, hesitei em ajudar um pássaro preso em uma roseira por temer ser picada pelos espinhos.

Este corpo é um recipiente precioso, um barco para atingir a iluminação. Mas se passarmos todo o nosso tempo pintando o convés, nunca deixaremos o porto e esta breve oportunidade será perdida. Além disso, nosso corpo, como tudo, é impermanente e destinado à morte e decadência. Talvez seja a hora de vê-lo como ele é e parar de reforçar o nosso *shenpa.*

Segundo Patrul Rinpoche, a coisa mais fácil de abandonar são as nossas posses, e sabemos como isso pode ser difícil. Abandonar o apego aos nossos corpos, diz ele, é até mais desafiador; porém, o mais difícil de todos é desistir do nosso mérito. Você pode se imaginar soltando de boa vontade toda a sua boa sorte? Seria capaz de abandonar as suas boas qualidades, circunstâncias agradáveis, confortos e prestígio para que os outros sejam felizes?

Você pode achar que o *shenpa* acionado pelo nosso mérito é mais fácil de soltar do que o apego aos nossos corpos ou às nossas posses. Os praticantes budistas fingem fazer isso o tempo todo. Mas soltar o apego ao mérito significa soltar no nível mais profundo e mais difícil; até mesmo o nosso apego à segurança e a ilusão da certeza iriam embora. Soltar o mérito é equivalente a repelir tudo. É a maneira final de se tornar livre de *shenpa.*

> 3.12
> O nirvana é alcançado dando-se tudo,
> O nirvana, o objeto do meu empenho
> Todas as coisas, portanto, devem ser abandonadas,
> E é melhor que sejam todas dadas aos outros.

Com estas palavras Shantideva resume a essência da estrofe 11: se a liberação é o que queremos, precisamos soltar tudo. Não guardar nada para um dia chuvoso. Esta é provavelmente a mensagem mais dura para qualquer um de nós ouvir.

> 3.13
> Este meu corpo entrego

ao capricho de todos os seres vivos
Deixem que eles o matem, surrem, ultrajem,
E dele façam tudo o que desejarem.

3.14
E ainda que o tratem como um joguete
Ou façam dele alvo de todo o ridículo,
Meu corpo foi a eles entregue –
Não há porque, agora, com ele eu me importar.

Quando li pela primeira vez estas estrofes, fiquei estarrecida. Não queria considerar prosseguir, e nem achei sábio fazer isso. Da perspectiva ocidental, este conselho parece alimentar direto a autoaversão tão predominante em nossa cultura. Mas sabendo que a intenção de Shantideva é sempre nos apoiar e encorajar, ultrapassei a minha aversão inicial e descobri a sabedoria das suas palavras.

Esta, compreendi, era a abordagem dos trabalhadores dos direitos civis. Para beneficiar não somente os afro-americanos, mas também seus opressores, eles queriam colocar seus corpos e sentimentos em evidência. Para um bem maior, admitiam situações perigosas. Ser *alvo de todo o ridículo* era o menor; sabiam que poderiam ser machucados, insultados e talvez mortos. Este é um exemplo da sabedoria e coragem do bodhisattva. Mas essas eram pessoas comuns – pessoas comuns que tinham despertado o coração bodhi.

Estas estrofes descrevem o que vários bodhisattvas famosos desejavam suportar: pessoas como Nelson Mandela, Madre Teresa, Aung San Suu Kyi e Gandhi. Descrevem também a bravura de incontáveis heróis e heroínas invisíveis.

3.15
Assim, deixem que os seres façam comigo
Tudo o que não lhes cause dano,
E, sempre que os seus olhos pousarem sobre mim,
Possa isso nunca deixar de lhes trazer benefícios.

Quando alguém bate ou zomba de nós, ele não está exatamente reforçando um padrão saudável. Do ponto de vista do bodhisattva, estão causando mais danos a elas mesmas do que a nós. Portanto, Shantideva diz que os seres sencientes podem fazer qualquer coisa contra ele, desde que isto não resulte em dano próprio.

Existe uma história de um monge tibetano que chorou quando se lembrou como os chineses o tinham torturado na prisão. Seus ouvintes, naturalmente, entenderam que a razão das suas lágrimas era a lembrança do seu trauma pessoal. Contudo, ele não estava chorando por si mesmo; estava chorando pelos chineses que, como resultado da sua crueldade, colheriam um sofrimento intenso no futuro.

Se conseguirmos manter esta perspectiva em amplo alcance, não ficará tão difícil desejar que os nossos opressores parem de criar a sua própria dor. Esta abordagem merece ser cultivada, e, se trabalharmos com ela, colheremos sementes de felicidade para todos os envolvidos.

3.16
Se aqueles que me virem
Abrigarem um pensamento de raiva ou devoção,
Possa esse estado servir de causa
Para a realização de seu bem e de seus desejos.

3.17
Todos aqueles que me insultarem
Ou fizerem qualquer outro mal,
Mesmo os que me acusarem ou caluniarem,
Possam eles alcançar a ventura da iluminação.

Todos os pensamentos e ações dos outros em relação a mim, mesmo os negativos, podem criar uma ligação positiva entre nós, que trará para ambos benefícios agora e no futuro.

Quando li a estrofe 17, estava pensando na audiência de Shantideva, em Nalanda. Provavelmente nesse momento ele tem os monges na palma da sua mão, mas originalmente eles queriam humilhá-lo. Aqui ele está dizendo indiretamente para eles: "Qualquer que tenha sido a sua intenção original, que ela seja a causa que os conduza a atingir a iluminação". Esta é uma forma de perdão imediato. Além do perdão, ele está realmente desejando o bem para eles – o bem final da iluminação.

3.18
Possa eu ser um protetor para os que vivem desamparados,

Um guia para os viajantes que seguem pelas estradas;
Para os que desejam cruzar para a outra margem,
Possa eu ser uma balsa, um barco, uma ponte.

3.19
Possa eu ser uma ilha para aqueles que anseiam por terra firme,
Uma lamparina para aqueles que desejam a luz,
Para aqueles que precisam de descanso, um leito;
Para todos os que necessitam de serviço, possa eu ser seu servo.

3.20
Possa eu ser a Pedra do Milagre, a Jarra do Tesouro Inesgotável,
A Fórmula Mágica e a Planta-que-cura.
Possa eu ser a árvore-dos-votos
E, para todos os seres, a vaca da abundância.

Nas estrofes 18 a 20, Shantideva leva adiante a sua intenção. Ele aspira beneficiar os seres sencientes sob qualquer forma que funcione. Na verdade, você nunca sabe como um bodhisattva pode se manifestar em sua vida.

Quando os mórmons se fixaram originalmente em Utah, suas primeiras plantações foram devastadas por gafanhotos. Enquanto rezavam pedindo ajuda, milhares de gaivotas surgiram e devoraram todos os insetos: bodhisattvas gaivotas vieram para salvar o povo que iria passar fome.

A imagem de uma *ilha* representa um local seguro de repouso. Podemos providenciar isto para um amigo que está deprimido e precisando de apoio e encorajamento. Para elevar o espírito de uma pessoa, podemos levá-la para tomar um café ou caminhar juntos. De maneira simples podemos ser uma ilha onde as pessoas podem relaxar e encontrar forças para prosseguir.

Tornar-se *um servo* significa fazer algo que ajude. Na Abadia de Gampo parte do nosso treinamento monástico é aprender a servir os outros sem arrogância ou queixas. A *pedra do milagre* e o *jarro do tesouro inesgotável* são exemplos de providenciar o que for necessário sem esforço e em grande abundância.

As quatorze últimas estrofes são conhecidas como o "juramento do bodhisattva". Gerações de bodhisattvas têm repetido estas palavras diariamente para manter a sua intenção de ajudar os outros.

3.21
Tal como a terra e os elementos que permeiam o espaço,
Perdurando enquanto o céu perdurar,
Para incontáveis multidões de seres vivos,
Possa eu servir de esteio e de sustento.

3.22
Assim, para todos os seres dotados de vida,
Até os confins do firmamento,
Possa eu prover o seu sustento
Até que passem para além das cadeias do sofrimento.

Sem hesitação, Shantideva assume o compromisso de trilhar o caminho do bodhisattva. Começa com a aspiração de prover a estabilidade e o sustento para todos os seres até eles atingirem a iluminação.

As próximas duas estrofes são a essência do juramento do bodhisattva. Ao repeti-las três vezes, podemos agora renovar o nosso compromisso a qualquer tempo. Resumindo, estamos nos comprometendo a permanecer em treinamento vigilante para sempre.

3.23
Assim como todos os Budas do passado
Abraçam a mente do despertar
E, passo a passo, cultivaram e treinaram
Os preceitos dos Bodhisattvas

3.24
Do mesmo modo, para o bem do mundo,
Eu também adotarei essa atitude mental
E, passo a passo, cultivarei
E treinarei esses preceitos.

As palavras *passo a passo* são importantes aqui. Mesmo os totalmente despertos treinaram passo a passo, e nós seguiremos o seu exemplo. Como este juramento pode ser quebrado por uma palavra áspera ou por um impulso de raiva, seremos obviamente sábios se formos pacientes conosco e desistirmos da esperança de estar sempre certo. Podemos renovar a nossa intenção de permanecer abertos várias e várias vezes.

A cada manhã, antes de sair da cama, eu recito estas duas estrofes três vezes, e depois inicio o meu dia.

Existem três abordagens para trabalhar com o juramento do bodhisattva. O nosso compromisso pode ser feito com a atitude de um rei ou rainha, um barqueiro ou um pastor. Estas imagens representam modos de prosseguir de maneira realista, passo a passo, de acordo com a nossa capacidade atual.

A nível de um rei ou rainha, trabalhamos primeiro conosco. Embora a nossa intenção específica seja beneficiar os outros, sabemos que isto é possível somente se nós despertarmos. Qualquer um que trabalhe na área da assistência às pessoas sabe como é fácil perder a paciência ou sentir aversão. Logo fica óbvio que não podemos trabalhar para o benefício dos outros antes de colocarmos a nossa casa em ordem.

O próximo nível de aspiração é o do barqueiro. Aqui nos vemos no mesmo barco com todos os seres sencientes atravessando as águas juntos. A analogia tem o sentido de "assim como eu". Como eu, todos os seres se veem como o personagem central no drama da vida. Como eu, estão escravizados pelos apegos e aversões, esperanças e medos. Ninguém deseja vivenciar outra vez a dor física ou emocional mais do que eu. Todos desejamos nos sentir seguros e livres do medo.

Sendo esta a base do nosso treinamento de bodhisattva, atingimos além da nossa versão autocentrada da realidade e trazemos outras pessoas para as nossas vidas. Quando surge a nossa depressão ou ressentimento, isto se torna um degrau para a compreensão da escuridão sentida pelos outros. Se temos insônia, dor de dente, uma queimadura, ou câncer, em vez de isto fazer nos recolhermos em nosso pequeno mundo, ela se torna a base para a empatia e a gentileza amorosa.

Esta abordagem também funciona quando as coisas estão bem. Quando nos sentimos relaxados e felizes, podemos lembrar que os outros também desfrutam destes estados mentais. Eles também querem se sentir confortáveis e bem consigo mesmos e com o mundo. Que todos nós sejamos felizes e tranquilos; e que vivenciemos a clareza e o frescor da nossa mente.

A imagem seguinte, a do pastor, representa o que geralmente pensamos como a da compaixão "verdadeira". Assim como os pastores colocam o bem-estar do seu rebanho na frente do seu, aspiramos colocar os outros diante de nós mesmos. Esta é a maneira como a maioria de nós acha que deveria trabalhar com o nosso compromisso do bodhisattva, mas na verdade não são muitos os que sentem que podem fazê-lo. Naturalmente, todos estivemos em situações em que espontaneamente colocamos os outros na frente: cedemos o lugar no ônibus para uma pessoa mais velha ou ficamos acordados uma noite inteira junto a um amigo que está com problemas. Os pais fazem isso o tempo todo; eles até enfrentam situações perigosas para que o seu bebê esteja em segurança. Mas ter estas situações como modelo seria definitivamente confundir tudo. Devemos prosseguir em qualquer um dos três níveis: do rei ou rainha, barqueiro ou pastor.

Para despertar o bodhichitta, começamos de onde estamos e prosseguimos passo a passo.

> 3.25
> Para que esse estado mental puro e imaculado
> Possa ser adotado e crescer constantemente,
> Aqueles que são prudentes deveriam
> Louvá-lo e enaltecê-lo com palavras assim:

> 3.26
> Hoje minha vida deu fruto
> Esta condição humana está agora justificada.
> Hoje nasci na estirpe do Buda
> E me tornei filho e herdeiro dos budas.

Tendo recitado os dois versos-chave do juramento, Shantideva então se regozija. Do seu ponto de vista, uma vez assumido o compromisso e começado a praticar o treinamento da mente, já somos bodhisattvas. Esta é uma maneira estimulante de observar a nossa jornada espiritual. Em algumas escolas de pensamento isto ocorre em algum momento no futuro distante; mas Shantideva diz que tendo assumido o juramento, já somos *filho e herdeiro dos budas.* E temos também este livro como guia para o nosso treinamento.

> 3.27
> De todos os modos adotarei
> Uma conduta que seja condigna deste grau
> E nada farei que possa comprometer ou
> Denegrir esta linhagem nobre e impoluta.

Shantideva alegremente proclama a sua intenção de agir de maneira digna de um bodhisattva. Este tipo de confiança não desmorona a cada vez que tropeçamos e caímos. Quando dizemos que nada faremos que *possa denegrir esta linhagem nobre e impoluta,* sabemos que nem sempre seremos bem-sucedidos. Entretanto, a nossa aspiração de despertar o bodhichitta é muito forte. Sem tentar estar à altura de um ideal irreal, aspiramos prosseguir na direção de uma sanidade maior. Não queremos desperdiçar este precioso nascimento humano reforçando hábitos negativos que enfraquecem a nossa capacidade de atingir a iluminação.

3.28
Pois sou como um cego que encontrou
Uma pedra preciosa em um monte de esterco
Exatamente assim, como se por algum estranho acaso,
A mente da iluminação nasceu dentro de mim.

Bem no meio das nossas emoções mais poluídas, encontramos esta *pedra preciosa;* ali, em meio à confusão e reação, encontramos a joia do bodhichitta. As emoções mais negativas podem servir como base para a compaixão. Quando temos raiva de algum "inimigo", por exemplo, assumimos aquela negatividade e desejamos que todos estejam livres da agressão, incluindo os nossos adversários. Independentemente do que surja, podemos sempre encontrar algum ponto de suavidade no coração bodi.

Nas estrofes de 29 até 33, Shantideva traz mais oito analogias para o bodhichitta: um elixir que mata não somente a morte e, o mais importante, o pensamento dual; o tesouro inexaurível da conscientização não dual, não conceitual que cura a pobreza da ignorância; um remédio que cura os nossos obscurecimentos mais básicos da percepção dualista e das emoções negativas; uma árvore que realiza desejos que garantem todas as nossas aspirações espirituais; uma ponte universal para passar com segurança sobre os reinos inferiores; a lua cheia da compaixão; o sol cuja luz ilumina a escuridão; e a melhor das manteigas representando a riqueza da nossa mente bodi.

3.29
Ela é o elixir da imortalidade
Que aniquila o Senhor da Morte, o algoz de todos os seres,
Uma mina de tesouros rica e inesgotável,
Que cura a pobreza dos andarilhos sem destino.

3.30
É o remédio supremo
Que debela por inteiro todas as enfermidades;
É a árvore sob a qual repousam
Os que perambulam exaustos pelos caminhos da existência.

3.31
É o veículo universal que resgata
Todos os seres errantes dos estados desafortunados –
A lua crescente da mente iluminada
Que alivia as penas das aflições mentais.

3.32
É um sol potente que dissipa inteiramente
As trevas da ignorância dos seres errantes;
A manteiga cremosa, rica e completa,
Feita com leite bem batido do ensinamento sagrado.

Com as estrofes seguintes, Shantideva conclui este capítulo sobre o compromisso a ser assumido para atingir a iluminação, para auxiliar todos os seres a fazer o mesmo.

3.33
Seres viventes! Viajantes pelos caminhos da vida,
Vocês que querem provar a satisfação da felicidade –
Eis aqui, à sua frente, a suprema bem-aventurança;
Eis aqui, ó, andarilhos sem parada, o seu preenchimento!

Posso imaginar Shantideva se levantando do seu lugar entusiasmado dizendo: "Venham, venham. Por favor, não fechem os ouvidos ao que estou dizendo. Esta é a sua oportunidade. Por favor, aproveitem-na!" A nossa realização está tão próxima, ao alcance da nossa mão; podemos despertar o bodhichitta com cada pensamento, palavra e ato. Temos uma riqueza de instruções, mais do que poderemos usar, para descobrir esta *suprema bem-aventurança* que está bem diante dos nossos narizes.

3.34
Assim, sob a vista de todos os protetores,

Convoco todos os seres, chamando-os para o estado de buda
E, até que esta condição seja alcançada, para todas as alegrias do mundo!
Possam os deuses e semideuses, e todos os demais, com isso se regozijar!

Neste último verso, Shantideva nos estimula a realizar o nosso direito de nascimento. Até lá ele deseja para nós *todas as alegrias do mundo:* todas as circunstâncias proveitosas que precisamos para relaxar e aproveitar a nossa viagem rumo à iluminação.

Usar a Nossa Inteligência

Conscientização

Estimular o coração bodi significa conectar-se com o nosso anseio pela iluminação, com o desejo claro de aliviar o sofrimento crescente que vemos no mundo, atualmente. A maioria das pessoas não liga muito para a iluminação, mas a maioria de nós anseia por uma situação mundial melhor, e desejamos nos libertar dos hábitos neuróticos e da angústia mental. Este é o estado mental ideal para despertar o bodhichitta. Sabemos que desejamos participar para melhorar as coisas e que precisamos ficar mais sãos para fazer isso de maneira eficaz. É o ponto perfeito para começar.

Se pudermos nos comprometer a buscar este objetivo, estamos na mesma linha de Shantideva. Como nós, ele precisou trabalhar com uma mente selvagem, subjugando emoções e padrões habituais arraigados. Como nós, ele utilizou a sua vida, como ela era, para trabalhar com inteligência com o seu poder de reação. O anseio de realizar é a "aspiração do bodhichitta". Embora nem sempre sejamos capazes de nos impedir de causar dor aos outros, a nossa intenção de esclarecer a nossa confusão e de ser útil permanece inabalável.

Nos capítulos de 1 a 3 de *O Caminho do Bodhisattva,* Shantideva partilha a sua aspiração de despertar e beneficiar as pessoas como sua principal prioridade. Nos próximos três capítulos, ele fornecerá métodos para assegurar que esta paixão pelo bodhichitta não decline.

Este é um ponto muito importante. Quando somos jovens, temos uma curiosidade natural sobre o mundo à nossa volta. Existe uma centelha natural que nos energiza e motiva a aprender e também um receio de ficar como algumas pessoas mais velhas que conhecemos: agarradas ao seu modo de ser, com a mente fechada e sem espírito de aventura.

É verdade que quando algumas pessoas envelhecem, elas começam a dedicar mais tempo na busca de conforto e segurança. Mas Shantideva está apaixonadamente determinado a manter viva a sua curiosidade juvenil. Ele aspira ampliar continuamente o seu coração além dos seus preconceitos e tendências atuais. Ao invés de permanecer fechado em seu casulo, ele deseja crescer em flexibilidade e entusiasmo.

O caminho do bodhisattva não é ser uma "boa" pessoa ou aceitar o *status quo*. Requer coragem e um desejo de continuar a crescer.

No capítulo 4, Shantideva enfatiza dois tópicos essenciais para manter a paixão viva. O primeiro é a plena atenção; o segundo é trabalhar as emoções com habilidade. O título deste capítulo em tibetano é *pag-yü*, que pode ser traduzido de vários modos diferentes. Aqui ele foi traduzido como "conscientização"; em outros é chamado de "consciência", "vigilância" e "desvelo". Acho que a melhor tradução é "atenção plena": prestar atenção com consciência inteligente no que está acontecendo. Uma analogia tradicional é caminhar ao longo da crista de uma fenda profunda: permanecemos atentos e agudamente conscientes das consequências de um descuido.

A atenção plena é um componente significativo da autorreflexão. Ao prestarmos atenção quando sentimos o puxão de *shenpa,* ficamos mais espertos para não permanecer presos.

Nas próximas estrofes, Shantideva traz exemplos de quando aplicar a atenção plena: quando o bodhichitta surge; antes de assumir o compromisso; após termos assumido o compromisso; quando relacionamos a causa e o efeito do carma, ou a consequência dos nossos atos; e, finalmente, quando somos seduzidos pelos nossos *kleshas.*

A palavra sânscrita *klesha* se refere a uma emoção forte que seguramente conduzirá a um sofrimento. É algumas vezes traduzida como "neurose" e, neste texto, como "aflições" e "emoções corrompidas". Na essência, os *kleshas* são uma energia dinâmica, inefável, embora esta seja uma energia que facilmente nos aprisiona e nos leva a agir e falar de maneiras não inteligentes.

Os kleshas surgem com a tensão sutil inerente à percepção dualista. Se não captarmos esta tensão, ela estabelece uma reação em cadeia de "a favor" e "contra". Estas reações crescem rapidamente, resultando em uma agressão explosiva, desejo ardente, ignorância, ciúme, inveja e orgulho – em outras palavras, um tormento total para nós mesmos e para os outros. Os kleshas sobrevivem na ignorância – ignorância da sua natureza insubstancial e na maneira como nós os reforçamos – e são abastecidos pelos pensamentos. A maneira como o seu poder pode ser amenizado pela atenção plena é o tema principal do capítulo 4.

Na estrofe 1, Shantideva inicia a sua apresentação dos cinco momentos em que a atenção plena deve ser aplicada.

4.1
Tendo assim abraçado firmemente a bodhichitta,
Os filhos do Conquistador nunca
Devem se afastar dela,
Mas, sim, sempre se esforçar para manter sua disciplina.

Uma vez desperto o bodhichitta – e sabendo que sem os devidos cuidados ele pode declinar – usamos a plena atenção para manter as suas *disciplinas.* Isto se refere especificamente às seis *paramitas,* que Shantideva discutirá com alguma profundidade em capítulos futuros.

4.2
Diante de tudo que seja iniciado sem a devida consideração,
E de tudo que não seja concebido com adequação,
Ainda que uma promessa ou compromisso tenha sido feito,
É legítimo hesitar – prosseguir ou voltar atrás.

Antes de assumir qualquer compromisso, devemos ponderar sobre ele a partir de todos os ângulos e estar atento a possíveis consequências. Se entrarmos às cegas, será aconselhável hesitar e perguntar: "Devo avaliar ou retroceder?" Mas se tivermos considerado a nossa decisão com inteligência, por que ter dúvidas? Faça uma escolha com bastante consideração e não olhe para trás. Esta é a abordagem mais sábia.

4.3
No entanto, todos os budas e seus herdeiros
Refletiram sobre isso, em sua imensa sabedoria;
Eu próprio pesei e ponderei essas questões;
Então, por que agora duvidar e hesitar?

Estar atento antes de agir não é um conselho somente para iniciantes. Até os budas e bodhisattvas estão atentos antes de assumir compromissos. O próprio Shantideva pesou se assumiria os votos do bodhisattva. Após ter se decidido, pôde relaxar. Não haveria mais razão para vacilar. Quando não estamos seguros sobre o que fazer, podemos buscar inspiração nos mestres nos quais confiamos. Baseados em suas palavras e exemplo, podemos decidir dar o salto. Aqui Shantideva diz que ele, como *os budas e seus herdeiros,* refletiu cuidadosamente sobre a sua decisão e não viu causa para recuar.

4.4
Pois, se eu me empenhar com promessas,
Mas deixar de pôr em prática minhas palavras,
Todos os seres serão traídos.
Que destino estará a mim reservado?

As estacas eram muito altas para Shantideva voltar as costas para os seres sencientes. Portanto, nesta e nas estrofes seguintes ele considera as consequências de permanecer desatento ou descuidado após ter feito um compromisso tão vasto quanto os votos de um bodhisattva.

4.5
Se está dito nos ensinamentos
Que renascerá entre os fantasmas famintos
Alguém que tenha a intenção de dar,
Mesmo uma pequena coisa, e depois venha a recuar,

4.6
Como posso eu esperar um destino feliz,
Se, do fundo do meu coração, conclamo
Os seres errantes para a suprema bem-aventurança,
Mas depois falto com minha palavra e os engano?

Estas estrofes enfatizam a ambivalência. Se você já teve o impulso de ser generoso e depois mudou de ideia, as chances são de que você foi influenciado pela ganância ou pelo apego. Você teve a oportunidade de crescer; e, ao contrário, reforçou as causas da mentalidade de pobreza, de "fantasmas famintos", a mentalidade dos necessitados e do "nunca suficiente".

Se for este o caso, Shantideva se pergunta: qual seria o resultado de assumir o compromisso de beneficiar todos os seres e depois falhar em mantê-lo? Renunciar ao voto do bodhisattva não significa se sentir ocasionalmente incapaz da tarefa; significa optar pelo seu próprio conforto e segurança em base permanente. Tendo assumido o compromisso, não há dúvida de que, ocasionalmente, nos sentiremos inadequados e duvidaremos da nossa capacidade de ser benéfico. Estes lapsos temporários devem ser esperados. Mas se decidirmos deixar que a centelha do bodhisattva se apague, se reprimirmos o nosso apetite pelo desafio e pelo crescimento, as consequências serão realmente muito tristes. Seremos exemplos do velho adágio: "não se ensina truque a um cão velho". A maior tristeza vem de fecharmos as nossas mentes ao sofrimento dos outros e nos sentirmos justificados por fazer isto.

4.7
E, quanto àqueles que perdem o bodhichitta
Mas, ainda assim, alcançam a liberação,
Isso se deve ao efeito insondável do carma,
Compreendido apenas pelo Onisciente.

Esta estrofe se refere ao *arhat* Shariputra, um dos discípulos mais íntimos de Buda. Ele exemplifica o raro caso de alguém que se torna iluminado, *apesar* de ter perdido a essência e desistido do seu voto de renunciar à sua própria iluminação até que todos os seres estejam libertados do sofrimento.

Segundo a lenda, na vida anterior Shariputra encontrou um ogre faminto que implorou a Shariputra que cortasse o seu próprio braço. Este, disse o ogre, era o único alimento que satisfaria a sua fome. Sem qualquer hesitação, Shariputra cortou o seu braço direito e o ofereceu. O ogre ficou infeliz e se queixou: "não quero o seu braço direito, quero o esquerdo". Aparentemente esta foi a gota d'água para Shariputra. Ele ficou tão desanimado com a insensatez dos seres sencientes que desistiu do seu voto de bodhisattva.

Quando os bodhisattvas se empenham para trabalhar com situações crescentemente difíceis, eles estão, na verdade, procurando problemas. Temos que levar em consideração o fato de que isto inclui trabalhar com a insensatez dos seres sencientes como você e eu.

4.8
Dentre todas, esta é a falta mais grave
Que o bodhisattva pode cometer,
Pois, se vier a acontecer,
O bem de todos os seres será jogado por terra.

Shantideva reitera este ponto: o erro mais grave de qualquer bodhisattva é se afastar permanentemente dos desafios do mundo. Algum desânimo é inevitável; mas se desistirmos completamente do nosso anseio e paixão de crescer, nossos resultados provavelmente não serão bons como os de Shariputra.

Felizmente, diz-se que o voto do bodhisattva é como um vaso dourado: muito valioso, e fácil de colar quando é quebrado. Podemos renovar os nossos compromissos de bodhichitta a qualquer momento. Inerente ao voto está a gentileza pela nossa fragilidade humana e o encorajamento de que nunca é tarde demais para um novo começo.

4.9
E aquele que, por um único instante,
Interrompe os méritos de um bodhisattva
Vagará por um tempo sem fim pelos estados de sofrimento,
Porque o bem-estar de todos os seres ficará assim rebaixado.

O segundo erro mais grave é qualquer coisa que *interrompe os méritos de um bodhisattva.* Isto não é difícil de fazer. Quando prejudicamos ou insultamos alguém de quem não gostamos, quem sabe? Poderemos estar obstruindo o mérito de um bodhisattva. O melhor conselho, portanto, é tratar a todos com cuidado.

4.10
Uma pessoa que destrua a felicidade de um único ser
Provoca com isso a sua própria ruína.
Mas, quando a felicidade de todos os seres é cancelada...
O que se há de dizer disso?

Quando destruímos deliberadamente a alegria mesmo de somente um ser, prejudicamos também a nós mesmos. Ser mesquinho pode trazer uma gratificação a curto prazo, mas, no final, nós nos sentiremos pior.

Se assim é, *qual a necessidade de falar* sobre o resultado de desistir do nosso desejo de aliviar o sofrimento?

Shantideva nos aconselha a estarmos atentos para a causa e efeito do carma e sermos inteligentes a respeito das consequências dos nossos atos. Ele continua e enfatiza este assunto nas estrofes de 11 a 25.

> 4.11
> E alguém que erra pelo samsara,
> Abraçando vez após vez o bodhichitta,
> Para então destruí-lo por meio de suas faltas,
> Tardará em alcançar as terras dos bodhisattvas.

Se continuamente renovarmos e quebrarmos os nossos compromissos, *desejamos ser excluídos* de progredir ao longo do caminho do bodhisattva. Entretanto, não queremos ser excluídos para sempre; apesar das palavras da estrofe 9, não *vagaremos por um tempo sem fim* no estado de miséria. A noção de danação eterna é desconhecida no pensamento budista. Alguns estados mentais podem *parecer* intermináveis, mas até o pior dos sofrimentos é impermanente e existe sempre uma saída.

Entretanto, ao reforçar hábitos antigos e obstruindo o desejo de crescer, retardamos consideravelmente o nosso progresso. O hábito de vacilar produz consequências. Sentimos uma inquietude e insatisfação crescentes; começamos a nos ver como proteladores, perdedores, pessoas que nunca terminam suas tarefas.

Por outro lado, através da plena atenção à maneira em que o carma se desenrola, podemos agir com inteligência e utilizar esta preciosa vida humana como um caminho para a iluminação ao invés de uma senda para o inferno.

> 4.12
> Portanto, agirei com devoção
> De acordo com a promessa que fiz.
> Pois, se deixar de assim me aplicar,
> Cairei de estados inferiores para outros ainda mais baixos.

Momento após momento, dependendo da maneira que trabalhamos com as nossas mentes, despertamos ou caímos cada vez mais no sono. Portanto, podemos nos tornar mais flexíveis e venturosos ou mais agarrados à nossa maneira de ser. Que possamos agir de acordo com a nossa promessa.

4.13
Empenhando-se em benefício de todos os seres vivos,
Incontáveis budas já vieram e passaram;
No entanto, em razão de meus pecados,
Nunca consegui me colocar ao alcance do poder de cura de suas obras.

As bênçãos do Buda brilham sobre todos nós sem distinção. Mas se estivermos vivendo as nossas vidas em uma caverna voltada para o norte, não receberemos o benefício do que é oferecido. Três atitudes nos impedem de receber um fluxo contínuo de bênçãos. Elas são comparadas a três "potes": um pote cheio, um pote com veneno e um pote com um buraco no fundo.

O pote cheio até a borda é como uma mente cheia de opiniões e preconceitos. Já sabemos tudo. Temos tantas ideias rígidas que nada novo pode nos afetar ou nos levar a questionar as nossas suposições.

O pote que contém veneno é como uma mente tão cínica, crítica e julgadora que tudo fica envenenado pela sua aspereza. Não permite nenhuma abertura e nenhum desejo de explorar os ensinamentos ou qualquer coisa que desafie a nossa postura correta.

O pote com um buraco é como uma mente distraída: nosso corpo está presente, mas estamos perdidos nos pensamentos. Estamos tão ocupados pensando nas férias desejadas ou no que teremos para jantar que ficamos completamente surdos ao que está sendo dito.

Sabendo como é triste receber as bênçãos e não ser capaz de se beneficiar, Shantideva deseja se salvar da aflição permanecendo aberto e atento. Nada melhorará, diz ele, a não ser que fiquemos mais inteligentes a respeito da causa e efeito. Esta é uma mensagem digna de ser seriamente considerada.

4.14
E esta será sempre a minha sina,
Se continuar a me comportar desse modo,
E terei que experimentar o sofrimento de dores, servidão,
Ferimentos e mutilações, nos reinos inferiores.

Existe um padrão repetitivo em nosso comportamento que de alguma forma não percebemos. Quando somos desafiados, as nossas reações habituais são especialmente previsíveis: esmurramos ou nos encolhemos, gritamos ou choramos, ficamos arrogantes ou nos sentimos inadequados. Estas estratégias de buscar segurança e evitar o desconforto somente aumentam a nossa inquietude. Porém, elas parecem ser como vícios; embora os resultados sejam insatisfatórios, nós a buscamos repetidas vezes.

A plena atenção funciona como um guardião que nos protege para não repetirmos os mesmos erros e reforçarmos os mesmos padrões. Podemos nos observar sendo pegos e evitar sermos eliminados por *shenpa.*

> 4.15
> O aparecimento dos budas neste mundo,
> A fé autêntica, a obtenção da forma humana e
> A disposição para cultivar o bem: todas essas coisas são raras.
> Quando virão a mim novamente?

Existem poucos temas repetidos nos ensinamentos de Shantideva. Um deles é a vantagem do precioso nascimento humano. Temos muita coisa a nosso favor para usar mal esta vida, especialmente por não sabermos quando a nossa boa sorte poderá ser perdida. Nas estrofes 16 até 26 ele fala mais sobre este assunto importante.

> 4.16
> Hoje, de fato, estou saudável,
> Tenho o suficiente para comer e estou livre de atribulações.
> Porém, esta vida é fugaz e enganosa.
> Este corpo foi-me emprestado por um curto tempo.

Esta vida preciosa é como um sonho. Mesmo quando é um sonho agradável, é passageira e incerta. Perderemos a nossa boa sorte se acharmos que isso é garantido.

Com muita frequência, somos complacentes a respeito das nossas circunstâncias favoráveis, particularmente aqui no Ocidente. Mas o que acontece ao nosso estado mental quando as conveniências modernas falham? Quando o poder se acaba e o nosso alimento míngua? O ponto é deixar que os nossos confortos atuais apoiem – e não sejam um obstáculo – o caminho de vida do bodhisattva.

4.17
No entanto, minha conduta é tal
Que não ganharei novamente uma vida humana!
E, ao perder a preciosa forma humana que agora tenho,
O mal será numeroso; a virtude, nenhuma.

Estar atento às consequências das nossas ações ainda é o assunto. Podemos usar a nossa inteligência para agir sabiamente em vez de habitualmente.

Na estrofe 18, Shantideva enfatiza o ato de permanecer atento ao que semeamos. Novamente, ele diz, o nosso bem-estar futuro depende de semearmos grãos perfeitos ao invés de sementes de sofrimento.

4.18
A oportunidade para a prática de ações positivas é aqui, agora;
Porém, se eu deixar agora de juntar virtudes,
Qual será a minha sina? O que farei eu
Quando me vir preso nos reinos inferiores, enredado no meu tormento?

4.19
Nunca praticando qualquer virtude lá,
Apenas perpetrando o mal a todo o tempo;
Assim, por centenas de milhões de eras,
Os estados afortunados deixarão de vir a mim.

Quando estamos confortáveis é relativamente fácil abrir nossos corações para o sofrimento do outro, mas, em estados de sofrimento intenso, é muito difícil. Se estamos passando fome e alguém nos dá uma tigela de arroz, conseguiremos partilhá-la com alguém que está no mesmo barco? Devido ao nosso medo da fome e da morte podemos achar isso muito difícil. Quando estamos *enredados nos nossos tormentos,* queremos somente um alívio para a nossa dor. Por um momento de saciedade voltaríamos com facilidade as costas para alguém. Essa é a mensagem: quando o sofrimento é intenso, é mais difícil pensar nos outros e mais difícil acessar o bodhichitta.

Mesmo agora, devido ao nosso nascimento, temos a chance de criar as causas e condições de felicidade no lugar da miséria, da força interior e da generosidade ao invés do medo e da ganância. Isto poderá não ser tão fácil mais tarde.

4.20
Essa a razão de o Senhor Buda ter afirmado
Que, assim como é difícil uma tartaruga enfiar
O pescoço num aro que boia, à deriva, na imensidão do oceano,
Este nascimento humano é difícil de ser encontrado!

Aqui temos a analogia clássica para a dificuldade de conseguir um nascimento humano: é tão raro quanto uma tartaruga marinha que vem à tona a cada cem anos colocar a sua cabeça no buraco de uma canga flutuante. Podemos facilmente nascer como um inseto, peixe ou humano sem uma chance de ouvir o dharma; as nossas circunstâncias atuais propícias são raras.

4.21
Se o mal praticado em um só instante
Pode levar ao mais profundo inferno por muitas eras,
Os males que pratiquei desde o tempo sem princípio –
Desnecessário dizer que me manterão afastado dos estados de bem-aventurança!

Se um ato intencional de dano, mesmo que somente por um instante, reforça os estados infernais da mente, então *é desnecessário dizer* o que virá do mal intencionalmente causado, não somente nesta vida, mas desde o tempo sem começo.

Quando fazemos uma revisão da vida, inevitavelmente descobrimos que temos alguns arrependimentos. Todos dissemos ou fizemos coisas que gostaríamos de não ter feito ou falado. Mas isso não significa que estamos condenados. Simplesmente ao reconhecer que fizemos, interrompemos a ignorância que sustenta os padrões habituais. Então, em vez de sabotar a nossa futura felicidade, cultivamos uma mente relaxada e flexível.

O ponto essencial é que podemos a qualquer tempo escolher o caminho do sofrimento ou da felicidade.

4.22
E a mera experiência desse sofrimento
Não acarreta liberação dele.
Pois, no próprio padecer desses estados,
Mais negatividade ocorrerá e, então, em abundância.

Shantideva nos lembra, novamente, que a dor intensa geralmente nos endurece e nos torna mais temerosos e autocentrados.

No *Dharmapada,* uma compilação dos ensinamentos de Buda, é dito que o grande sofrimento pode despertar a grande compaixão. Este é o bodhisattva ideal. Os ensinamentos do bodhichitta explicam como a dor pode nos tornar mais gentis em vez de mais neuróticos; como pode nos ligar aos outros e despertar o bodhichitta em vez de causar mal maior. Sem estes ensinamentos, contudo, o sofrimento não nos liberta; ele aumenta a nossa tendência de permanecermos agarrados.

> 4.23
> Assim, agora que todas essas coisas me deram trégua,
> Se eu deixar de me treinar no caminho da virtude,
> Que loucura maior poderia existir?
> Que traição maior poderia eu cometer contra mim mesmo?

Tendo descoberto esta situação preciosa, *que traição maior poderia eu cometer contra mim mesmo?* Shantideva está dizendo que ao desapontar os seres sencientes, estaremos simultaneamente traindo a nós mesmos. Como explicou Booker T. Washington: "Não permita que ninguém o coloque tão baixo a ponto de odiá-los". Quem sofre realmente mais quando estamos cheios de ódio? A chave aqui é que traímos a nós mesmos mais do que a qualquer outra pessoa.

> 4.24
> E, ainda que tudo isso eu possa compreender,
> Se vier depois a desperdiçar meu tempo com insensata indolência,
> Bem negra será a minha mágoa
> Quando chegar a hora da minha morte.

Saber que estamos agora em uma situação onde podemos nos auxiliar, e se não deixarmos que esta compreensão notifique nossas vidas, qual será o nosso estado mental quando morrermos?

> 4.25
> E, quando meu corpo arder por longo tempo
> No insuportável fogo dos infernos,

Minha mente, igualmente, ficará atormentada,
Queimando nas chamas de remorso infinito.

Esta estrofe tem o mesmo objetivo: se continuarmos a reforçar os hábitos errados, as nossas mentes serão atormentadas pelo *remorso infinito.* Mas, como deveremos compreender isto? Se pensar sobre o carma como uma punição é uma visão errada, e se não existe um vingador maior no céu, o que está sendo dito aqui?

Shantideva está falando sobre o poder destruidor das emoções negativas e da maneira como elas nos escravizam quando nós as reforçamos. Daqui até o final do capítulo, tendo falado sobre a plena atenção à causa e efeito, ele discute a necessidade de estar plenamente atento aos kleshas: agressão, ambição, ignorância, inveja, arrogância, orgulho e todos os seus derivados.

4.26
Pois é como se, por acaso, eu vim a ganhar
Este estado tão difícil de ser encontrado, no qual eu posso me ajudar.
E agora, quando a liberdade – o poder de escolha – são meus,
Se uma vez mais eu for arrastado para os infernos,

4.27
Estarei como que entorpecido por um feitiço,
Minha mente reduzida à impotência total,
Sem nenhuma percepção da loucura que me assalta.
Nas garras de quem eu caí prisioneiro?

A cada momento podemos escolher como nos relacionar com as nossas emoções. Este poder de escolha nos dá liberdade, e seria loucura não o aproveitar.

Por outro lado, quando as reações habituais são fortes e duradouras, é difícil escolher inteligentemente. Não escolhemos intencionalmente a dor; fazemos somente o que é familiar, o que nem sempre é a melhor ideia. Acho que todos nós podemos falar sobre a sensação de estar *entorpecido por um feitiço, reduzido à impotência total,* ou dominado pela *loucura.* Mas o que realmente nos prende em suas garras? A resposta está em nossos kleshas: *desprovido e destituído das faculdades* – sem substância ou qualquer solidez no âmago!

4.28
A raiva, o desejo – estes meus inimigos –
Não têm mãos nem pés. São desprovidos de raciocínio
E não contam com coragem nem esperteza;
Como é possível, então, que tenham me reduzido a tamanha escravidão?

Esta é a grande pergunta. Como esta energia poderosa, porém completamente inatingível e inefável, nos causa tanto mal? Nas estrofes seguintes, Shantideva começa a responder esta pergunta apresentando as cinco transgressões dos kleshas, os cinco aspectos problemáticos das nossas emoções confusas.

A primeira transgressão, apresentada na estrofe 28, é que ficamos aprisionados pelos kleshas. Este *insight* sozinho anularia o seu poder, se estivéssemos atentos a ele. Mas, como diz Shantideva, é como se estivéssemos sob um encantamento.

A reação emocional começa como uma ligeira tensão. Ocorre o puxão familiar do *shenpa* e antes de nos darmos conta, somos empurrados para dentro dela. Em poucos segundos, vamos do estar ligeiramente zangados a ficar completamente sem controle.

Entretanto, temos a sabedoria inerente e a capacidade de interromper esta reação em cadeia no início. Dependendo do grau da nossa atenção, podemos podar a necessidade viciosa enquanto ainda é administrável. Assim como quando estamos para cair na armadilha, podemos pelo menos fazer uma pausa e fazer algumas inspirações profundas antes de prosseguir.

4.29
Sou eu que os acolho em meu coração,
Permitindo que me machuquem a seu bel-prazer!
Sou eu que tudo tolero sem ressentimento –
Ah, esta minha abjeta paciência, tão fora de lugar!

A segunda transgressão dos kleshas é que nós os recebemos bem. Eles são familiares e nos dão algo onde nos agarrarmos. E estabelecem uma reação em cadeia previsível que achamos irresistível. Este *insight* pode ser especialmente útil.

Quando entendemos que *gostamos* dos nossos kleshas, começamos a compreender por que eles exercem tanto poder sobre nós. O ódio, por exemplo, pode nos fazer sentir fortes e no comando. A ira nos faz sentir ainda mais poderosos e invulneráveis. A ambição e o desejo podem ser suaves, românticos e nostálgicos: choramos sobre amores perdidos ou sonhos não realizados. É doloroso e deliciosamente agridoce. Portanto, nem mesmo consideramos interromper este fluxo. A ignorância é estranhamente confortante: não temos que fazer nada; simplesmente deitamos e não ligamos para nada que está acontecendo em volta.

Cada um de nós tem a sua própria maneira pessoal de receber e encorajar os kleshas. Ter uma atenção plena é o primeiro e crucial passo. Não podemos ser ingênuos. Se gostamos dos nossos kleshas, nunca ficaremos motivados para interromper a sua sedução; seremos sempre muito complacentes e acomodados.

Uma boa analogia para os kleshas é a de um traficante de drogas. Quando queremos uma droga, o traficante é nosso amigo. Nós o tratamos bem porque o nosso vício é forte. Mas quando desejamos nos livrar dele, associamos o traficante ao sofrimento e ele se torna algo a ser evitado. O conselho de Shantideva é para tratarmos as nossas emoções incapacitantes como traficantes de drogas. Se não quisermos permanecer viciados por uma vida inteira, temos que reconhecer que as nossas emoções negativas nos enfraquecem e nos causam danos.

É tão difícil desintoxicar-se das emoções quanto recuperar-se de drogas pesadas ou do álcool. Contudo, quando vemos que este vício está claramente arruinando a nossa vida, começamos a ficar motivados. E se dizemos: "Não quero me livrar dos meus kleshas", pelo menos estamos sendo honestos, e esta declaração obstinada pode começar a nos rondar.

Mas vou lhe dizer uma coisa sobre o vício do klesha: sem inteligência para ver que isto nos causa danos e a clara intenção de se afastar dele, aquela necessidade familiar será muito difícil de ser rompida antes de se enraizar.

Mas não subestime o poder curador da autorreflexão. Por exemplo, quando você estiver para se explicar ou ser honesto ou fazer uma crítica, reflita sobre o ponto principal: "Se eu reforçar este hábito, ele trará sofrimento ou alívio?"

Naturalmente você precisará ser completamente honesto consigo mesmo e não aceitar cegamente o que Buda e Shantideva têm a dizer. Talvez os seus hábitos lhe proporcionem prazer e também dor; talvez você conclua que eles, na verdade, não o façam sofrer, mesmo que os ensinamentos digam que sim. Baseado na sua própria experiência e sabedoria pessoal, você terá que responder estas perguntas para si mesmo.

As estrofes 30 e 31 falam mais sobre a futilidade das respostas habituais aos kleshas, e o perigo de acolher aquilo que causa sofrimento.

4.30
Se todos os deuses, juntamente com os semideuses,
Se levantassem contra mim, como meus inimigos,
Sua força portentosa não seria capaz
De me lançar no fogo do mais profundo inferno.

Shantideva diz que nada fora de nós tem o poder de nos prejudicar como os kleshas. Precisamos considerar isto e descobrir se é verdade.

4.31
No entanto, as paixões, essas poderosas inimigas,
Atiram-me num instante
Onde até o próprio rei dentre os montes
Seria queimado, suas próprias cinzas consumidas por completo.

Aqui ele reflete que ficar esgotado emocionalmente tem consequências tão dolorosas e intensas que pode reduzir a mais poderosa das montanhas a pó. Porém, novamente os ensinamentos budistas nos encorajam a refletir sobre a nossa própria experiência para verificar se aquilo que está sendo ensinado é verdadeiro.

Na estrofe 32, temos a terceira transgressão dos kleshas: se não estivermos atentos, os kleshas continuarão a nos causar danos por muito tempo.

4.32
Nenhum outro inimigo, na verdade,
Conseguiu viver tanto tempo quanto minhas emoções negativas.
Ó minhas inimigas, as paixões,
Companheiras sem princípio nem fim!

Bem depois daqueles a quem desprezamos terem se afastado ou morrido, o hábito odiado permanece conosco. Quanto mais fugimos dos nossos padrões habituais, mais fortes eles se tornam – e, naturalmente, quanto mais fortes ficam, mais fugimos deles. Quando esta reação em cadeia fica difícil de ser interrompida, a nossa experiência de aprisionamento se torna mais intensa até nos sentirmos desesperadamente aprisionados por um companheiro monstruoso. Nenhum adversário externo nos atormentará tanto quanto os nossos próprios kleshas.

A estrofe 33 apresenta a quarta transgressão: ceda um dedo aos kleshas e eles tomarão o corpo inteiro.

> 4.33
> Todos os outros inimigos que eu vier a pacificar e servir
> Irão conceder-me favores, prestar-me toda ajuda;
> Porém, se eu servir essas perversas emoções negativas,
> Elas apenas irão causar-me dano, arrastar-me para um poço de desgraças.

Shantideva nos aconselha a não sermos ingênuos a respeito do traficante; temos que conhecer as suas estratégias e modos sedutores. Da mesma maneira, não podemos simplesmente ter meios para permanecer ignorantes quanto ao poder das emoções. Nem poderemos abrigar ou ser indulgentes com elas esperando que nos tragam felicidade ou segurança.

Quando os ensinamentos nos dizem para "sermos amigáveis com as nossas emoções", isto significa ficarmos mais atentos e conhecê-las melhor. Ser ignorante sobre as emoções somente piora tudo; sentir-se culpado ou envergonhado delas tem o mesmo efeito. Lutar contra elas é igualmente não produtivo. A única maneira de dissolver o seu poder é com a nossa plena, sincera e inteligente atenção. Somente então será possível permanecer firme, conectado com a energia subjacente e descobrir a sua natureza insubstancial. Não podemos ser estúpidos neste processo. Não há como enfrentar as nossas dinâmicas e escorregadias emoções se continuarmos a abastecê-las com pensamentos. É como tentar acabar com o fogo usando querosene.

> 4.34
> Portanto, se esses antigos, longevos inimigos meus,
> A fonte de onde só brotam mais e mais misérias,
> Conseguirem encontrar abrigo dentro do meu coração,
> Que paz ou alegria poderá ser encontrada neste mundo?

Na estrofe 34, Shantideva apresenta o quinto e último aspecto problemático dos kleshas: enquanto estivermos prisioneiros deles, nunca haverá paz no mundo. Não teremos paz mental a nível pessoal, e os sofrimentos dos seres em toda parte continuará inquebrantável. As guerras continuarão, e a violência, o descaso, o vício e a ganância continuarão intermináveis. Firmando-nos *antes* de sermos comandados pelas nossas emoções, criamos as causas da paz e da alegria para todos nós.

4.35
E, se os carcereiros das prisões do samsara,
Os algozes e torturadores dos reinos dos infernos,
Ocultam-se dentro de mim, em meio à teia dos desejos,
Que alegria poderá ser destinada à minha pessoa?

Tipicamente culpamos os outros pelo nosso sofrimento. Mas Shantideva diz que criamos os nossos próprios *reinos dos infernos:* nossos infernos pessoais são interdependentes das nossas mentes libertas dos kleshas. Em sua visão, devemos assumir a responsabilidade por aquilo que nos acontece. Se fornecemos um abrigo seguro para a neurose, então como poderemos esperar que isto resulte em alegria?

Antes de o Buda atingir a iluminação, seus kleshas surgiram com força total. Ele foi tentado pela raiva, desejo e todos os outros; porém, diferente da maioria de nós, ele não engoliu a isca. Ele é sempre representado como bem desperto: totalmente presente – no momento – relaxado e sem se distrair com a poderosa energia dos kleshas.

Em um dos livros do Harry Potter, o bodhisattva em botão, Harry, recebe uma maldição que cria uma necessidade extremamente forte de se sujeitar aos kleshas e causar o mal. Contudo, o poder da inteligência e da gentileza de Harry é ainda mais forte. Ele não acredita nas vozes dos kleshas e nem é seduzido por suas promessas de conforto e, por isso, a maldição não funciona.

4.36
Não abandonarei o combate até que, diante dos meus olhos,
Esses meus inimigos sejam todos destruídos.
Pois, se encolerizados ante a menor desfeita,
Incapazes de dormir até que as contas sejam acertadas,

4.37
Tolos adversários, já condenados ao suplício da morte,
Demarcam a linha de batalha e se empenham para vencer,

E, fazendo pouco de dores de flechas e lanças,
Defendem sua posição, recusando-se a retroceder,

4.38
Desnecessário dizer que não esmorecerei,
Sejam quais forem as adversidades da peleja.
Esses inimigos naturais, hoje mesmo, vou me esforçar para esmagar –
Esses inimigos, a fonte de todas as minhas dores.

Como Shantideva foi um príncipe na tradição guerreira, é natural para ele usar imagens da guerra. Porém, suas palavras não representam uma agressão. A coragem do guerreiro de samsara é utilizada como uma analogia para a coragem compassiva do bodhisattva. Precisamos da bravura para permanecer no campo sem agredir os kleshas. Com as armas da clara determinação, da conscientização inteligente e da compaixão podemos abreviar a sua sedução e poder.

Naturalmente poderemos passar por algum desconforto durante o processo, o mesmo desconforto e inquietude que atravessamos em qualquer retirada. Segundo a tradição, ceder à fascinação dos kleshas é fácil no começo, mas deixa a vida cada vez mais difícil no final. De modo oposto, afastar-se das respostas habituais é difícil no começo, porém nossas vidas se tornam cada vez mais relaxadas e livres no final.

Quando estamos no processo de afastamento dos kleshas, seremos ajudados se soubermos se estamos na trilha certa. Shantideva enfatiza que – assim como *tolos adversários* resistem à dor física, à falta de descanso e até à morte – ele enfrentará a angústia da desintoxicação para deixar de ser escravo dos seus kleshas. Ele não esmorecerá e nem cederá devido à dor ou medo.

4.39
Os ferimentos causados pelo inimigo em guerras fúteis
São exibidos pelo soldado como troféus.
Então, nesta empreitada nobre que promete prêmio tão grandioso,
Por que me deixar desanimar diante de machucados e dores?

Em guerras empreendidas devido à ganância ou ao ódio, os soldados orgulhosamente exibem os seus ferimentos: suas feridas são como troféus por bravura. Também poderemos esperar por "feridas" quando interrompemos o ímpeto dos kleshas. Em um empreendimento digno como a liberação de samsara, podemos nos orgulhar pelo sofrimento que atravessamos. Em vez de queixas, vamos ver estas feridas como troféus.

4.40
Se pescadores, açougueiros, camponeses e outros que tais,
Apenas para prover o seu sustento,
Suportam todas as agruras do frio e do calor,
Por que não posso eu também tolerá-las para ganhar a felicidade de todos os seres?

As pessoas enfrentam um inferno para ganhar o seu pão. Os pescadores saem nas águas geladas e debaixo do frio. Os fazendeiros perdem tudo quando ocorre uma geada inesperada. Os atletas resistem a dores incríveis para ganhar a medalha. Nós desejamos enfrentar quase tudo se acharmos que vale a pena. E se desejarmos fazer todo o necessário para nutrir o coração bodi? Com este tipo de intenção, poderemos atingir a maior satisfação para nós mesmos e para os outros – bem maior do que os benefícios de qualquer outra busca.

4.41
Quando me comprometi a livrar de suas aflições
Os seres que habitam em todas as regiões,
Estendendo-se até os confins do firmamento,
Eu próprio me encontrava sujeito a essas mesmas aflições.

4.42
Assim, eu não sabia aquilatar as minhas forças –
Falar dessa maneira foi clara insensatez.
Maior razão, então, para jamais retroceder,
Jamais abandonar a luta contra a confusão e as negatividades.

Isto é que distingue um bodhisattva maduro, como Shantideva, de bodhisattvas em treinamento. Quando ele diz que assumir o voto do bodhisattva *era uma clara insensatez,* não estava expressando os sentimentos de desânimo ou inadequação. Estava mencionando como um incentivo para se ocupar, para fazer tudo para viver a sua vida tão atentamente e desperto quanto possível. Ao invés de sentir culpa e outras variações do tema fracasso, ele estimula a si mesmo.

Na próxima vez que se sentir sem esperanças porque não consegue penetrar na sua confusão, você poderá se encorajar com as palavras de Shantideva: *Maior razão para jamais retroceder.*

Cada gesto corajoso que fazemos, mesmo que não o classifiquemos como um sucesso, definitivamente fica impresso positivamente em nossa mente. O menor desejo de interromper os nossos velhos hábitos nos predispõe a uma bravura maior, mais força e maior empatia pelos outros. Embora possamos nos sentir aprisionados, sempre poderemos ser benéficos. De que maneira? Ao interromper histórias derrotistas e trabalhando inteligente e sabiamente com os nossos kleshas.

> 4.43
> Esta paixão será a minha obsessão;
> Cheio de rancor, travarei minha guerra!
> Embora esta emoção pareça negativa,
> Ela estanca a negatividade e não deve ser desprezada.

Na estrofe 43, *esta emoção* é a raiva. Embora vista geralmente como um problema, Shantideva faz uma abordagem em doses homeopáticas para usar a raiva e curar a raiva. Despertando este entusiasmo apaixonado pela tarefa, ele avança com alma de guerreiro e com alegria.

> 4.44
> Antes ser queimado vivo,
> Antes ter a cabeça separada do corpo,
> Do que vir a servir minhas inimigas mortais, as emoções negativas,
> Ou me curvar diante delas.

Com o passar dos anos compreendi cada vez mais este tipo de determinação e confiança apaixonada. A escolha é minha. Posso passar a minha vida reforçando os meus kleshas ou posso enfraquecê-los. Posso continuar a ser seu escravo ou compreender que eles não são sólidos e simplesmente aceitá-los como a minha poderosa, porém inefável, energia. Fica cada vez mais claro qual escolha leva a mais dor e qual conduz ao relaxamento e deleite.

4.45
Inimigos comuns, quando expulsos de seu país,
Batem em retirada e se assentam em outras terras,
Para juntar forças e retornar em melhores condições.
Nossas aflições, porém, não dispõem de estratagemas assim.

4.46
Emoções negativas, dispersadas pela visão da sabedoria!
Para onde poderão vocês correr, quando expulsas da minha mente?
De onde poderiam retornar para me ferir?
Mas, oh – minha mente é fraca. Sou indolente!

Agora Shantideva apresenta o lado brilhante. Está contente porque pode libertar-se dos kleshas e expressar a sua alegria a partir da estrofe 45 até o fim.

A felicidade vem do fato de saber que, uma vez arrancados pela *visão da sabedoria,* os kleshas nunca retornarão. Seu poder se evapora quando vemos a sua natureza vazia, efêmera. Dzigar Kongtrul lembra como os jovens monges em seu monastério ficavam aterrorizados com a dança anual do leão da neve. Quando ficavam mais velhos e compreendiam que o leão da neve não era real, que era somente um costume, automaticamente perdiam o medo. Esta é uma analogia apropriada para o vazio essencial dos kleshas.

4.47
No entanto, as emoções negativas não estão nos objetos,
Nem nos sentidos, nem no espaço entre objetos e sentidos.
E, se não estão em outra parte, onde têm sua morada,
De onde poderiam atormentar o mundo?
Elas são simples miragens – portanto, encoraje-se!
Afugente todo o medo e empenhe-se em conhecer a natureza delas.
Por que sofrer desnecessariamente as dores dos infernos?

Apesar de todas essas imagens de guerra, Shantideva não está realmente nos encorajando a batalhar com os kleshas. Está nos pedindo para examiná-los cuidadosamente e descobrir a sua natureza ilusória.

Na próxima vez que você começar a ficar zangado, pergunte para si mesmo: "Onde está este klesha?" Está na pessoa com quem estou me zangando? Está nas minhas percepções sensoriais? Ou em algum lugar entre os dois? Qual a natureza desta zanga? E quem é que está zangado?

Observe também cuidadosamente como você abastece os kleshas com os seus pensamentos. Observe um pensamento e pergunte: De onde surgiu este pensamento? Onde está ele agora? E depois, "para onde ele foi?" Se descobrir qualquer coisa sólida na qual se agarrar quando você observar o aparecimento, estabelecimento e partida de um pensamento, gostaria de ser a primeira a saber.

Construímos mundos de fantasias em nossas mentes, deixando os kleshas aumentarem. Depois, como o despertar de um sonho, descobrimos que essas fantasias não têm substância e os kleshas não têm base.

O pai do meu amigo tem Alzheimer. Antes era um homem muito zangado. Mas desde que perdeu a memória, ele mudou. Como não consegue se lembrar por que estava zangado, não nutre o seu amargor. Quando fica irritado, não tem onde se agarrar. Sem histórias, as causas da raiva se dissolvem.

Naturalmente nem sempre conseguimos trabalhar atentamente com os nossos kleshas. Como diz Shantideva, as nossas mentes ocasionalmente parecem frágeis e preguiçosas. Mas, animem-se: não temos que nos aparelhar bem para uma grande luta. O inimigo é uma miragem!

> 4.48
> Assim é que devo refletir e trabalhar,
> Adotando os preceitos aqui explanados.
> Qual enfermo, carente de remédio,
> Ignorou as palavras do médico e recuperou a saúde?

Assim como uma pessoa doente não fica bem sem seguir os conselhos do seu médico, não seremos auxiliados por estes ensinamentos a menos que os coloquemos em prática. Não é um estudo acadêmico: podemos estudar o *Bodhicharyavatara* diariamente e mesmo assim continuar a reforçar os nossos kleshas. Estes ensinamentos são um modo de viver. Para despertar o bodhichitta, nutri-lo e vê-lo florescer, assuma as palavras de Shantideva a nível pessoal e utilize-as sempre que se sentir aprisionado e iludido.

Estabilizar a Mente
Vigilância, Parte Um

No capítulo 5 de *O Caminho do Bodhisattva*, Shantideva instrui sobre a *paramita* da disciplina. O tema da disciplina geralmente enfatiza a conduta, a maneira como falamos e agimos. Contudo, aqui o tema principal é a estabilização da mente. Para que qualquer disciplina exterior nos transforme – e para que o bodhichitta não arrefeça – é essencial dominar a turbulência das nossas mentes.

> 5.1
> Aqueles que desejam ter uma regra de conduta em sua vida
> Devem manter guarda sobre a mente, com perfeito domínio próprio.
> Sem essa vigilância da mente,
> Nenhuma disciplina jamais poderá ser mantida.

O método para estabilizar a mente é a meditação *samatha. Samatha* é uma palavra sânscrita que significa "calma permanente", ou "o desenvolvimento da paz". Nesta prática, nós geralmente trabalhamos com a respiração como nosso objeto de meditação. Mas qualquer que seja o objeto utilizado, a instrução é sempre a mesma: quando vemos que a nossa mente está vagando, gentilmente a trazemos de volta. Dessa maneira, voltamos para o presente, para as imediações da nossa experiência. Isto é feito sem severidade ou julgamento, e repetido inúmeras vezes.

Quando a mente é selvagem, não temos base para manter a disciplina: especificamente, as três disciplinas de não causar dano, acumular virtudes e beneficiar os outros. Como podemos trabalhar com os kleshas, ou agir e falar com gentileza, ou atingir os outros se a nossa mente está enlouquecida? Sem a estabilidade e o estado de alerta de uma mente estabilizada, como podemos permanecer presentes? Portanto, atentamente, gentilmente e repetidamente, treinamos a mente para voltar.

Estabilizar a mente requer tempo. Durante os períodos de bons e maus humores, durante períodos de paz e de ataques dos kleshas, treinamos para permanecer no presente. Dia após dia, mês após mês, ano após ano, ficamos mais capazes de *manter uma regra de vida,* mais capazes de conduzir a vida de um bodhisattva que pode ouvir os gritos do mundo e estender a sua mão.

> 5.2
> Vagando de um lado para outro, segundo sua vontade,
> O elefante da mente nos arrastará para as dores do mais profundo inferno.
> Nenhum animal neste mundo, por mais selvagem que fosse,
> Poderia nos ocasionar tamanha calamidade.

Na literatura budista existem várias analogias animais para a turbulência da mente: mente de macaco, por exemplo, ou a natureza descontrolada de um cavalo não domado. Aqui Shantideva amplia a imagem ao escolher o mais poderoso de todos os animais selvagens que podem ser domesticados: um elefante. Se um cavalo selvagem ou um macaco pode causar danos, imagine a destruição que pode resultar de um elefante enlouquecido!

Se estivermos comentando sobre a estrofe 2, ela poderá ser lida: "se a nossa mente permanecer instável e distraída, teremos constantes convulsões emocionais, e a nossa raiva e vícios ficarão mais fortes". Mas Shantideva não fala com rodeios. Uma mente dispersiva, diz ele, *nos arrastaria para as dores do mais profundo inferno.*

Aqui "inferno" é um sinônimo para as terríveis consequências de uma mente distraída. Shantideva utiliza uma linguagem direta para ter certeza de que compreenderemos este ponto. Antes de estabilizarmos a mente, somos constantemente empurrados pelas emoções. Nada neste mundo – animal selvagem, assaltantes ou perigos externos – pode causar tanta infelicidade quanto a nossa própria mente de elefante.

5.3
Se, com a corda da atenção,
O elefante da mente for amarrado de todos os lados,
Nossos temores se dissiparão;
Todas as virtudes cairão em nossas mãos.

Cultivar a capacidade inerente da mente de permanecer no presente é chamado de treinamento da plena atenção. A plena atenção é como a corda que impede que o elefante selvagem destrua tudo à sua volta. A corda da plena atenção nos traz de volta para a nossa experiência imediata: para a nossa respiração, nosso caminhar, para o livro em nossas mãos.

Este ponto é essencial: a plena atenção amarra a mente ao presente. Inicialmente requer esforço, mas este esforço é aplicado através de um leve toque. É como escovar os dentes: você escova, se distrai e naturalmente volta a sua atenção para ali. Sem problema. É assim com o treinamento da mente: a mente está presente, mente vagueia e mente retorna. Sem problema. Ao retornar gentilmente para o presente, gradualmente todos os *nossos temores se dissiparão; todas as virtudes cairão em nossas mãos.* Quando a mente se estabiliza, tudo parece exequível.

Agora as palavras de Shantideva devem nos dar a ideia de que isto será rápido: "Eu trabalho com a minha mente e nesta época no próximo mês talvez os meus problemas estejam resolvidos". Porém, na verdade, os nossos hábitos mentais são antigos e precisam de um tempo para se desenrolar. Por isso, precisamos treinar com paciência, inteligência e gentileza. Estas qualidades de apoio então crescerão; haverá ocasiões em que poderão cair em nossas mãos como um passe de mágica.

Quando a mente está estabilizada, as qualidades virtuosas chegam a nós mais naturalmente. Temos novos *insights*, e mais bondade, relaxamento e firmeza.

5.4
Tigres, leões, elefantes e ursos,
Serpentes e quaisquer outras feras,
Aqueles que policiam os prisioneiros nos infernos,
Todos os fantasmas, demônios canibais e espíritos malignos,

5.5
Simplesmente atando esta mente apenas,

Todos eles ficarão igualmente atados.
Simplesmente subjugando esta mente apenas,
Todos eles ficarão igualmente subjugados.

5.6
Pois toda ansiedade e medo,
Todos os sofrimentos em sua ilimitada medida,
Têm sua origem e nascedouro na própria mente,
Assim disse o Senhor da Verdade.

Aqui Shantideva está dizendo algo revolucionário: toda ansiedade, medo e sofrimento desaparecem quando estabilizamos a nossa mente. Mesmo se formos abordados por um tigre ou um fantasma, permaneceremos calmos. Quando estamos presentes e despertos, as emoções têm pouca duração, mas quando estamos inconscientes, elas podem durar anos.

5.7
Os açoites dos infernos para torturar os seres vivos –
Quem os fez e com que propósito?
Quem forjou esse chão de ferro escaldante;
De onde brotaram todas essas mulheres-vampiro?

5.8
Todos são tão-somente o produto da mente pecadora,
Assim disse o Senhor Poderoso.
Portanto, em todos os três mundos
Não há maior perdição do que a própria mente.

Aqui Shantideva diz explicitamente que as circunstâncias infernais, tais como chicotadas e outros horrores, provêm somente de um estado infernal de mente. Esta visão nos auxilia a compreender as *mulheres-vampiro* na estrofe 7. Nos ensinamentos tradicionais sobre reinos infernais, elas representam os objetos de luxúria insaciável e podem facilmente ser chamadas de "homens demoníacos". Na descrição de um estado particularmente tortuoso, somos continuamente seduzidos para subir uma colina feita de espadas afiadas para atingir o ser amado. Embora fiquemos retalhados, continuamos a subir até o topo somente para ver esta aparição sexual ser transformada em um demônio devorador. Isto acontece várias e várias vezes. Este sofrimento resulta da ganância descontrolada de uma mente extremamente lasciva; começa como uma brasa, mas logo se torna um inferno em chamas do desejo insaciável.

Tanto quanto os monges na audiência de Shantideva devem ter apreciado colocar a culpa do seu descontrole sobre as mulheres, e tanto quanto qualquer um de nós gostaria de buscar fora de nós a causa do nosso sofrimento, *não há maior perdição do que a própria mente.* Uma mente sem controle, desordenada, pode nos manter aprisionados em alguns locais bem desconfortáveis.

5.9
Se a generosidade transcendente consiste em
Dissipar a miséria dos seres,
De que modo os budas do passado praticaram a perfeição da generosidade,
Já que os pobres estão sempre à nossa volta?

5.10
A intenção verdadeira de doar a todos os seres
Tudo o que se tem – e os frutos de tal doação:
Por esse meio, afirmam os ensinamentos, a generosidade é aperfeiçoada.
E isso, como podemos ver, nada mais é do que a própria mente.

Nas estrofes 9 a 17, Shantideva apresenta uma abordagem útil para a compreensão das seis *paramitas:* generosidade, disciplina, paciência, entusiasmo, meditação e sabedoria. Ele explica como elas são transformadas em atividade iluminada através da estabilização da mente. Enquanto trabalharmos com a mente, as *paramitas* não podem realmente nos liberar. Isto porque as *paramitas* e abandonar o apego a si mesmo são a mesma coisa.

É assim em relação a todas as nossas ações: elas decepam os nossos apegos ou os reforçam; fazem-nos lembrar deles ou nos distraem. Sempre que uma ação nos leva além da autoabsorção, ela se torna uma *paramita,* mas isso só acontece quando desejamos estabilizar a mente.

Por exemplo, o bodhisattva pratica a primeira *paramita,* a generosidade, com o desejo de acabar com a *pobreza* dos seres. Mas um cético pode dizer: "A aspiração é nobre, mas noto que nada mais mudou; a pobreza material ainda continua imensa". E Shantideva poderia retrucar:

"Até podermos lidar com a *mente* pobre, a redistribuição de toda riqueza no mundo não mudaria a situação externa".

Uma mendiga uma vez pediu comida a Buda. Ao vê-la com tamanha necessidade, ele desejou aliviar o seu sofrimento de modo geral. Então, quando ela apresentou sua tigela, ele prometeu dar alimento para ela e sua família todos os dias pelo restante de suas vidas com uma condição. Ela tinha que dizer: "Não, eu não preciso disto", e depois esperar alguns minutos antes de comer o alimento. Infelizmente a pobre mulher não conseguia dizer estas palavras. O Buda deu-lhe o alimento para aquele dia, mas ela nunca mais apareceu.

Com necessidades insaciáveis, ricos ou pobres, sempre nos veremos em um mundo onde nada é suficiente. Este é o ponto de Shantideva.

> 5.11
> Onde poderiam os peixes e os demais seres
> Ser colocados para ficar totalmente protegidos do sofrimento?
> A determinação de se abster de causar o mal a eles
> É tida como a perfeição da moralidade.

A mesma lógica se aplica à *paramita* da disciplina na estrofe 11. Até que nos decidamos a nunca causar danos aos outros, como os seres poderão encontrar um lugar de segurança permanente? Na medida em que nos restringirmos de causar danos aos outros, o mundo será um lugar mais gentil. Sem esta clara intenção, nenhuma conduta convencional disciplinada, embora pareça ética, nos libertará das ações inconscientes de uma mente autocentrada.

> 5.12
> As hordas de malfeitores são tão vastas quanto o próprio espaço –
> Que chance há de que venham todas a ser suplantadas?
> Basta que esta mente raivosa seja derrubada,
> E todos os inimigos ficarão, por esse ato, destruídos.

Esta estrofe se refere ao primeiro antídoto contra a agressão: a *paramita* da paciência. Novamente Shantideva aponta para interdependência dos nossos estados de mente e para as nossas percepções do mundo à nossa volta. Então, sem raiva não há inimigo. Ao acalmarmos a nossa mente enraivecida, *todos os inimigos ficarão, por esse ato, destruídos.* Certamente reconhecemos o perigo quando o vemos, mas isto não significa que odiamos uma pessoa segurando uma arma. Quando o ódio nos consome, vemos inimigos em toda parte.

> 5.13
> Recobrir toda a Terra com pedaços de couro –
> Onde poderia tanta pele assim ser encontrada?
> Mas, ao simplesmente envolver seus pés com couro,
> É como se a Terra inteira tivesse sido recoberta!

A estrofe 13 é provavelmente a mais famosa do *Bodhicharyavatara.* A analogia sugere que estivemos caminhando de pés descalços sobre areias escaldantes, espinhos e pedras e nossos pés estão machucados e sangrando. De repente encontramos uma maneira de acabar com o nosso sofrimento: cobrimos a superfície do mundo inteiro com couro! Isto é, naturalmente, impossível. Mas, se enrolarmos o couro em torno dos nossos pés? Então poderíamos caminhar em qualquer lugar sem problema.

Nossos problemas não podem ser resolvidos através da eliminação das causas externas. Contudo, as pessoas têm este tipo de abordagem: "Não é culpa nossa; é muito acidentado, muito pontiagudo, muito estranho. Se eu pudesse me livrar destes infortúnios, seria feliz".

Shantideva diz: se você deseja proteger os seus pés, use sapatos; e, se deseja se proteger das provocações do mundo, estabilize a sua mente. O antídoto para o sofrimento é permanecer presente.

> 5.14
> Do mesmo modo, não podemos nunca assumir
> E desviar o curso externo dos acontecimentos.
> Porém, se apenas nos apoderarmos da nossa própria mente e a
> disciplinarmos,
> O que restará para ser controlado?

Algumas vezes *podemos* mudar ou *desviar* o curso dos eventos externos. Vejam o trabalho de Gandhi e de Martin Luther King Jr. Mas vemos na história do nosso planeta que as injustiças não parecem ter fim.

A única maneira de fazer uma mudança real no mundo, diz Shantideva, é disciplinar a mente. Imagine como o mundo mudaria se todos estabilizassem a sua mente.

> 5.15
> Uma clara intenção pode dar frutos
> E nos levar a um renascimento no reino elevado de Brahma.
> Os atos do corpo e da fala têm menor potência –
> Não conseguem gerar resultado semelhante.

Do ponto de vista budista, uma mente clara e concentrada pode nos dar a bem-aventurança do *reino elevado de Brahma.* Meros atos e palavras não geram *um resultado semelhante.* Uma mente clara e estável na verdade pode proporcionar o benefício ainda maior de eliminar o sofrimento nosso e dos outros onde ele se origina. Para atingir este estado de mente estabilizada precisamos da *paramita* do entusiasmo para nos manter motivados.

> 5.16
> Recitações e austeridades,
> Ainda que se mostrem prolongadas,
> São inúteis, se praticadas com a mente distraída –
> Assim declarou Aquele que Conhece a Verdade.

Mesmo anos e anos de meditação, *se praticados com a mente distraída,* não nos libertarão dos padrões habituais. A *paramita* da meditação refere-se a estabilizar a mente, não somente sentar-se com uma postura ereta pensando sobre as alegrias e tristezas da vida.

> 5.17
> Todos aqueles que não conseguirem conhecer e desvendar
> Este segredo da mente, o ápice do Dharma,
> Embora aspirem à felicidade e ao fim de suas penas,
> Seguirão errando em vão, em meio ao sofrimento.

Basicamente a chave para a felicidade e a libertação do sofrimento é a experiência direta do vazio ou similaridade de toda experiência. Este é o *ápice do Dharma,* o assunto do nono capítulo de Shantideva. Como este livro não inclui os ensinamentos do nono capítulo, ou capítulo "da sabedoria", direi aqui algumas palavras sobre a sua importância.

Nenhum de nós deseja ser um sofredor; todos nós desejamos ser felizes. Mas não podemos atingir este objetivo se permanecermos agarrados ao pensamento preconcebido. De mente estreita. Não importa o quanto desejamos a alegria, estaremos nos iludindo se continuarmos a aceitar os conceitos de certo e errado, bom e mau, aceitação e rejeição. O que finalmente nos liberta destes padrões constritivos é parar de complicar a nossa experiência e nos conectarmos com a natureza inefável e impermanente de todos os fenômenos.

Não se pode dizer que esta natureza existe ou não existe – ou alguma coisa entre elas. Como diz Shantideva no capítulo da sabedoria:

> 9.34
> Quando o real e o não-real,
> Ambos deixam de aparecer diante da mente,
> Nada mais resta para a mente fazer
> Senão repousar em perfeita paz, livre de conceitos.

Não existe finalidade melhor de uma vida humana do que compreender o viço não conceitual não elaborado da nossa mente. Esta é a fonte de toda sabedoria e compaixão.

> 5.18
> Sendo assim, tomarei
> Esta minha mente e a guardarei bem.
> De que me servem tantas e tão severas austeridades?
> Deixe-me apenas disciplinar e vigiar a minha própria mente!

Assim como a severidade não funciona para domar um animal selvagem, ela também não funciona para estabilizar a selvageria das nossas mentes. No lugar das austeridades de algumas tradições, Shantideva nos encoraja a utilizar a gentileza para treinar a mente.

> 5.19
> Em meio a uma multidão revolta e ruidosa,
> Movimentamo-nos com cuidado para proteger uma perna ou braço quebrado;

De igual modo, quando convivemos com más companhias,
Jamais devemos deixar de guardar a nossa mente machucada.

5.20
Pois, se cuidadosamente protejo minhas feridas
Porque temo a dor de algum corte ou pancada,
Por que não vigiar as feridas da minha mente,
Por medo de ser esmagado debaixo das montanhas dos infernos?

Se tivermos um membro quebrado, corremos para protegê-lo. Prestamos atenção por um instante, quando passamos por *uma multidão revolta e ruidosa.* Podemos usar esta mesma resposta natural para proteger a nossa mente distraída, impulsiva. Em situações que podem facilmente acionar esta mente reativa em excesso, precisamos ser sábios para ficar especialmente alertas e atentos ao que estiver acontecendo.

Em certos lugares ou com determinadas pessoas, podemos, facilmente, ser arrastados para a agressão ou para os vícios. Não que essas pessoas ou locais sejam inerentemente "maléficos"; nossa mente ainda é muito vulnerável para não se envolver com os problemas. Quando estamos em recuperação, por exemplo, não nos arriscamos a aparecer com nosso amigo que gosta de beber ou que usa drogas.

As consequências de ser levado pelos vícios – ou pela inveja, ódio ou ignorância – são tão dolorosas quanto previsíveis: pode ser como ficar *esmagado debaixo das montanhas dos infernos.*

5.21
Se eu agir e viver desse modo,
Então, mesmo no meio de pessoas más
Ou ao lado de mulheres formosas, tudo estará bem.
A diligência com que observo meus votos não declinará.

Shantideva estava se dirigindo a uma assembleia de monges celibatários, para quem as mulheres eram geralmente vistas como uma tentação e problema. Aqui ele enfatiza suas mentes preconceituosas e temerosas. Está na verdade dizendo: você pode achar que o problema está *nas mulheres formosas,* mas o problema é a sua mente. Se estabilizarem suas mentes, poderão ir a qualquer lugar e estar com qualquer pessoa; poderão estar com as coelhinhas da *Playboy* sem qualquer dificuldade. Não existe isso de *pessoas más*. Sem uma mente firme, como você pode falar em desejar ajudar a todos os seres? Você sempre será pego pela atração e aversão.

5.22
Deixe que meus bens e minha honra minguem,
Assim também minha saúde e os meios do meu sustento,
E até mesmo outras virtudes – todos podem ir embora!
Mas da minha mente jamais me descuidarei.

5.23
Diante de todos aqueles que têm a intenção de proteger sua mente,
Junto minhas mãos numa súplica:
Mantenham sua atenção e vigilância;
Guardem ambas, ainda que isso possa lhes custar a vida.

Tendo mostrado um caso irrefutável de estabilizar a mente, Shantideva agora discute com maior precisão como isso é feito. A primeira instrução é nutrir a plena atenção e o estado de alerta, traduzido aqui como *atenção e vigilância*. Em tibetano são *trenpa* e *sheshin: trenpa*, ou "plena atenção", é a capacidade natural da mente de permanecer presente; *sheshin* é o "estado de alerta", a capacidade da mente de saber o que está acontecendo. Estas qualidades podem estar adormecidas no presente, mas podem ser revigoradas através da meditação *shamatha*.

Shantideva *suplica* que cultive a plena atenção e o estado de alerta e mantenha estas duas qualidades. "Por favor, me ouça", diz ele. "Você nunca se arrependerá".

5.24
As pessoas incapacitadas por saúde precária
Ficam desvalidas, impedidas de agir.
A mente, quando do mesmo modo confinada pela ignorância,
Fica impotente e não consegue funcionar.

A ignorância mencionada aqui é dupla. A ignorância mais profunda é a nossa concepção errada da realidade, ou percepção dualista. Esta é a ilusão do sujeito e objeto, do ser e do outro. O tradutor Herbert Guenther chama isto de "visões primitivas sobre a realidade".

Esta ignorância é tão arraigada que nós achamos que é real, embora esta percepção errada de separatismo estabeleça uma cadeia de reação infeliz: ela cria uma tensão entre você e eu que conduz a conceitos de "a favor e contra", "gosto e desgosto", "quero e não quero" e todo o restante da nossa infelicidade. Isto gera o segundo tipo de ignorância: a ignorância dos kleshas.

Uma vez nascidas, as nossas emoções rapidamente se intensificam, e o sofrimento aumenta. Por isso a ignorância da percepção dualista conduz previsivelmente à turbulência.

Assim como os problemas de saúde incapacitam o corpo, a ignorância cobre o frescor da nossa mente desarmada e prístina. A incapacidade de ver sem tendências e preconceitos tolda a nossa plena atenção e estado de alerta naturais. Sem uma mente clara e estável, vivemos uma vida baseada no medo, tão controlada pelas nossas emoções que não sabemos realmente o que está se passando. Assim como uma terapia física pode restaurar a saúde física do corpo, a meditação *shamatha* é a terapia mental que pode restaurar a nossa sanidade mental básica.

> 5.25
> As pessoas desprovidas de vigilância,
> Embora possam ouvir os ensinamentos, contemplá-los e meditar sobre eles,
> Não reterão o aprendizado em sua memória,
> Sua mente é igual à água que vaza de um jarro trincado.

Quando estamos distraídos, não conseguimos lembrar de nada que estudamos ou lemos. A nossa mente é como um *jarro trincado* ou um pote com um furo no fundo. Se continuarmos a cultivar a distração ao invés do estado de alerta do *sheshin*, ficaremos mais competentes nos devaneios mentais do que já somos agora.

> 5.26
> Muitos têm devoção, perseverança
> E também são instruídos e dotados de fé;
> Porém, porque trazem o defeito da falta de vigilância,
> Não escaparão da nódoa do pecado e da ruína.

Os kleshas e a distração andam juntos. Mesmo com as qualidades excelentes da devoção, perseverança, aprendizado e fé os kleshas continuarão a nos aprisionar. A menos que a nossa mente esteja presente e relaxada, com frequência nos encontraremos divagando, o que, como sabemos, tem consequências desagradáveis.

5.27
A falta de vigilância é como um ladrão
Que entra sorrateiro quando a atenção arrefece.
Todo o mérito que amealhamos
É roubado e, assim, decaímos para os reinos inferiores.

5.28
As emoções negativas são um bando de ladrões,
Esperando pela oportunidade de nos causar o mal.
Elas roubam nossas virtudes, quando surge a ocasião,
E destroem a vida dos estados afortunados.

Estas estrofes repetem a instrução principal: os kleshas nos surpreendem quando estamos distraídos. Como um *bando de ladrões,* eles esperam até estarmos inconscientes: é quando não estamos prestando atenção que somos agredidos, e toda a nossa boa sorte e felicidade são perdidas.

O caos emocional pode nos fazer mais mal do que bandidos comuns. Mas com a plena atenção podemos perceber as necessidades dos kleshas enquanto elas são pequenas e desarmá-las antes que nos causem mal.

5.29
Portanto, nunca dê licença para que a atenção
Se afaste da porta da vigilância.
E, se ela se desgarrar, deverá ser chamada de volta
Por meio da recordação do padecer nos mundos inferiores.

A porta da vigilância se refere à nossa crescente compreensão do que verdadeiramente nos ajuda e nos prejudica. Esta inteligência é tradicionalmente chamada de "saber o que cultivar e o que refrear". Não está baseada em alguma lista preconcebida; é saber para nós o que abre as nossas mentes e o que aumenta o nosso sofrimento. Quando percebemos a mente agarrada a noções de "contra e a favor" ou a alguma fantasia sedutora, recordamos quanta dor foi causada por ter vencido no passado e gentilmente retornamos para o presente. Assim que formos agarrados, soltamos a continuação da história e retornamos às imediações da nossa experiência.

5.30
Naqueles que são dotados de boa fortuna e devoção,
A atenção é facilmente cultivada –
Através do temor e dos conselhos dos preceptores
E constante permanência na companhia do mestre.

Nas estrofes 30 a 32, Shantideva fala sobre a devoção. Esta é a gratidão e amor que temos pelos nossos mestres. No budismo mahayana o mestre é chamado de *kalyanamitra,* ou "amigo espiritual". Mas este amigo não nos oferece o que Trungpa Rinpoche chamou de "compaixão idiota", alimentando continuamente as nossas neuroses ou nos sustentando até nos vermos novamente com problemas. Este amigo nos ensina a nos ajudarmos a nós mesmos.

Anteriormente, Shantideva disse que a devoção não nos auxilia se tivermos uma mente dispersiva. Aqui ele vai além: com o coração aberto da devoção, é muito mais fácil cultivar a plena atenção.

Por quê? Se temos a boa sorte, ou o mérito, de encontrar um homem ou mulher que está desperto, simplesmente por estarmos em sua presença, ou termos acesso aos seus ensinamentos, vivenciamos a clareza da nossa própria mente. Algumas vezes, quando os meus padrões habituais parecem me subjugar, simplesmente imaginar a face de Trungpa Rinpoche me inspira a voltar para estar presente. Quando nada funciona, o pensamento ou as palavras dos nossos mestres podem nos motivar a permanecer alertas e não ser seduzidos pelos padrões antigos.

Devoção, gratidão e amor pelos nossos mestres nos trazem de volta à vastidão e calor do bodhichitta. Estejam eles ou não fisicamente presentes, estamos sempre em sua companhia. Quando combinamos seu sábio conselho com um medo saudável de continuar a cometer os mesmos erros, descobrimos que todos nós temos o apoio que precisamos para cultivar a plena atenção e o estado de alerta.

5.31
Tanto os budas quanto os bodhisattvas
Possuem visão desimpedida e tudo enxergam:
Todas as coisas se descortinam diante de seus olhos
E, igualmente, estou sempre em sua presença.

5.32
A pessoa que tem pensamentos assim
Ganha devoção e um senso de temor e pudor.
A lembrança do Buda
Acorre com frequência à mente dela.

Os *budas* e *bodhisattvas* personificam a mente desperta. Dizer que *todas as coisas se descortinam diante de seus olhos* significa que a clareza e o calor dessa mente estão sempre disponíveis. Nesse sentido, estamos sempre na presença da mente desperta e podemos nos harmonizar com ela a qualquer momento. Compreender isto traz inspiração e também o apoio do que é aqui chamado de *temor e pudor.*

"Temor" refere-se à compreensão e às consequências de ceder ao puxão habitual dos kleshas. Não é um medo de algo externo; é o medo de causar o nosso próprio sofrimento. Sabemos que não queremos continuar a ir naquela direção, que queremos parar.

"Pudor" é uma palavra carregada para os ocidentais. Como a maioria das coisas, pode ser vista sob um enfoque positivo ou negativo. O pudor negativo é acompanhado de culpa e de autodifamação. Não tem objetivo e não nos ajuda em nada.

O pudor positivo, por outro lado, é reconhecer quando causamos mal a nós mesmos ou a alguém e nos arrependemos por ter feito isso. Ele permite que fiquemos mais sábios a partir dos nossos erros. Finalmente começamos a compreender que podemos nos arrepender de causar o mal sem ficar pesados pela culpa negativa. Simplesmente ver o dano e a dor claramente nos motiva a prosseguir. Ao reconhecer que agimos de maneira direta e compassiva, progredimos.

5.33
Quando a atenção é postada como sentinela,
Em guarda na soleira da mente,
A vigilância também se faz presente,
Retornando se esquecida ou quando se dispersa.

Quando fazemos a prática da meditação *shamatha,* estamos escolhendo ficar despertos. A plena atenção é a *sentinela* que nota quando vagamos soltos. Não é uma defesa dura ou de julgamento, porém mais semelhante a um protetor. O escrutínio mental, ou estado de alerta, está também presente quando o ímpeto retorna. Por várias vezes a mente perambulará ou ficará *esquecida ou dispersa,* e por várias vezes gentilmente a trazemos de volta.

> 5.34
> Se de início, ao examinar minha mente,
> Nela encontrar alguma falta ou deficiência,
> Permanecerei imóvel como um pedaço de pau,
> Num estado de domínio próprio e determinação.

Aqui *falta ou deficiência* se refere ao torpor ou turbulência das nossas mentes.

Quando sentamos pela primeira vez para meditar, podemos conferir o nosso estado mental para ver o que está acontecendo. Se vemos torpor ou turbulência, ao invés de abastecê-la com os nossos pensamentos, simplesmente permanecemos despertos para tudo o que estiver acontecendo, sem condenar ou sucumbir a ele. Isto traz um sentido de condição de trabalho à nossa prática e nos faz sentir no comando.

A instrução tradicional para trabalhar com o torpor é nos animarmos respirando mais profundamente e olhando ligeiramente para cima. Quando a mente está descontrolada, a instrução sugere permanecer na postura de meditação soltando a técnica aos poucos junto com qualquer sentido de luta. Independentemente do que estiver acontecendo com a nossa mente, podemos vê-la e fazer o ajuste necessário. Então nos tornamos o nosso próprio instrutor de meditação.

> 5.35
> Nunca deixarei que meu olhar
> Passeie distraidamente de um lado para outro;
> Antes, com a mente concentrada,
> Andarei sempre com os olhos abaixados.

Estas são as instruções para estabilizar a mente quando estamos fora. Se você já esteve na Tailândia ou em Burma, sabe que os monges de lá treinam desta maneira. Quando saem em busca de esmolas, eles andam *com os olhos abaixados* e nunca olham em torno. Isto é a prática da plena atenção em ação: baixar o olhar e não fazer contato visual. Foi provavelmente uma instrução padrão para os monges em Nalanda.

A ideia é minimizar as distrações e aumentar a conscientização das tendências habituais.

Poderá ser útil criar certos momentos para praticar a plena atenção de modo direto, permanecendo alerta para qualquer tendência de ficar muito rígido ou muito solto.

5.36
Mas para que eu repouse a vista,
Por vezes alçarei os olhos e olharei à minha volta.
E, se encontrar alguma pessoa no meu campo de visão,
Eu a cumprimentarei com uma palavra amistosa e acolhedora.

Existem momentos para as práticas rígidas, mas também a necessidade de calor e conscientização do próprio ambiente. Shantideva instrui os monges a não serem arredios. Quando for apropriado olhar em volta e ser amigável, isto deve ser feito.

Nossa orientação é "não tão distraído e nem tão rígido". Se alguém ao longo do caminho for ferido, você não vai simplesmente passar com o olhar voltado para baixo. Se uma criança pequena o agradar, você não é tão sério que não deverá rir. Estar desperto significa agir de maneira adequada.

5.37
No entanto, a fim de espreitar os perigos do caminho,
Examinarei as quatro direções, uma a uma.
E, quando parar para descansar, virarei a cabeça
E olharei para trás, sobre o caminho percorrido.

5.38
Assim, esquadrinharei o terreno, para frente e para trás,
Para ver se devo ir ou voltar.
E, dessa forma, em todas as situações,
Vou me inteirar das minhas necessidades e, então, agir.

A questão deste treinamento não é ficar distraído pelas próprias respostas condicionadas. Desta maneira, podemos ver claramente o que é preciso fazer e *agir.* Como foi dito, cuidamos do que precisa ser cuidado e destruímos o que precisa ser destruído. Sem gostos e desgostos cegos, inimigos e amigos, podemos ver muito claramente como proceder.

5.39
Ao me decidir por uma ação,
Tendo determinado a conduta do meu corpo,
Periodicamente verificarei
Essa conduta, por meio de repetidos exames.

A estrofe 39 se refere ao treinamento da plena atenção do corpo. *Periodicamente* fazemos uma nova verificação sobre o que está acontecendo com o nosso corpo e as nossas ações. Sem sermos críticos ou orgulhosos sobre o que observamos, simplesmente prestamos atenção ao que estamos fazendo.

5.40
Esta minha mente, um elefante selvagem e desgovernado,
Vou amarrar a um poste firme: a reflexão sobre o Ensinamento.
E a vigiarei de perto
Para que nunca escape do laço e fuja.

O assunto desta estrofe e das seguintes é o treinamento da plena atenção da mente. O elefante selvagem confuso da mente está amarrado pela corda da plena atenção e pelo gancho do estado de alerta.

O *poste firme* ao qual amarramos as nossas mentes é a *reflexão sobre o Ensinamento.* Devemos refletir sobre a causa e o efeito, sobre o sofrimento produzido pelos kleshas ou sobre o benefício de estabilizar a mente. A questão é, quando compreendemos que estamos enganchados, é aconselhável ensinarmos a nós mesmos o dharma.

5.41
Aqueles que se empenham em aperfeiçoar a concentração
Não devem se deixar distrair, nem mesmo por um instante.
Devem constantemente se examinar,
Verificando os movimentos de sua mente.

Esta estrofe descreve uma prática muito dura. Tradicionalmente esta abordagem é comparada a caminhar sobre uma prancha em uma ravina íngreme: é desta forma que tentamos estar presentes. Ela é equilibrada pela prática descrita na estrofe 42.

5.42
Em situações perigosas, ocasiões de celebração,
É lícito desistir, quando o exame de si mesmo se torna impossível.
Pois o ensinamento diz que, nos momentos de generosidade,
As regras da disciplina podem ser suspensas.

Este é um conselho prático sobre o zelo excessivo: o bodhisattva inexperiente, por exemplo, que vai a uma festa e tenta praticar a plena atenção rígida em vez de relaxar e se divertir. Esta auto-observação rígida é muito dura e, em termos de despertar o bom coração do bodhichitta, contraprodutiva.

5.43
Quando algo foi planejado e iniciado,
A atenção não deve vaguear para outras coisas.
Com os pensamentos fixados na meta escolhida,
Ela, e apenas ela, deve ser perseguida.

Muitos de nós têm a tendência de iniciar coisas e depois ficar distraídos. Como as crianças de três anos, as nossas mentes pulam de uma coisa para outra, e o nosso corpo segue a mente.

Para estabilizar a mente, Shantideva sugere que quando você iniciar algo, persiga-o até o final. Nesta era de tarefas múltiplas, a sua instrução é radical: acalme a mente fazendo uma coisa de cada vez!

5.44
Ao se comportar desse modo, todas as tarefas serão bem executadas,
E nada será conseguido fazendo o contrário.
As aflições mentais, o oposto da vigilância,
Nunca se multiplicarão, se você agir dessa maneira.

As aflições não se multiplicarão se você estiver totalmente presente. Poderá testar isto por si mesmo. Quando você está mais desperto, os kleshas e a confusão aumentam? Se a resposta for sim, esta é uma informação realmente útil.

5.45
E se, por acaso, você precisar participar

De conversas inúteis e demoradas,
Ou se você se deparar com acontecimentos sensacionais,
Deixe de lado o prazer e o gosto por eles.

Existe uma história na biografia de Trungpa Rinpoche que descreve a primeira vez em que ele dirigiu um carro. Ele era um adolescente viajando pelo Tibete com seu mestre, Khenpo Gangshar. Os comunistas chineses tinham começado a ocupar o país, e a situação era muito perigosa. Algumas pessoas já tinham sido presas. Contudo, o jovem Rinpoche estava muito excitado com a perspectiva desta nova aventura.

Mas Khenpo Gangshar aproveitou a oportunidade para lembrá-lo do poder das forças materiais. Se Rinpoche se perdesse agora e fosse levado, aconselhou ele, ele nunca saberia contra o que eles se colocavam. Este é o tipo de despertar que Shantideva está sugerindo aqui – não algum tipo de rigidez sombria.

Além disso, diz Shantideva, podemos perder tempo distraindo-nos com uma conversa fútil. Lembro-me de um nativo americano de Taos Pueblo chamado Little Joe Gomez. No início da década de setenta, ele encontrou pessoas que praticavam o silêncio completo. Elas usavam quadros-negros pendurados no pescoço no caso de precisarem se comunicar. Isso fez Little Joe rir. Quando alguém perguntou o que era tão engraçado, ele respondeu: "É muito fácil não falar; difícil é falar com consciência". Até onde ele compreendia, a melhor prática era conversar com consciência.

5.46
Se você se pegar cavoucando a terra,
Arrancando o capim ou traçando desenhos ao léu no solo,
Lembrando-se dos ensinamentos do Tatagatha,
Com um sentimento de temor, contenha-se imediatamente.

Traçando desenhos ao léu no solo refere-se a rabiscos. Uma vez, durante um encontro, eu estava fazendo pequenos desenhos e rabiscos na margem do meu caderno. Trungpa Rinpoche viu o que eu estava fazendo e perguntou: "Vocês sabe que monges e monjas não devem rabiscar?" Na verdade, era a primeira vez que ouvia aquilo! Contudo ficou óbvio para mim por que rabiscamos: não estamos muito interessados em estar presentes.

Este é o treinamento básico da plena atenção. Pode parecer um pouco extremo temer o ato de rabiscar ou *arrancar o capim*. Mas a vida é curta. Em vez de reforçar os hábitos de uma mente que vagueia, vamos treinar permanecer presentes. Em tibetano a palavra para distração sem sentido é *dunzi*. Podemos passar uma vida inteira com *dunzi*. É isto que Shantideva destaca aqui.

5.47
Quando você sentir vontade de caminhar
Ou mesmo de se expressar pela fala,
Examine primeiramente como está a sua mente,
Pois age corretamente aquele cuja mente é estável.

Você decidiu meditar por quarenta e cinco minutos, e está sentado há quinze minutos. De repente você se lembra de algo importante que precisa fazer. *Dunzi* entrou em cena. Se você não reconhecer esse puxão somente como um puxão ou o pensamento somente como um pensamento, irá regar as plantas ou verificar os seus e-mails.

Pelo contrário, a urgência inicial de *caminhar* ou de telefonar para alguém pode simplesmente ser reconhecida. Sem louvor ou culpa você pode detectar estes pensamentos, soltá-los e voltar para estabilizar a sua mente.

As Três Disciplinas

Vigilância, Parte Dois

O CAPÍTULO 5 de *O Caminho do Bodhisattva* continua com a parte sobre as "três disciplinas": não causar danos, acumular virtudes e beneficiar os outros. A primeira disciplina, não causar danos, é introduzida nas estrofes 48 a 54. Esta é a instrução mais fundamental para não misturar as coisas: a instrução para diminuir progressivamente os kleshas, "permanecendo como um tronco".

5.48
Quando surgir na mente um impulso
Ou sentimento de desejo ou de ódio,
Não aja! Fique quieto, não fale!
E certifique-se de que você ficará como um pedaço de pau.

5.49
Quando a mente estiver agitada com zombaria
E cheia de orgulho e arrogância,
E quando você desejar expor os defeitos ocultos dos outros,
Trazer à tona velhas rixas ou agir dissimuladamente,

5.50
E quando você quiser cavar um elogio
Ou criticar e denegrir o nome de alguém,

Ou usar palavras ásperas para comprar uma briga,
É aí que, como um pedaço de pau, você deve permanecer.

Aqui, Shantideva descreve como é estar à beira de ser arrebatado. Existem quatro pontos nos quais podemos interromper esta urgência poderosa: o nível pré-verbal; quando os pensamentos ainda são pequenos; quando já nos seduziram; e pouco antes de agirmos.

A turbulência emocional começa com uma percepção inicial – uma visão, som, pensamento – que faz surgir uma sensação de conforto ou desconforto. Este é o nível mais sutil de *shenpa,* o estágio mais sutil de ser pego. Energeticamente existe um puxão perceptível; é como precisar se coçar. Não precisamos ser meditadores experientes para compreender isto.

Este puxão inicial de "a favor" ou "contra" é o primeiro ponto em que poderemos permanecer como um tronco. Vivencie o tronco e relaxe dentro da inquietude da energia, sem avivar a brasa com pensamentos. Se permanecermos presentes com a crueza da nossa experiência direta, a energia emocional poderá passar dentro de nós sem ficar presa. Naturalmente, não é fácil e requer prática.

A segunda oportunidade para permanecer firme e alerta é quando os nossos pensamentos correram por baixo e não se destacaram. Ao interromper os pensamentos antes de os trabalharmos, desbaratamos a intensidade das emoções. A intensidade emocional não consegue sobreviver sem os nossos pensamentos; por isso, esta é uma instrução essencial.

Se não segurarmos estes pensamentos sutis, as nossas emoções crescem. Entretanto, este é o terceiro ponto em que podemos permanecer como um tronco; podemos deixar a história seguir mesmo *após* o calor emocional ter começado a crescer. Nunca é tarde para interromper a escalada dos kleshas.

O quarto ponto em que podemos permanecer onde estamos é pouco antes de darmos o passo fatal de falar ou agir. Shantideva enfatiza este estágio na estrofe 48. Seu conselho é: "Não aja! Fique quieto, não fale!"

Quanto mais cedo interrompermos esta previsível reação em cadeia, melhor. No estágio pré-verbal de ser pego, as emoções são menos atraentes. São ainda manejáveis no estágio inicial do processo do pensamento. Ao dissolvermos o pensamento aqui, a urgência do klesha não tem combustível e não consegue se expandir ou se tornar explosiva.

Quando você sente o agulhão de um insulto, por exemplo, não precisa aumentá-lo com os seus pensamentos ou montar uma história que o encaminhe para a fúria. Simplesmente reconheça os pensamentos e deixe-os se desfazerem. Então, enfrente com astúcia e desfaça-os com a sua experiência.

Se você ficar *realmente* agitado e o drama persistir, ainda assim poderá interromper o processo. É definitivamente mais difícil, mas é possível.

A instrução final – refrear as palavras e atos – aponta para o local mais fácil de notar a urgência, porém no momento mais difícil de refreá-la. Agora o *shenpa* puxa tão fortemente que parece irresistível. Entretanto, a instrução permanece a mesma: solte os pensamentos e relaxe com a energia subjacente.

A prática de "permanecer como um pedaço de pau" baseia-se em refrear, não em reprimir. Quando você compreende que está pensando, simplesmente reconheça isso. Então volte a sua atenção para a sua respiração entrando e saindo, para o seu corpo, para as imediações da sua experiência. Com isso você se permitirá estar presente e alerta, e os pensamentos terão uma chance para se acalmarem.

Com esta prática, pode ser útil inspirar e expirar suavemente junto com a inquietude da energia. Este é o apoio principal no aprendizado do permanecer presente. O despertar básico está bem *aqui,* se você puder somente relaxar. A nossa situação é fundamentalmente fluida, sem tendências e livre, e podemos nos harmonizar com isso a qualquer momento. Quando praticamos "permanecer como um pedaço de pau", concedemo-nos esta oportunidade.

A mensagem básica é: ao invés de aumentar o calor e levar as nossas emoções ao ponto de ebulição, adicione um pouco de água fria à mistura e a carga do *shenpa* diminuirá.

5.51
E quando você ansiar por riqueza, atenção, fama,
Um círculo de admiradores que o sirvam,
E quando você estiver procurando por honrarias, reconhecimento –
É aí que, como um pedaço de pau, você deve permanecer.

5.52
E quando você desejar pôr alguém para baixo
E cultivar vantagens para si,
E quando surgir o desejo de se envolver com mexericos,
É aí que, como um pedaço de pau, você deve permanecer.

5.53
Impaciência, indolência, fraqueza de ânimo,
E também fala arrogante, insolência
E apego ao seu lado da questão – quando essas coisas surgirem,
É aí que, como um pedaço de pau, você deve permanecer.

Temos aqui todas as estratégias para tentar escapar do desconforto subjacente do *shenpa.* Esta energia agitada é dolorosa. Sentimos a necessidade de fazer alguma coisa: contar vantagem, fofocar, intimidar – qualquer coisa para escapar. Com a mente firme, podemos ver estas estratégias mais claramente e parar de apoiá-las com os nossos pensamentos, emoções e ações.

"Permanecer como um tronco" é uma prática poderosa e útil para todos nós. Quanto mais estabilizamos a nossa mente, mais cedo poderemos reconhecer os pensamentos contrários e a favor e o apego de tê-los em nosso caminho. Mesmo quando as coisas saem do controle, ainda podemos fazer uma pausa e refrear-nos de adicionar querosene ao fogo.

5.54
Examine-se, assim, sob todos os ângulos.
Note os pensamentos negativos e todos os esforços fúteis.
É assim que os heróis no caminho do bodhisattva
Aplicam os remédios para manter a mente estável.

Shantideva resume as estrofes precedentes nos dizendo para notar todas as nossas urgências, pensamentos e estratégias fúteis e permanecer firmes, tão firmes como um tronco. Isto completa a seção sobre a primeira disciplina, não causar danos. Começando com a estrofe 55, Shantideva fornece ensinamentos sobre a segunda disciplina, acumular virtudes. Então, nas estrofes 83 a 107 ele descreverá a terceira disciplina, beneficiar os outros.

A prática da disciplina, segundo estas orientações, pode nos liberar do sofrimento.

5.55
Com fé perfeita e inabalável,
Com persistência, respeito e cortesia,
Com modéstia e escrupulosidade,
Trabalhe com serenidade pela felicidade dos outros.

Estas são as instruções gerais para acumular virtudes. Noto que os alunos ocidentais algumas vezes se encolhem diante da palavra virtude. Virtude aqui significa o cultivo das qualidades que apoiam em vez de bloquear a mente iluminada. Mesmo no pensamento convencional, a cordialidade básica e a abertura de mente são consideradas virtudes. São qualidades que nos conectam com os outros em vez de nos separar. Embora estejam sempre disponíveis para nós, podemos auxiliar o processo cultivando-as. Infelizmente, já estamos acostumados a cultivar as qualidades que bloqueiam a nossa bondade básica. Contudo, podemos facilmente nos habilitar em reunir virtudes. A palavra tibetana para virtude é *gewa.* Alguns exemplos comuns de *gewa* são a não-agressão, amor e compaixão. Shantideva também lista as qualidades da fé, firmeza, respeito, cortesia, modéstia, conscientização e calma. Algumas destas qualidades requerem alguma explicação.

No budismo existem vários tipos de fé. Um exemplo é a "fé ansiosa". Todos desejamos diminuir o nosso sofrimento. Quando vemos que podemos criar as causas do contentamento no lugar da miséria, ficamos extremamente ansiosos para agir.

Outro exemplo é a "fé confiante", que é baseada na confiança do bodhichitta. Temos fé em que a bondade básica está dentro de nós. Esta joia pode estar enterrada, mas está sempre presente e disponível para todos nós. Sentimos confiança de que poderemos encontrá-la, nutri-la e revelá-la. Confiança e ansiedade trabalham juntas. Esta é a fé, ou *gewa,* a que Shantideva se refere: a fé em que podemos realizar.

A firmeza é outra virtude que Shantideva menciona. Esta é cultivada em nossa prática de meditação. Independentemente do que acontece – se estamos doentes ou bem-dispostos, cansados ou alertas, com bom ou mau tempo – treinamos em estar presentes e despertos para tudo que ocorrer. Com fé e firmeza permanecemos em nós mesmos através de todos os tipos de humor e estados mentais.

Desenvolvemos também respeito e cortesia por nós mesmos e pelos outros. Estas qualidades virtuosas são gentis e não tendenciosas: tudo e todos estão incluídos.

A qualidade da modéstia, ou humildade, chega naturalmente quando estamos atentos. Quando vemos quão reativos e grosseiros podemos ser, isto nos deixa consideravelmente mais humildes. Em vez de causar desespero, esta realização dolorosa pode nos conectar com a ternura do bodhichitta. A modéstia, ou humildade, é o oposto de vestir uma blindagem: permite que sejamos receptivos e ouçamos o que os outros têm a dizer.

A conscientização denota diligência e honestidade. Com esta qualidade virtuosa podemos *trabalhar com serenidade pela felicidade dos outros*. Ao invés de trabalhar freneticamente, pacificamos a nós mesmos e relaxamos.

5.56
Não nos deixemos abater pelas vontades contraditórias
Que brotam das discussões de pessoas infantis.
Seus pensamentos são gerados pelos conflitos e pelas emoções.
Devemos compreendê-las e tratá-las com amor.

A estrofe 56 é clara quanto ao motivo de precisarmos acumular virtudes. A virtude torna possível para nós lidar compassivamente com todos. A palavra infantil, aqui, não é utilizada de maneira depreciativa. Transmite uma preocupação amorosa por aqueles que, além da ignorância, continuam a reforçar os hábitos do sofrimento.

Tendemos a ser provocados pelas *discussões de pessoas infantis*. A energia da negatividade é muito sedutora e nos arrasta. A instrução de Shantideva é espalhar a carga refletindo *por que* as pessoas agem desta maneira. Pessoas que discutem são escravas das suas próprias emoções. Elas não escolhem ficar zangadas e gritar, mas, como todos nós, ficam dominadas pelos seus *kleshas* e se empolgam. Se nós também formos pegos na contracorrente negativa, isso não nos coloca no mesmo barco? Em vez de sermos provocados por uma briga ou escárnio, não seria melhor romper o ciclo de agressão e tratar as pessoas com compreensão?

Quando estabilizamos as nossas mentes, vemos com mais honestidade como somos incitados e como é difícil permanecer como um tronco. Então, quando as pessoas ficarem presas na armadilha, nós *iremos tratá-las com amor*, como gostaríamos de ser tratados nesta mesma situação difícil. Sem sermos condescendentes ou desaprovando, compreendemos a nossa igualdade e nos comunicamos a partir do coração.

5.57
Ao praticarmos atos virtuosos, de maneira irrepreensível,
Para ajudar a nós mesmos ou em benefício dos outros,
Tenhamos sempre presente o pensamento
De que somos desprovidos de "eu", como uma aparição.

Também podemos assumir o compromisso de fazer coisas certas. Identificar alguém como "o virtuoso" pode ser um problema para o bodhisattva. Podemos questionar a solidez desta identidade e contemplar o ensinamento do Buda de que *somos desprovidos de "eu", como uma aparição.* Então, *ao realizar atos virtuosos,* poderíamos aplicar a instrução chamada "pureza tripla": não ligar muito sobre que está fazendo, o que está sendo feito e o resultado.

5.58
Este tesouro supremo que é a vida humana,
Esperado há tanto tempo, agora foi finalmente alcançado!
Refletindo sempre assim, mantenha sua mente
Firme como Sumeru, o rei das montanhas.

Mais uma vez Shantideva se refere à boa sorte de um nascimento humano. Temos as vantagens de ouvir e compreender estes ensinamentos que podem transformar as nossas vidas. Tendo atingido este *tesouro supremo,* somos incitados a não o esgotar. Utilize esta oportunidade preciosa, diz Shantideva, para manter a plena atenção e o estado de alerta. Treine para ser *tão firme quanto Sumeru, rei das montanhas.*

Nas estrofes 59 a 70, Shantideva fala muitas coisas sobre o corpo, algumas das quais podem ajudar mais do que outras.

5.59
Quando os abutres, ávidos por carne,
Estiverem puxando este corpo de todos os lados,
Escassa será a alegria que você tirará dele, ó mente!
Por que, então, ficar tão ensandecida com ele agora?

Ser muito ligado ao corpo é um obstáculo para acumular virtudes. É também um obstáculo para não causar danos e para beneficiar os outros. Por quê? A obsessão sobre o nosso corpo nos deixa tão autoabsorvidos que não conseguimos ver além das nossas próprias necessidades.

Independentemente do tempo e energia que dedicarmos aos cuidados do nosso corpo, não conseguiremos interromper o processo da morte. Devemos tentar minimizá-lo alimentando-nos bem e nos exercitando; porém, a morte chegará sem aviso. A questão verdadeira é esta: como o nosso tempo é limitado, como desejamos gastá-lo?

5.60
Por que, ó mente, você protege este corpo,
Reclamando-o como se fosse você própria?
Você e ele são entidades separadas;
Que utilidade ele poderia ter para você?

Quando você morre, deixa o seu corpo para trás. Pode se perguntar: "Se o meu corpo é 'meu', como isso é possível?" A resposta é que *você e ele são entidades separadas.* Portanto, considere o corpo como um aluguel de curto prazo: cuide dele e mantenha-o limpo, mas não ao ponto do absurdo. Trate o seu corpo com respeito, mas não com um sentido de posse.

5.61
Por que não se apegar, ó mente tola, a algo limpo,
A uma figura entalhada na madeira ou algo assim?
Por que você protege e vigia
Uma máquina imunda de fazer imundície?

Aqui Shantideva enfatiza a impureza do corpo humano: é uma *máquina* eficiente para produzir fezes, urina, sangue e coágulos. Quando não é limpa, tem um odor forte e sua respiração cheira mal. Por que ser tão ligado a isto; por que não se ligar a algo novo e limpo como *uma figura entalhada na madeira?*

Esta era uma meditação padrão durante a época de Shantideva. Ainda é utilizada em alguns países budistas, mas é difícil para a maioria dos ocidentais. Com muita frequência vemos os nossos corpos físicos com desgosto. Por esta razão, Trungpa Rinpoche disse uma vez que não achava que esta meditação tradicional sobre a impureza do corpo – com suas fezes, urina, muco e sangue – funcionasse bem no Ocidente. Mas a intenção de Shantideva não era nos encher de autoaversão, mas nos libertar da obsessão.

5.62
Em primeiro lugar, com a imaginação,
Retire o invólucro da pele
E, com a lâmina da sabedoria,
Remova a carne da armação de ossos.

5.63
E, quando tiver partido todos os ossos
E vasculhado até o tutano que contêm,
Você deverá examinar e perguntar a si mesmo:
"Onde está a essência?"

Quando observamos o corpo em mais detalhes, podemos encontrar aquilo que estamos protegendo? Se visualizarmos a busca *até o tutano* pela *coisa* do nosso corpo, poderemos encontrá-la? O apego à forma física é baseado no corpo como uma entidade confiável, contínua. Mas poderemos localizar com precisão aquilo no qual estamos agarrados quando penetramos em suas profundezas?

5.64
Se, persistindo na busca,
Você não encontrar nenhuma essência,
Por que teimar em prezar – e com tanto desejo –
A forma de carne e osso que você agora possui?

Não encontrar *nenhuma essência* não significa não encontrar uma unha ou o lobo da orelha. O que não conseguimos localizar é algo tangível ao qual agarrar. O que faz surgir a questão: a que somos tão apegados? Cito aqui uma contemplação que acho que é útil. Sente-se em meditação, visualize-se como uma criança e, depois, como uma criança pequena aprendendo a andar. Depois, visualize esta figura externa envelhecendo até a sua idade atual. Reflita se este é o mesmo corpo. Depois, vá para o futuro. A sua pele começa a ficar frouxa e enrugada, seu cabelo fica mais fino e cinzento, seus dentes caem e a sua audição começa a diminuir. Visualize esta mudança contínua do corpo em sua caminhada até a morte.

A menos que você morra jovem, isto é exatamente o que acontecerá – não importa a comida saudável e nem as vitaminas que você consumiu. Velhice e morte são inevitáveis. Contemplar este corpo desta maneira sacudirá consideravelmente os seus apegos.

5.65
A imundície dela você não pode comer, ó mente;
Tampouco seu sangue você pode beber;

Suas vísceras são, igualmente, impróprias para sugar – Este corpo, o que, então, você pode fazer com ele?

5.66
Como segunda alternativa, o corpo pode ser mantido
Para servir de alimento a abutres e chacais.
O valor desta forma humana
Reside apenas na maneira como é usada.

Na estrofe 65, temos uma amostra do humor de Shantideva, uma piada de um budista do século VIII. Por que não conseguimos ver a tolice de ficarmos tão agarrados ao corpo?

O valor desta forma humana é a maneira como a utilizamos. Sem nossos corpos, não podemos atingir a iluminação. Mas se vivermos na esperança e no receio desta condição, ela não será um veículo útil para atingir a outra margem.

5.67
Seja lá o que você venha a fazer para proteger e manter seu corpo,
O que fará você quando
O Senhor da Morte, impiedoso e implacável, O roubar e o atirar aos cães e aves?

Shantideva enfatiza outro tema repetido: a certeza das nossas mortes – e, neste caso, a futilidade de mimar aquilo que está destinado a nos deixar.

5.68
Escravos que se mostrem inaptos para o trabalho
Não são agraciados com roupas e mantimentos.
Este corpo, ainda que você se esmere em cuidar dele, irá abandoná-lo –
Por que se fatigar com tantos e tantos trabalhos?

Quando os servos não fazem o seu trabalho, eles não são recompensados com alimentos e roupa. Então por que continuar a mimar nossos corpos quando sabemos que eles certamente pararão de funcionar? O verdadeiro problema aqui é a autoimportância. Ficarmos obcecados pela nossa aparência e pela maneira como nos sentimos é uma perda de tempo precioso e nos leva a perder o contato com as dificuldades dos outros.

> 5.69
> Portanto, pague a este corpo a remuneração que lhe cabe,
> Mas, depois, não deixe de fazê-lo trabalhar para você.
> Não esbanje tudo, porém,
> Com algo que não lhe trará benefício perfeito.

Se você for capaz de fazer isto, deverá *pagar a este corpo a remuneração que lhe cabe:* alimentos nutritivos, medicamentos e tudo o que ele precisar – mas separe o tempo correto para ficar na escola. Será também aconselhável reconhecer o "apego negativo". Denegrir o corpo é tão fútil quanto uma distração com os mimos.

> 5.70
> Considere seu corpo um veículo,
> Um simples barco para ir daqui para acolá.
> Faça dele uma joia mágica que realiza desejos,
> Para propiciar a ventura de todos os seres vivos.

Isto é, sem dúvida, o ponto principal. Trungpa Rinpoche falou muitas vezes sobre a importância de respeitar o corpo e prestar atenção aos detalhes das nossas vidas. Em seus ensinamentos de Shambala, comer e vestir são maneiras de nos reanimarmos e desenvolvermos a confiança em nossa bondade básica. Porém é um limite tênue entre orgulhar-se da nossa aparência e ficar obcecado por ela. O enaltecimento é uma maneira de expressar a nossa dignidade humana; a obsessão é uma maneira de usar mal a vida. Aos poucos vamos compreendendo melhor esta diferença.

A seção seguinte, ainda na categoria geral de acumular virtudes, discute a plena atenção na vida diária.

> 5.71
> Assim, com a mente livre e desimpedida,
> Ostente um semblante sempre sorridente.
> Jogue fora toda expressão zangada e carrancuda,
> E seja um amigo verdadeiro e honesto de toda a gente.

As nossas expressões faciais exercem um grande impacto. Quando alguém tem uma expressão raivosa, isso nos afeta. Mesmo que não tenha nada a ver conosco, sentimo-nos ameaçados. Assumimos uma expressão fechada e carrancuda em termos bem pessoais. Embora nenhuma palavra seja dita e talvez até nem conheçamos esta pessoa carrancuda, podemos nos sentir profundamente ameaçados, feridos ou desprezados. Isto pode parecer ridículo, mas acontece.

Embora um *semblante sempre sorridente* possa parecer um extremo, uma aparência amigável faz com que as pessoas se sintam mais confortáveis do que com *expressão zangada e carrancuda.*

5.72
Não arraste cadeiras e outra mobília de um lado para outro,
Estouvada e ruidosamente,
Tampouco abra portas com violência.
Apraze-se com a prática da humildade.

Se vivemos com outras pessoas, estes versos são orientações importantes. Acumulamos virtudes quando consideramos a maneira como as nossas ações afetam o ambiente. Em retiros com o mestre zen Toni Packer, por exemplo, existem poucas regras; mas *pede-se* aos participantes que mantenham o silêncio e estejam atentos ao abrir e fechar portas.

5.73
Garças, gatos e assaltantes
Movimentam-se em silêncio e com cuidado;
É assim que conseguem o seu intento.
E aqueles que cultivam este caminho se conduzem do mesmo modo.

Assaltantes, gatos e garças não são normalmente os nossos modelos, mas são exemplos perfeitos para o movimento atento e paciente em busca de um objetivo. Quando as garças se movem muito rapidamente, elas não conseguem pegar o peixe. Da mesma maneira, quando não estamos atentos não conseguimos realizar os nossos objetivos mundanos e, muito menos, viver a vida de um bodhisattva.

5.74
Quando advertências úteis chegarem, sem que tenham sido solicitadas,
Àqueles que são hábeis em aconselhar seus semelhantes,
Deixe que eles as acolham com humildade e gratidão,
E sempre se empenhem em aprender com todas as pessoas.

Obter uma resposta é algumas vezes a única maneira de descobrir os nossos pontos cegos, especialmente quando essa resposta incomoda. Seja ela significativa ou útil, uma resposta tem uma maneira de nos fazer observar algo que não queremos ver. Se nos ressentirmos ou fecharmos os ouvidos, nossos pontos cegos nunca serão revelados.

Portanto, *se empenhe em aprender com todas as pessoas,* e saiba que, no final, você é o único que realmente sabe quando é atingido.

5.75
Elogie todos os que falam a verdade
E diga: "Suas palavras são excelentes."
E, quando perceber a boa conduta de uma outra pessoa,
Encoraje-a com calorosa aprovação.

Esta é uma boa instrução para criar os filhos e também um bom conselho para os adultos. Com grande frequência, a única coisa que as pessoas ouvem de nós é a crítica. Shantideva nos encoraja a aprovar quando adequado e a expressar o nosso calor e apreciação.

5.76
Louve as outras pessoas, ainda que ausentes;
Porém, quando as qualidades que exaltarem forem as suas,
Aprecie a habilidade que têm de reconhecer a virtude.

Rejubilar-se com as boas qualidades dos outros nos afasta da autocentralidade e expande a nossa visão de mundo. Esta é a maneira de acumular virtudes, que nos auxilia tanto quanto os outros.

Aqui Shantideva enfatiza a dificuldade que temos muitas vezes de aceitar os elogios. Acumulamos virtude quando podemos aceitar o louvor honestamente, sem ficar envaidecidos ou nos recusando a acreditar.

Acumulamos virtude ao nos permitir ser tocados pela apreciação das nossas boas qualidades por uma pessoa.

5.77
A meta de toda ação é a felicidade,
Embora, mesmo em meio a grande riqueza, raramente ela seja encontrada.
Portanto, faça das qualidades dos outros o seu deleite.
Deixe que elas alegrem o seu coração.

5.78
Ao agir assim, você nada terá a perder nesta vida;
Em vidas futuras, grande felicidade lhe estará reservada.
O pecado da inveja não traz alegria, só insatisfação,
E, no futuro, terrível sofrimento.

Todos desejamos ser felizes, embora o nosso desejo de felicidade esteja frequentemente fora de sincronia com as nossas ações: somos superindulgentes com relação a várias substâncias; relatamos fatos para pessoas para nos livrarmos delas. Em vez de aumentar o nosso bem-estar, reforçamos as qualidades que causam sofrimento. Então, embora todos a desejemos, a felicidade raramente é encontrada.

Uma maneira de garantir a felicidade, diz Shantideva, é ficar feliz com as boas qualidades dos outros. Isto é um antídoto para a inveja, como também gera calor e *alegra o coração.* Quando começamos a apreciar a gentileza e a coragem dos outros, descobrimos prazer em tudo. Dzigar Kongtrul chama isto de "terapia do júbilo".

5.79
Fale com palavras honestas e concatenadas,
Com franqueza e voz clara e harmoniosa.
Deixe de lado a parcialidade, aversão e atração,
E fale com moderação, suavemente.

Isto é mais fácil de falar do que fazer. A fala atenta pode ser uma das práticas mais difíceis. Falar honestamente e coerentemente é muito difícil, mas falar com moderação é ainda um desafio maior. Trungpa Rinpoche enfatiza bastante que seus alunos falem lentamente, atentamente e com clareza. Esta é uma prática compensadora e que ilumina. Diminuir a nossa fala possui um efeito notadamente calmante. E também pode nos deixar nervosos. Estamos tão acostumados à falta de atenção e à velocidade que esta diminuição pode nos fazer sentir ameaçados.

Shantideva nos encoraja a falar com gentileza e sem preferências. Pode ser embaraçoso ver quanto preconceito transmitimos com as nossas palavras. Reconhecer uma mente preconceituosa antes de isto se transformar em fala pode nos poupar muita dor. Sem justificativa ou culpa, louvor ou censura, podemos reconhecer que estamos sendo apanhados e mantemos o silêncio.

5.80
Ao avistar as outras pessoas, pense
Que será por intermédio delas
Que você chegará ao estado búdico.
Assim, veja-as com um coração aberto e amoroso.

Isto se torna um tema repetido: seres sencientes são a causa da nossa iluminação. Quando eles nos incomodam, aprendemos a paciência; quando eles sofrem, aprendemos a gentileza amorosa e a compaixão. Independente da reação que provocam, podemos nos relacionar com eles de maneira a nos conduzir para a condição de buda. Ao invés de pender para a aversão, tornamo-nos tolerantes. Ao invés de ficarmos agarrados ao egoísmo, estendemos a mão para alguém que está em sofrimento. Ao invés de deixar que a inveja nos sabote, treinamos a terapia do júbilo.

5.81
Sempre movido pela mais elevada aspiração,
Empenhando-se para pôr em prática os antídotos,
Você colherá virtudes nos campos
Das qualidades, dos benefícios e das dores.

Quando estamos apaixonados a respeito das nossas aspirações do bodhisattva, esforçamo-nos para melhorar os antídotos dos kleshas. Tradicionalmente é dito que o antídoto do klesha da raiva é a paciência; o antídoto da inveja é o júbilo; e o antídoto da luxúria é reconhecer a impureza do corpo. A utilização destes antídotos pode interromper a escalada dos *kleshas* e, deste modo, acumulamos virtudes.

Shantideva diz que podemos acumular virtudes de três maneiras: *nos campos das qualidades, dos benefícios, das dores.* O campo das qualidades se refere a figuras sábias como os mestres que conhecemos ou lemos a respeito. Estes homens e mulheres de sabedoria são um campo de excelência que desperta a nossa devoção e veneração. O campo dos benefícios se refere àqueles que foram gentis conosco. E o campo do sofrimento inclui todos os seres que estão sofrendo.

Uma maneira para colocar isto em ação é a "prática dos três pedaços". Você pode fazer isto durante qualquer refeição. Antes de pegar o primeiro pedaço, faça uma pausa e pense naqueles homens e mulheres de sabedoria e mentalmente ofereça a eles o seu alimento. Desta maneira, você se conecta com a virtude da devoção.

Antes do segundo pedaço, faça uma pausa e ofereça o seu alimento a todos aqueles que foram gentis com você. Isto nutre as virtudes da gratidão e da apreciação. O terceiro pedaço é oferecido para aqueles que estão sofrendo: todas as pessoas e animais que estão passando fome ou sendo torturados ou negligenciados, sem conforto ou amigos. Pense também em todos nós que sofremos agressão, anseios e indiferença. Este gesto simples desperta a virtude da compaixão.

Desta maneira – confiando em nossos mestres, nossos benfeitores e nos que passam necessidade – acumulamos as virtudes da devoção, gratidão e gentileza.

5.82
Agindo assim, com fé e compreensão,
Você sempre empreenderá boas obras.
E, em todos os atos que você praticar,
Não será calculista, com o olho nos outros.

Nesta estrofe final sobre acumular virtudes, Shantideva diz que quando compreendermos a reação em cadeia do carma, agiremos de maneira sábia e não cairemos na armadilha de nos compararmos com os outros. A competitividade pode ser uma cilada para os bodhisattvas: esperando fazer melhor do que os outros, temendo fazer o pior. Para ganhar a felicidade, treinamos para despertar o bodhichitta por si mesmo e não para ser mais virtuoso do que os outros.

5.83
As seis perfeições, a generosidade e as demais,

Progridem em sequência, crescendo em importância.
A maior nunca deve ser suplantada pela menor,
E é o bem dos outros que constitui a meta mais elevada.

As seis perfeições são as seis *paramitas:* generosidade, disciplina e as outras. Na estrofe 83 Shantideva diz que elas são ensinadas *em sequência,* com cada uma sendo construída sobre a anterior: a generosidade é a base para a disciplina, e assim por diante. A *meta mais elevada* de todas as *paramitas* é *o bem dos outros.* Esta é a terceira disciplina, beneficiar os outros, o que Shantideva apresenta nas estrofes 83 até 107.

5.84
Portanto, entenda isso bem
E sempre trabalhe para o benefício dos seres.
Os mestres da compaixão, em sua visão sem limites,
Permitem, para esse fim, aquilo que é vedado.

Nos ensinamentos mahayana, promover o bem-estar dos outros envolve mais do que simplesmente seguir um código de ética ou refrear os comportamentos condenados. Existem situações em que aquilo que é proibido – mentir ou até matar – pode ser necessário para evitar danos. Não existe uma predeterminação quanto a isto. A única orientação é beneficiar os seres fazendo o que é adequado à situação. Como somos deixados para avaliar isto por nós mesmos, precisamos começar a compreender por que Shantideva coloca tanta ênfase sobre a estabilização da mente.

5.85
Coma apenas o necessário;
Compartilhe com aqueles que abraçaram a disciplina.
Aos indefesos que decaíram para estados desafortunados
Dê tudo, menos as três vestes monásticas.

Estas são algumas das orientações do bodhisattva: não seja indulgente em excesso, partilhe com todos e doe generosamente até para aqueles em *estados desafortunados.* A maioria de nós acha fácil ser gentil com os sem defesa, mas não com aqueles que causam danos intencionalmente, embora essas pessoas precisem da nossa compaixão. O Buda ensinou isto porque cada um de nós vivencia as consequências dos próprios atos;

aqueles que agiram com crueldade e malícia colherão o maior sofrimento e dor.

Shantideva nos diz para doarmos livremente, até para aqueles que causam danos aos outros; doem tudo exceto as suas vestimentas de monges, e sob certas circunstâncias, imagino que até isso seria permissível!

Outra maneira de interpretar esta estrofe é: considere a possibilidade de ir aos infernos deste mundo e *doar tudo* para aqueles aparentemente sob dores inescapáveis. Até termos trabalhado com os nossos kleshas e a capacidade de julgamento, as nossas aspirações de bodhisattva estarão sendo dolorosamente desafiadas nestes locais.

> 5.86
> O corpo, propício à prática do ensinamento sagrado,
> Não deve ser machucado em atividades triviais.
> Se este conselho for observado, as aspirações de todos os seres
> Serão rápida e integralmente alcançadas.

Aqui ocorre uma alteração na atitude em relação ao corpo. O corpo *não deve ser machucado em atividades triviais.* Devemos cuidar bem dele para que possamos continuar a beneficiar os seres por um longo tempo.

> 5.87
> Não devem sacrificar seu corpo
> Aqueles cuja compaixão não seja pura e perfeita.
> Mas deixe que eles, neste mundo e nos que estão por vir,
> Sujeitem seu corpo ao serviço da meta suprema.

Bodhisattvas não devem alimentar prematuramente tigres famintos! Podem, contudo, oferecer-se continuamente *pela meta suprema,* o objetivo do despertar total.

> 5.88
> Não ensine àqueles que não têm respeito,
> Àqueles que, como os enfermos, envolvem a cabeça com panos,
> Àqueles que, com orgulho, carregam armas, cajados e para-sóis,
> E àqueles que conservam o chapéu sobre a cabeça.

Segundo o costume indiano na época de Shantideva, os vários comportamentos descritos aqui e nas estrofes seguintes são desrespeitosos. O bodhisattva é encorajado a agir de acordo com os costumes do lugar e não fazer coisas consideradas impróprias. Em outras palavras, um bodhisattva se harmoniza e trabalha dentro da norma cultural e não fica parado como um dedo doente. No melhor sentido, um bodhisattva torna-se invisível. Ninguém sabe que você é um bodhisattva; você está somente fazendo o seu melhor para despertar e beneficiar os outros.

5.89
Não ensine o vasto e o profundo àqueles
Que estão nos caminhos inferiores, nem, sendo você monge,
A mulheres desacompanhadas. Ensine, com igual respeito,
Os que estão no alto e os que estão em baixo, de acordo com o caminho deles.

5.90
Aqueles que são talhados para os ensinamentos vastos e profundos
Não devem ser introduzidos a caminhos inferiores.
No entanto, você não deve deixar de lado a prática básica,
Confundindo-se com conversas sobre sutras e mantras.

Atualmente, um monge provavelmente não teria problemas em ensinar para *mulheres desacompanhadas.* Mas, na época de Shantideva, na Índia era considerado algo chocante. Por isso, quando estiver na Índia, aja como os indianos. Esta é outra orientação do bodhisattva.

O importante é ensinar de tal forma que a sua audiência compreenda o que você está dizendo. Não ensine de maneira muito intelectualizada para aqueles que somente desejam aprender como passar o dia. Mas, para aqueles capazes de ouvir a verdade profunda do vazio, não se abstenha. Não aborreça as pessoas com os ensinamentos. Ao mesmo tempo, nunca abandone os ensinamentos básicos, tais como não causar danos e beneficiar os outros, preferindo, ao invés disto, impressionar as pessoas com o seu conhecimento de sutras e mantras antes de elas estarem prontas.

5.91
Seu escarro e escova de dentes,

Quando jogados fora, devem ser cobertos.
E é errado sujar com urina
Vias públicas e fontes d'água.

Em resposta a esta estrofe, Dzongsar Khyentse disse: "Na Índia até hoje eles ainda não ouvem a Shantideva!" Aqui e nas estrofes seguintes, Shantideva aconselha, para o benefício dos outros, a prestarem atenção a todos os detalhes da sua vida.

5.92
Ao comer, não engula a comida ruidosamente,
Nem encha a boca em demasia, nem coma com a boca aberta.
Tampouco se sente com as pernas esticadas
Ou esfregue as mãos de modo rude.

5.93
Não se sente sobre um cavalo, leito ou assento
Com mulheres de outra casa, estando desacompanhado.
Tudo o que você notou – ou que lhe foi dito –
Ser ofensivo – isso você deve evitar.

5.94
Sem apontar o dedo de modo rude,
Mas mostrando com um gesto respeitoso
Com toda a mão direita esticada –
Esse é o modo de indicar o caminho.

5.95
Não agite os braços com gestos grosseiros.
Com sons suaves e estalidos dos dedos,
Expresse-se com modéstia –
Pois agir de outro modo constitui excesso e falta de polidez.

5.96
Deite-se para dormir na postura e direção
Do Buda, quando passou para o nirvana.
E, primeiramente, com clara determinação,
Decida que você irá se levantar pela manhã com presteza.

Na estrofe 96, Shantideva sugere que estejamos atentos sobre como iremos dormir e como levantaremos. Você pode escolher deitar sobre o seu lado direito, como Buda fez quando morreu. O importante é não colapsar impensadamente sobre a cama e, simplesmente e impensadamente, se levantar.

5.97
As ações dos bodhisattvas
São incontáveis, como dizem os ensinamentos,
E todas essas práticas que depuram a mente
Devem ser abraçadas – até que o sucesso seja alcançado.

5.98
Recitando três vezes, de dia e de noite,
O Sutra em Três Partes,
Apoiando-se nos budas e bodhisattvas,
Purifique o restante de suas transgressões.

As *ações do bodhisattva* não são limitadas por orientações morais rígidas. Faremos tudo que inspirar as pessoas a se ajudarem e tudo que for preciso para remover o sofrimento. Como isso é interminável, é útil ter livros como orientação. Aqui e nas estrofes seguintes, Shantideva fornece algumas sugestões. *O Sutra em Três Partes* foi traduzido por Stephen Batchelor, em seu início de vida como monge, como *O Sutra das Três Pilhas*. Em alguns monastérios, monjas e monges recitam este sutra três vezes por dia. Desta maneira, reconhecem onde existem os apegos e onde eles causaram danos. Então, podem começar novamente.

5.99
E, portanto, em todas as ocasiões e em todos os lugares,
Para o seu próprio bem e para o bem dos outros,
Seja diligente e ponha em prática
Os ensinamentos prescritos para a situação.

Se memorizarmos qualquer estrofe de Shantideva, veremos que ela surgirá na mente nos momentos adequados. Este é o significado dos *ensinamentos prescritos para a situação.* O dharma começa a surgir na vida em nossa experiência diária quando o tiramos dos livros e o aplicamos na situação.

5.100
Não há, de fato, nenhuma virtude
Que os filhos dos budas não devem aprender.
Para quem se instrui assim,
Nenhuma ação é desprovida de mérito.

Melhor nos unirmos à humanidade do que dela nos separarmos. Bodhisattvas aspirantes treinam se envolvendo mais em vez de ficarem mais afastados. Nas pinturas dos seis reinos existe um buda de pé em cada reino, não somente em uma pequena bolha ou olhando para baixo, mas no meio do inferno e dos outros reinos.

Trungpa Rinpoche exemplificou a *nenhuma ação destituída de mérito.* Ele estava interessado em utilizar tudo como um caminho para a iluminação: caligrafia, filmes, poesia, arranjos florais, cerimônia do chá, arte de manejar o arco, andar a cavalo, teatro, fotografia e dança. Embora tivesse crescido em um monastério como uma pessoa destacada, sabia como confeccionar um tambor e fazer pátina, pintura *thangka* e escultura. E não tinha medo de encarar as situações mais difíceis e fora do controle – na verdade, ele as adorava.

5.101
Então, direta ou indiretamente,
Tudo o que você fizer deve ser para o benefício dos outros seres.
E, visando unicamente o bem-estar deles, dedique
Seus atos à conquista da iluminação.

Trabalhar *indiretamente* significa que beneficiamos os outros estabilizando a nossa própria mente e os kleshas. Trabalhar *diretamente* significa que estamos dando uma ajuda em tudo o que for necessário: desfazemo-nos de alguma coisa, sentamos ao lado de alguém, ensinamos o dharma. Então dedicamos o mérito de tudo o que fazemos pelo bem-estar dos outros, como descrito no capítulo 3.

5.102
Nunca, nem que isto lhe custe a vida,
Abandone seu amigo virtuoso, seu mestre,
Instruído no significado do Mahayana,
Exímio na prática do caminho do bodhisattva.

Embora eu tenha me referido ao *Mahayana,* esta é a primeira vez que Shantideva utiliza este termo. *Maha significa* "grande", e *yana,* "veículo". O Budismo Mahayana – que floresceu na China, Coreia, Japão, Mongólia e Tibete – é o caminho do bodhisattva. Enfatiza a compaixão e a sabedoria do vazio, a natureza última não fixada de tudo. O mahayana nos inspira a expandir a nossa visão. Em vez de permanecermos agarrados à autorreferência, podemos abrir as nossas mentes para incluir um número cada vez maior de seres.

Neste caminho, o papel do mestre é muito importante. Precisamos do exemplo de alguém que está totalmente desperto ou que está adiantado no caminho. Esta pessoa não está presa na mente fixa, é alguém que vive com um sentido de equanimidade e gentileza, mesmo sob coerção. O simples fato de estar perto do nosso amigo espiritual pode nos ensinar mais do que qualquer livro. Raramente estive a sós com Trungpa Rinpoche, porém me lembro vividamente destes momentos, e também de outras épocas em que passei com grandes mestres como o Décimo Sexto Karmapa e Dilgo Khyentse Rinpoche. Aprendi tudo que fizeram: a maneira como falavam, comiam seu alimento e se relacionavam com as pessoas. Por isso, Shantideva nos diz: *Nunca, nem que isto lhe custe a vida, abandone seu amigo virtuoso, seu mestre.*

5.103
Assim, você deve se apoiar em seu guru,
Tal como está descrito na vida de Shri Sambhava
E nos demais ensinamentos do Buda:
Não deixe de estudá-los, lendo os sutras.

A biografia referida aqui nos diz para vermos os nossos mestres como médicos excelentes e dignos de confiança. Quando estamos prejudicados pela mente do samsara, os ensinamentos são o melhor remédio. Ao digerir as instruções dos nossos amigos espirituais e colocando-os em prática, ligamo-nos novamente com a nossa saúde básica e recuperamos a nossa força e sanidade.

5.104
A descrição do treinamento você encontrará nos sutras.
Portanto, leia-os e estude-os.
O Sutra da Essência do Céu –
Este é o texto a ser estudado em primeiro lugar.

5.105
O Compêndio de Todas as Disciplinas
Contém uma explicação detalhada e abrangente
De tudo o que deve ser praticado, sejam quais forem as circunstâncias.
Portanto, esse é um texto a ser lido repetidas vezes.

5.106
De tempo em tempo, consulte o
Compêndio dos Sutras, que é abreviado.
E estude com diligência
As duas obras compostas pelo venerável Nagarjuna.

Infelizmente, estes textos são difíceis de encontrar ou ainda não foram traduzidos. Entretanto, existem outros livros que nos inspirarão e evitarão que nos extraviemos. Quando os tempos são difíceis, ler um livro sobre o dharma ou ouvir uma fita pode nos ajudar a manter a sanidade.

5.107
Tudo o que não seja vedado nessas obras
Não deixe de empreender e pôr em prática,
E aquilo que você aí encontrar, cumpra com perfeição,
Protegendo, assim, a mente dos seres do mundo.

Como talvez não tenhamos estes textos, podemos dizer com segurança que tudo que Shantideva não proíbe em *O Caminho do Bodhisattva,* podemos *empreender e pôr em prática* e, *portanto, proteger a mente dos seres do mundo,* incluindo a nossa.

5.108
Manter a guarda, vez após vez,
Da condição e dos atos dos seus pensamentos e de sua conduta –
Isto e apenas isto define
A natureza e o sentido do estado de alerta mental.

Para concluir este capítulo, Shantideva retorna à estabilização da mente. Em nossas atividades diárias, podemos *uma vez e outra vez* praticar a plena atenção e o estado de alerta, reconhecendo quando estamos distraídos, e gentilmente, e até alegremente, voltando para estar presente. E quando os kleshas começam a lançar suas cordas sobre nós, sempre podemos usar a prática de permanecer como um tronco.

> 5.109
> Mas tudo isso deve ser implementado verdadeiramente,
> Pois o que se ganha com a repetição de palavras ocas?
> Qual enfermo jamais se curou
> Com a mera leitura dos tratados de medicina?

Se simplesmente estivermos *repetindo palavras ocas* de um livro, nada mudará. A menos que desejemos aplicar as instruções de Shantideva quando e onde forem necessárias, as nossas mentes permanecerão selvagens e continuaremos a ser regidos pelos nossos kleshas.

Trabalhar a Raiva

Paciência, Parte Um

O CAPÍTULO 6 de *O Caminho do Bodhisattva* fornece mais instruções para permanecermos firmes no confronto com os kleshas. Aqui Shantideva apresenta a *paramita* da paciência como o modo mais eficaz possível para trabalhar a raiva. Nas estrofes de 1 a 12, ele apresenta o seu caso contra este klesha poderoso.

> 6.1
> Boas obras reunidas ao longo de mil eras,
> Tais como atos de generosidade,
> Ou oferendas aos budas –
> Um único lampejo de raiva as destrói.

Todos já sabem que a raiva é destrutiva, mas para enfatizar a imensidão desta destruição, Shantideva faz uma afirmação que gerações de leitores acham perturbadora: um lampejo de raiva pode destruir anos de conduta ética e atos virtuosos.

Conhecemos o cenário familiar de estar em um relacionamento harmonioso quando, de repente, ocorre um incidente desagradável. Em um momento havia amor e amizade; no seguinte, um de nós perde o controle. O abuso físico ou verbal pode fazer desmoronar meses de bonança. E mesmo se nos desculparmos, será preciso um longo tempo para reconstruir a confiança. Por isso, até *um único lampejo* de raiva provoca consequência em longo prazo.

Segundo alguns comentários, esta estrofe vai além e enfatiza a raiva da qual *não* nos arrependemos e que, na realidade, justificamos. Podemos, teimosamente, nos agarrar à nossa raiva por vidas inteiras, como feudos familiares e rivalidades étnicas que perduram por séculos. Conheço dois irmãos que moram perto um do outro, mas que não se falam há vinte e cinco anos. É disso que Shantideva fala: a raiva que perdoamos, a qual nos agarramos e que não queremos examinar.

Quando reconhecemos a dor desnecessária que a nossa raiva causa, já estamos no caminho para solapar o seu poder e a sua capacidade de despedaçar anos de boa vontade. É isso, precisamente, que Shantideva quer que entendamos.

Todos nós temos certas partes que parecem ser intratáveis e que nos causam aflição. Se permanecemos habitualmente zangados, então, explorar este aspecto pode se tornar a parte principal para despertar o bodhichitta. Shantideva assume que cada um de nós possui a habilidade de se libertar da tirania dos kleshas. Independentemente do que fizemos, nenhum de nós está condenado.

Mas, o que são estes *bons trabalhos* que podem ser despedaçados em um clarão? Bons trabalhos que podem ser tão rapidamente destruídos são superficiais: atos superficiais de generosidade, oferendas superficiais aos budas. Não são bons atos que nos transformam em nossa essência. Felizmente, uma mudança fundamental do coração nunca será perdida.

O mérito obtido pelos atos virtuosos que são meramente ritualísticos é facilmente destruído por surtos de raiva. Na Ásia, por exemplo, é comum para os budistas oferecer dinheiro para construir templos. Mas se a generosidade for simplesmente um gesto externo para acumular mérito, isso aumentará a autoimportância ao invés de dissolvê-la. Você pode ser uma pessoa poderosa no mundo dos negócios, fazendo todos os tipos de contratos sombrios e achar que está acumulando méritos ao realizar atos convencionais de virtude. Mas estes atos superficiais, embora possam ter algumas consequências virtuosas, são destruídos pelo poder da raiva.

Se você é agressivo nos seus contratos, essa é a maneira como será visto no mundo. Pode sorrir e doar com generosidade, mas se explodir frequentemente pela raiva, as pessoas nunca se sentirão confortáveis na sua presença e você nunca terá paz mental.

6.2
Não há mal que se iguale à raiva,

Nem prática espiritual que se compare à paciência.
Imbua-se, portanto, da paciência –
De todos os modos, com urgência, com zelo.

A estrofe 2 resume o tema deste capítulo: os benefícios da paciência e o mal causado pela raiva. O significado subjacente da palavra *mal* é causar mal intencionalmente, ter prazer em causar dor e, como diz Shantideva, *não existe mal que se iguale à raiva.* Como ser atacado pela raiva pode se tornar uma resposta habitual ao estresse e ao desconforto, Shantideva apaixonadamente nos encoraja a nos livrarmos deste hábito antigo ao invés de continuarmos a reforçá-lo.

Em seu livro *Healing Anger,* o Dalai Lama recomenda o uso da palavra *ódio* em vez de raiva. Existem momentos, diz ele, em que a raiva é adequada, mas o ódio nunca é justificado. A raiva pode ser motivada pela compaixão, mas o ódio é sempre acompanhado de uma vontade doentia. Acho esta distinção muito útil.

Entretanto, ocasionalmente poderemos nos ver consumidos pelo ódio. Para trabalhar com estes momentos, Shantideva nos introduz à prática espiritual da paciência. Acho significativo ele chamar a paciência de *prática espiritual.* Indica que é preciso coragem para refrear a escalada dos kleshas.

6.3
Aqueles que vivem atormentados pela dor da raiva
Jamais conhecerão a paz de espírito –
Alheios serão de todo prazer;
O sono os abandona, nunca conseguem descansar.

Quando estamos zangados por algum motivo, a maioria de nós pensa febrilmente sobre o assunto; não conseguimos uma noite de sono e nem ter paz de espírito.

Existem várias maneiras como você pode lidar com esta situação. A primeira coisa a fazer é entrar em contato com o modo como a raiva se faz presente em seu corpo. Geralmente, não prestamos atenção à angústia física que a raiva causa. Sensibilizar-se para essa dor poderá motivá-lo a trabalhar mais e com mais afinco com a agressão.

Outra prática que eu recomendo é feita durante a meditação. Se você esteve zangado, pode intencionalmente rever toda a história. Preste atenção aos seus sentimentos e pensamentos. Eles são obsessivos e repetitivos? Inflamam seus rancores ou julgamentos? Então, enquanto inspira e expira gentilmente, coloque a sensação da raiva como foco da sua meditação. Dê a ela toda a atenção, sem se afastar dela, seja reprimindo ou agindo sobre ela. Tente vivenciar a raiva de modo não verbal, conhecendo as suas características. Qual é a sua cor? A temperatura? Qual o seu odor ou gosto? Esta prática nos coloca em contato com as emoções de modo bem direto e minimiza o sentido de luta.

Outra instrução que achei útil é permanecer com o seu ponto de suavidade. Por baixo da raiva existe uma ternura imensa que a maioria de nós cobre com a dureza da fúria. Aprender a tocar esta vulnerabilidade não é fácil, mas pode evitar que você exploda e destrua tudo à sua volta.

> 6.4
> Nobres senhores, cheios de cólera,
> Serão atacados e mortos
> Mesmo por aqueles que deles dependem
> Para obter honrarias e bens materiais.
>
> 6.5
> Apartados de amigos e parentes,
> E evitados por aqueles que sua generosidade outrora atraiu,
> Os homens raivosos não conhecem alegria,
> Abandonados que são por toda felicidade e paz.

Isto exemplifica o tipo de fúria que despedaça os nossos bons trabalhos. *Nobres senhores cheios de cólera apartados de amigos e parentes* – estes são os pais ou parceiros abusivos, patrões abusivos. Eles aterrorizam a todos, até os próprios filhos e aqueles que dependem deles para o alimento, as promoções e o bem-estar. Se você já esteve em um relacionamento deste tipo, sabe que qualquer falta de gratidão por aquilo que estas pessoas fornecem as insulta ainda mais. Por serem tão explosivas e imprevisíveis, até seus gestos de amizade ou generosidade são vistos como indignos de confiança. Elas não são capazes de ver como a sua raiva destrói a confiança e o respeito.

Shantideva nos incita a ver que pessoas abusivas não têm alegria ou paz de espírito. Elas despedaçam a própria felicidade ao justificar a sua raiva; e as próprias pessoas que elas esperam que as amem e as honrem sentem a maior aversão.

Contudo, o principal não está nos nobres senhores. O ponto é reconhecer a nossa própria raiva e a maneira como ela nos danifica tanto quanto causa mal aos outros.

6.6
Todos estes males são causados pela cólera,
Essa inimiga que semeia a nossa dor.
Mas aqueles que pegam e esmagam a sua raiva
Encontrarão alegria nesta e em vidas futuras.

Na próxima vez que desejarmos justificar a nossa cólera, se pensarmos nela como a *nossa inimiga que semeia a nossa dor*, ficaremos motivados para impedir que o mal seja alimentado. Naturalmente nós não *pegamos e esmagamos* literalmente a nossa cólera; esta linguagem somente esclarece que temos que trabalhá-la assiduamente.

O conselho que Shantideva dá aqui é um conselho para curar um dilema universal: o dilema de ser pego e assolado pela fúria. Podemos fazer este trabalho não somente pelo nosso próprio bem, mas por toda a humanidade. Em vez de nos classificarmos como zangados e envolvidos, podemos nos identificar com todos aqueles que estão trabalhando para curar uma doença universal. Agarrar-se à coragem em vez das nossas neuroses é uma alteração importante de fidelidade.

6.7
Recebendo na vida aquilo que eu não quero,
E tudo que obstrui o meu desejo –
Aí minha mente encontra combustível para a sua aflição;
A raiva brota daí, oprimindo-me.

6.8
Portanto destruirei por completo
O sustento desta minha inimiga,
Minha adversária, cuja única intenção é
Causar-me danos e sofrimento.

O que aciona a raiva? Segundo Shantideva, é obtendo o que não queremos e não conseguindo aquilo que desejamos. Quando estamos investindo pesadamente em nossos gostos e desgostos, as menores reações podem crescer em violência e guerra. Quando tememos ficar agarrados a alguma coisa que não queremos ou somos privados do que necessitamos, nossos pensamentos chegam como reforço e aumentam a nossa raiva e dor.

A raiva acesa, destruidora, começa com o sutil *shenpa,* uma sensação desconfortável de que as coisas não se desenvolvem como gostaríamos. É bom reconhecer esta dificuldade antes que ela cresça. Se, entretanto, já estamos zangados, podemos ainda tentar encontrar a paciência e não agir ou falar. Nunca é tarde para embargar o combustível do sofrimento: a qualquer momento, no processo, podemos fazer uma pausa e praticar a paciência.

Trungpa Rinpoche costumava dizer que quando algo como a raiva surge, devemos vê-la como "não sou eu". Pense nela como um pequenino inseto tentando pousar em você: se a sua mente permanecer aberta e livre de tendências, o inseto não terá um local para pousar. Shantideva, em suas próprias palavras, está dizendo a mesma coisa: A raiva não sou "eu", mas somente uma energia dinâmica. Se não nos identificarmos com ela, essa energia permanecerá sem se fixar e solta. Mas, se congelar em "querer" e "não querer", poderemos prever um surto com precisão. E fará com que nós, os basicamente bons, soframos.

6.9
Aconteça o que acontecer, nunca prejudicarei
O ânimo e a alegria do meu espírito.
O abatimento nunca traz o que eu quero;
Minha virtude fica por ele distorcida e corrompida.

Em seu estilo tipicamente entusiasmado, Shantideva se eleva: *Aconteça o que acontecer, eu nunca prejudicarei o ânimo e a alegria do meu espírito.* Esta alegria é uma sensação de viabilidade: a nossa vida e mente são trabalháveis. A intenção de Shantideva é nos ajudar a compreender isto.

A sua alegria vem em parte de saber que não há ajuda em colaborar com o abatimento e o descontentamento. A instrução é interromper o impulso do abatimento: interromper a sequência da história e retornar para as imediações da nossa experiência, mesmo que seja desagradável. Uma boa descrição da paciência é aprender a relaxar com o lado afiado da nossa energia.

6.10
Se há remédio para o problema que sobre você se abate,
Que motivo há para o desânimo?
Mas, se não há remédio para o seu problema,
De que adianta você se entristecer?

Shantideva nos instrui a nos afastar do calor da nossa raiva e não ficar enredado. Se formos pegos em um congestionamento, por exemplo, qual a utilidade ficar enfurecido? Se houver um remédio como uma via de escape, não há necessidade de perder a calma. Mas se houver carros até onde a vista alcança e nenhuma saída, a obsessão somente nos deixará infelizes.

Se você puder fazer algo pela sua situação, faça. E se não houver nada a fazer, será ridículo agitar tudo. Este é o conselho de Shantideva para reduzir o estresse.

6.11
Dor, humilhação, repreensão ou insultos
Não queremos essas coisas
Nem para nós mesmos, nem para aqueles que amamos.
Para aqueles de quem não gostamos, é bem o contrário!

Shantideva está ensinando em um monastério indiano no século VIII, embora algumas coisas nunca mudem! Ele apresenta outra situação que inflama a nossa raiva: não desejar insultos ou humilhação para nós ou para as pessoas que amamos, mas ficando felizes quando coisas ruins acontecem com aqueles de quem não gostamos. Ambos os extremos estão alimentando o fogo de permanecer intratável.

6.12
A causa da felicidade raramente aparece,
E muitas são as sementes do sofrimento!
Mas, se eu não experimentar a dor, nunca ansiarei por liberdade;
Portanto, ó minha mente, seja firme!

As estrofes 11 e 12 vêm juntas. Temos a inteligência para compreender que causamos o sofrimento ao rejeitar a dor para nós enquanto a desejamos para os outros. Se permanecermos neste estado de autoabsorção, então a *causa da felicidade vem raramente, e muitas são as sementes do sofrimento!*

Para as pessoas zangadas, as causas do sofrimento estão em toda parte. Quando se relacionam com os outros, são facilmente provocadas. Quanto mais velhas ficam, mais sensíveis se tornam. Cada vez mais ocorrem situações que as deixam desconfortáveis, mas felizmente isto pode mudar. Quando a mente é menos reativa, as causas da felicidade aumentam. Então, as mesmas situações não mais nos provocam.

Esta é definitivamente a direção a ser seguida. Se recordarmos como éramos há dez anos, não desejamos agora menos causas de sofrimento e mais causas de felicidade?

Shantideva então ataca outro ponto: a dor também pode ser útil. Sem dor, nós nunca *ansiaríamos pela liberdade.* Esta visão otimista pode nos alegrar. Sem sofrimento, nunca buscaríamos uma saída; nunca ficaríamos motivados para estabilizar as nossas mentes ou praticar a paciência.

Com a estrofe 12, Shantideva conclui esta discussão sobre as desvantagens da raiva e as razões para aplicar o seu antídoto, a paciência.

Em seguida, ele explica as três categorias da paciência. A primeira categoria é a paciência que vem da reestruturação da nossa atitude em relação ao desconforto. A segunda categoria é a paciência que vem da compreensão da complexidade de qualquer situação. A terceira categoria é a paciência que vem com o desenvolvimento da tolerância.

> 6.13
> O povo Karna, devoto da Deusa,
> Suporta as austeridades sem sentido
> De queimaduras e lacerações.
> Por que fico tão acovardado no caminho da liberdade?

A estrofe 13 inicia a discussão sobre a reestruturação da nossa atitude em relação ao desconforto. Todos precisamos deste encorajamento. Quando tivermos refreado a escalada dos kleshas, faremos o quê? Como praticantes, precisamos de algum aconselhamento sobre como permanecer firmes com a energia nervosa que muitas vezes resta. Podemos não estar representando; talvez estejamos interrompendo os nossos pensamentos, mas então somos deixados para lidar sadiamente com os sintomas da retirada.

Este método de desenvolver a paciência é interessante de ser avaliado em uma cultura com uma tolerância baixa para a angústia mental ou física.

Somos inundados pela propaganda que nos diz que merecemos estar confortáveis e felizes. Porém, acredite-me, com a austeridade da paciência experimentaremos alguma dor. Pelo menos os kleshas e sua inquietude subjacente se tornarão mais óbvios e vívidos. Como disse antes, não existe maneira de nos livrarmos de velhos vícios sem atravessar o período de "desintoxicação".

O povo Karna suporta austeridades de lacerar e queimar para atingir *insights* espirituais. Se eles conseguem suportar estas *austeridades sem sentido* – sem significado na opinião de Shantideva, porque elas não conduzem a uma liberação irreversível – *por que fico tão acovardado no caminho da liberdade?*

Talvez sejamos hesitantes porque não estamos seguros sobre o resultado. Os frutos do caminho espiritual são inefáveis e geralmente não imediatos. Trabalhar com paciência sobre os kleshas pode ser muito desconfortável. Quando a nossa autoimportância é mexida, deveríamos saber intelectualmente que é uma causa de júbilo, porém, no nível das nossas entranhas, dói e não gostamos. A única razão de suportarmos disputas diárias como empregos estressantes é a certeza tranquilizadora de um salário ou alguma outra recompensa.

Entretanto, Shantideva nos previne para não nos desencorajarmos pelo desconforto de soltar os velhos hábitos. Ele tem uma confiança inabalável de que podemos deixar de ser escravos dos kleshas e vivenciar a natureza aberta, não tendenciosa da nossa mente. Sabe também que temos que descobrir isto por nós mesmos, e que nunca seremos capazes de fazê-lo se desistirmos a cada vez que formos desafiados.

> 6.14
> Não há nada que não se torne mais leve
> Com o hábito e a familiaridade.
> Pendendo a tolerar pequenos contratempos
> Vou me treinar para suportar grandes adversidades.

Após ter nos encorajado a não protelar pela dor encontrada no caminho, Shantideva agora nos aconselha a trabalhar habilmente com este desconforto. A primeira instrução foi reestruturar o modo como vemos esta dor e encará-la sob uma ótica positiva.

Agora, ele passa ensinamentos sobre permanecer presente mesmo com o maior sofrimento. Por ser quase impossível iniciar o treinamento em momentos *de grandes adversidades,* somos instruídos a começar com *pequenos contratempos.* Ser paciente com irritações e aborrecimentos leves nos prepara para permanecermos calmos quando o desafio aumenta. Da mesma maneira, tornar-se familiarizado com a inquietude inicial da impaciência e formas mais brandas de raiva nos prepara para lidar sabiamente quando os kleshas se intensificam.

Dzongsar Khyentse chama as nossas inconveniências menores de "sofrimento burguês". Podemos praticar a paciência quando chegamos ao nosso restaurante favorito e ele está fechado; ou, quando reservamos um lugar na ala do corredor no avião e terminamos no meio. Nas duas estrofes seguintes somos aconselhados a não nos queixarmos do sofrimento burguês de picadas de insetos, surtos de fome ou do tempo. A queixa somente agravará os nossos problemas, e até coisas pequenas se tornam catástrofes. Ao praticar a paciência, podemos aprender a desacelerar a negatividade uma vez que isto é relativamente fácil de ser feito.

6.15
E já não suporto eu irritações corriqueiras –
Mordidas e picadas de cobras e mosquitos,
Sensações de fome e sede,
E dolorosas erupções na minha pele?

6.16
Calor e frio, vento e chuva,
Doença, prisão e surras –
Não vou me afligir com essas coisas.
Fazer isso apenas agravaria minhas dificuldades.

O *homo sapiens* é muito bom em tornar as coisas piores. Somos praticamente perfeitos nisto. Shantideva está nos mostrando como mudar isso praticando a paciência ao invés de praticar o queixume.

6.17
Há aqueles cuja valentia redobra
Diante da visão do próprio sangue,
Ao passo que outros perdem toda força e desmaiam
Ao ver o sangue de outra pessoa!

6.18
Isto resulta de como a mente se posiciona,
Na firmeza ou na covardia.
Portanto farei pouco de todo sofrimento,
E as adversidades vou desconsiderar!

As nossas primeiras reações ao mundo são baseadas em várias coisas: história, personalidade e condicionamentos de todos os tipos. A visão do sangue, para usar o exemplo de Shantideva, fará uma pessoa desmaiar e outra se sentir forte.

O ponto aqui é não confundir as nossas reações relativas com a verdade absoluta. Se a visão do sangue nos perturba, não podemos realmente culpar o sangue. Não é o que acontece conosco que nos deixa felizes ou infelizes; é a maneira *como a mente se posiciona.* O que nos faz sofrer é a maneira como pensamos sobre o que está acontecendo. Esta é outra mensagem crucial: a formação da nossa história agrava os nossos problemas.

6.19
Quando as desventuras se abatem sobre os sábios,
A mente deles permanece serena, sem comoção.
Pois, na luta contra as emoções negativas,
Muitas são as adversidades, como em toda batalha.

Dzigar Kongtrul tem uma analogia para a reestruturação da nossa atitude em relação às aflições encontradas no caminho. Ele as compara à dor de uma injeção, que aceitamos contentes para curar a nossa doença. Da mesma maneira, não somos impedidos pelo desconforto breve de nos privarmos dos kleshas porque sabemos que isto irá curar o sofrimento prolongado que eles causam. Ao nos encorajarmos desta maneira, gradualmente aprendemos a relaxar e permanecer lúcidos, mesmo nos momentos mais dolorosos.

6.20
Desdenhar de toda dor,
E vencer inimigos como o ódio:
Esses são os feitos de um herói conquistador.
O resto nada mais é do que matar aquilo que já está morto!

Em uma batalha comum, os soldados matam aqueles que, como todos nós, morrerão mais cedo ou mais tarde. É a isto que Shantideva se refere com *matar aquilo que já está morto.* Contudo, ao matar, eles reforçam o hábito da agressão que perdurará bem mais do que qualquer adversário.

Os maiores heróis e heroínas não são aqueles que lutam contra o ódio, aprisionados nos julgamentos de certo e errado, mas aqueles que pacientemente enfrentam as vicissitudes para obter a vitória contra a raiva, o preconceito e a guerra. O ponto da analogia de Shantideva é que ninguém é mais digno de respeito do que alguém bravo o suficiente para refrear a escalada dos kleshas.

Tendo esclarecido que o despertar requer coragem, Shantideva apresentará agora uma visão positiva sobre o sofrimento.

> 6.21
> O sofrimento também tem o seu valor.
> Por meio da dor e da tristeza, o orgulho é expulso
> E a piedade, sentida por aqueles que perambulam pelo samsara;
> O mal é evitado, o bem apraz.

Shantideva cita três benefícios da dor. Primeiro, ela é valiosa porque *por meio da dor e da tristeza, o orgulho é expulso.* Não importa o quanto temos sido arrogantes e condescendentes, um grande sofrimento pode nos deixar humildes. A dor de uma doença séria ou a perda de um ser amado pode ser transformadora, suavizando-nos ou deixando-nos menos autocentrados.

O segundo benefício é a empatia: a compaixão *sentida por aqueles que perambulam pelo samsara.* O nosso sofrimento pessoal traz compaixão pelos outros que estão na mesma situação. Uma mulher jovem estava me dizendo que quando o seu bebê morreu, ela sentiu uma ligação profunda com todos os outros pais que tinham perdido os seus filhos. Isto era, disse ela, uma bênção inesperada da sua tristeza.

Com tristeza, compreendemos que estamos todos na mesma situação. Somos todos pegos pelos kleshas e, continuamente, bloqueamos a nossa bondade básica. Aqui, Shantideva expressa compaixão por todos que perambulam pelo samsara, especialmente aqueles que não estão interessados em encontrar a libertação.

O terceiro benefício é que *o mal é evitado e o bem apraz.* Quando praticamos de acordo com as instruções de Shantideva, podemos ficar mais espertos em relação à causa e efeito. Baseados nesta compreensão, temos menos inclinação a causar um dano, e mais desejo de acumular virtudes e beneficiar os outros. Esta é a "fé ansiosa" que mencionei antes: estamos ansiosos para viver as nossas vidas de maneira a desmantelar os hábitos que nos causam tanta mágoa. Estamos ansiosos para aumentar a nossa compaixão, sabedoria e felicidade.

Estes são os três valores do sofrimento: ele nos deixa humildes; nos faz sentir compaixão pelos outros que estão na mesma situação; e, como começamos a compreender os meandros do carma, isso nos motiva a não aumentar a nossa dor quando podemos deixar a nossa carga mais leve.

Isto termina a seção do primeiro tipo de paciência: a paciência que surge da reformulação de como encaramos as vicissitudes do caminho espiritual.

As estrofes de 22 a 33 apresentam a paciência que surge da visão da realidade complexa de qualquer situação. Estas instruções podem ser utilizadas imediatamente sempre que compreendemos que estamos presos pelos kleshas. Elas são lembretes para permanecermos firmes sob pressão.

6.22
Não me zango com a minha bile e os demais humores –
Fonte fértil de dor e sofrimento!
Então, por que hei de me irritar com meus semelhantes,
Vítimas que são, também, das mesmas condições?

Por que não nos sentimos zangados quando o sofrimento é causado por algo inanimado, como uma doença, mas quando o sofrimento é causado por seres humanos companheiros, rapidamente nos brota o ressentimento?

Se um galho cai sobre a nossa cabeça, assumimos que ele caiu de uma árvore e atingiu a nossa cabeça, somente isso. Mas, se alguém atira intencionalmente aquele galho? Poderíamos esfriar o pensamento lembrando que aquela pessoa é vítima dos seus padrões habituais, que todos somos *vítimas, também, das mesmas condições?*

Até começarmos a trabalhar com a nossa mente, somos regidos pelas nossas emoções. Elas nos dominam até não termos mais nenhum controle. Quando nos zangamos com os outros, podemos lembrar que, como nós, eles agem desta maneira por razões complexas, todas elas sendo controladas pelas suas emoções. Ocasionalmente, podemos nos sentir plenamente justificados em sermos odiosos. Mas quando alguém nos machuca, poderíamos nos perguntar: por que não estamos zangados como estaríamos com um galho que cai sobre nós?

Se respondermos que "o mal que essa pessoa me causou é intencional", poderíamos querer questionar a nossa lógica, pois em todos nós surgem pensamentos desagradáveis não convidados e que rapidamente nos arrastam. Se não vemos isso acontecer, não refreamos a nossa ação e inevitavelmente causaremos danos.

É, infelizmente, previsível como todos são aprisionados. Refletir sobre isto cultiva a compreensão e não o ressentimento por todos os seres, incluindo a nós mesmos.

6.23
Pois, embora não sejam buscados e nem desejados,
Esses males nos afligem ainda assim.
Do mesmo modo, embora não sejam queridas nem procuradas,
As negatividades aparecem bem ligeiro.

6.24
Sem nunca pensar: "Agora vou me enraivecer",
As pessoas são tomadas pelo impulso da raiva.
A irritação aparece do mesmo modo –
Embora nunca planeje ser experimentada!

Um evento neutro como um galho caído pode resultar em várias reações: uma explosão emocional, relaxamento ou até risos. A nossa resposta depende de como trabalhamos as nossas emoções até aquele momento. Não nos predispomos a ficar zangados e, da mesma maneira, a raiva não se estabelece para ser vivenciada. Mas quando causas e condições chegam juntas, somos impulsivamente agarrados e tomados. A paciência, conclui Shantideva, é o antídoto: em particular, a paciência que vem de termos simpatia pela complexidade da nossa situação atual.

6.25
Toda gama de más ações,
Todo dano, seja qual for
São causados pela força das circunstâncias.
Nenhum é independente, nenhum é autônomo.

A estrofe 25 apresenta a mesma ideia. Este momento é parte de um contínuo; não existe isolado de tudo o que veio antes. A nossa reação a ele é baseada na maneira como trabalhamos previamente com as nossas emoções, e o nosso futuro depende de como trabalharmos com elas agora. Este é o ponto crucial.

> 6.26
> As condições, uma vez reunidas, não têm intenção
> De então provocar determinado resultado.
> E aquilo que foi produzido não pensa
> Ter sido causado por essas condições.

Nossas reações não são tão premeditadas quanto achamos. Elas acontecem, diz Shantideva novamente, devido ao condicionamento passado.

Uma vez, fiquei com uma amiga cujo cão tinha um medo incontrolável de vassouras. O simples ato de tirar a vassoura do armário e começar a varrer levava a pobre criatura a entrar em parafuso. Embora ele já não estivesse mais correndo perigo, ainda reagia com terror. Você não pode convencer um cachorro a não ter mais medo de vassouras, mas pode trabalhar com a sua própria mente e as fobias.

Todos nós temos as nossas "vassouras". Podemos nunca saber o que aconteceu no passado que aciona a nossa resposta atual. Mas, neste mesmo momento, podemos trabalhar com a nossa mente e desenvolver a paciência. Não precisamos passar uma vida inteira montando um caso sobre a maldade das vassouras ou o aspecto errado das nossas emoções.

> 6.27
> Aquilo que é denominado a Substância Primordial,
> Aquilo que foi rotulado de Ser
> Não nasce pensando
> "É assim que vou aparecer".

> 6.28
> Aquilo que não está manifesto ainda não está aqui,
> Então, o que poderia querer nascer?
> E, estando permanentemente atraído por seu objeto,
> Nunca poderia deixar de o estar.

> 6.29
> De fato! Este Eu, se permanente,

Certamente é impassível, como o próprio espaço.
E, caso se deparasse com outros fatores,
Como poderiam eles afetá-lo, já que é imutável?

6.30
Se, quando coisas acontecem, ele permanece inalterado, como
dantes,
Que influência a ação teve sobre ele? É dito que isso afeta o Eu,
Mas que conexão poderia haver entre eles?

Esta seção desmente as visões de certas escolas não-budistas de pensamento da época de Shantideva. Uma escola acreditava na "substância primordial"; outra, no *atmã,* no "Eu" com E maiúsculo. Em resumo, eram crenças em um princípio imutável, absoluto, similar às noções de uma "alma" ou "Deus".

Como ansiamos por uma certeza e por algo onde nos agarrar, é tranquilizador acreditar em algo permanente, uma essência externa que está subjacente a tudo. Enquanto encenamos nossos dramas relativos de esperança e medo, não existe confusão nesta camada subjacente, que permanece pura, imutável e imperturbável.

Entretanto, o Buda refutou estas visões. Nada é imutável ou separado. A noção de uma essência externa, permanente é o que Shantideva desaprova aqui.

Contudo, ele não está pressupondo uma crença em outra coisa. Se disséssemos "tudo é o vazio", Shantideva refutaria isso também. Sua intenção é puxar o tapete debaixo de qualquer visão fixada ou modo de pensar solidificado. Pelo contrário, ele nos aponta a abertura indescritível da mente: uma mente livre de qualquer conceituação.

Qual a relevância para o uso diário destas estrofes? É desistir de criar mais conceitos. Não se aprisione por ideias estabelecidas sobre o ser, ou qualquer outra coisa. Não aceite um pensamento fixo que resulta em raiva.

Shantideva argumenta que qualquer crença em uma entidade permanente ou fixa não faz sentido. Se ainda não está manifestada, então nunca virá a ser. Se já existiu e foi retirada para certa direção, nunca cessará de ser assim. Em outras palavras, se as coisas fossem fixas da maneira como pensamos que são, então nada mudaria nunca!

6.31
Todas as coisas, então, dependem de outra coisa;
Disso depende o fato de que nenhuma é independente.
Sabendo disso, deixamos de nos aborrecer com objetos
Que se assemelham a aparições mágicas.

Nos dois primeiros versos, Shantideva novamente diz que todas as coisas são o resultado de causas e condições complexas: nada existe de maneira independente. Nos dois versos seguintes ele ensina sobre o vazio. Nada é como aparenta ser: somos como pessoas de um sonho se aborrecendo com objetos do sonho. Vivenciar isto, mesmo momentaneamente, nos faz ver o absurdo de nos trabalharmos em um frenesi.

Este ensinamento sobre a natureza insubstancial de tudo é importante de ser avaliado ao atravessarmos o período de desintoxicação.

6.32
"A resistência", você poderia dizer, "é descabida,
Pois, quem se oporia a quê?"
A corrente do sofrimento é rompida pela paciência;
Não há nada de inadequado em se querer isso!

Utilizando a lógica do vazio de Shantideva, poderemos dizer: "Se tudo é um aparecimento mágico, qual a utilidade em praticar a paciência?" Mas Shantideva não aceita este argumento. Trabalhar com a paciência, diz ele, terminará com o sofrimento. *Não há nada de inadequado em se querer isso.* Ele cita a filosofia e vai direto ao ponto: não podemos usar a lógica do vazio assim como não podemos usar a lógica da solidez para justificar a continuação do sofrimento.

6.33
Assim, ao ver o comportamento inadequado
De amigos ou inimigos,
Fique calmo e recorde-se
De que tudo surge a partir das condições.

Aqui conhecemos o coração gentil de Shantideva. Ele nos pede para *ficarmos calmos.* Não importa quem se comporta inadequadamente, *inimigos ou amigos,* não se esquente e nem seja dogmático. Permaneça calmo e pratique a paciência, neste caso, refletindo sobre o fato do motivo de eles agirem desta maneira não estar óbvio. Ele surge de uma variedade de causas e condições.

Isto finaliza a seção sobre o segundo tipo de paciência: a paciência que surge da compreensão da realidade complexa de todas as situações. As estrofes de 34 a 51 exploram o terceiro tipo de paciência: a paciência que surge com o desenvolvimento da tolerância.

6.34
Se as coisas acontecessem para os seres vivos
De acordo com as suas vontades e intenções,
Como poderia o sofrimento jamais vir a ter com eles –
Pois não há ninguém que deseje sofrer?

O Buda ensinou que todos os seres desejam ser felizes e se libertar do sofrimento. Se é assim, Shantideva pergunta por que fazemos coisas enlouquecidas? Como assinalou antes, o nosso desejo de ter conforto em geral não está em sincronia com os nossos métodos para atingi-lo. Nas estrofes que se seguem ele fornece alguns exemplos tocantes da nossa insanidade.

6.35
No entanto, sem cuidado nem atenção,
Eles se ferem em espinheiros;
E, ávidos na perseguição de esposas e bens materiais,
Privam-se de alimento.

6.36
Alguns se enforcam ou pulam de um precipício,
Ou comem comida ruim ou tomam veneno mortal,
Ou por sua conduta malsã
Provocam sua própria destruição.

6.37
Pois quando as aflições mentais se apoderam deles,
Eles se matam, destruindo o corpo que lhes é tão caro.
Como, então, deixariam de ser a causa
Da dor e do sofrimento das outras pessoas?

Quando consumidos pela paixão, paramos de comer e de dormir. Podemos romper casamentos ou trair nossos seres amados, esquecidos da dor que causamos. Podemos até mentir, roubar ou nos matar. Parece não haver limites até onde vamos para atingir a felicidade, mesmo quando sabemos que esta felicidade nunca durou no passado. Se desejamos tanto prejudicar a nós mesmos, não é difícil compreender como podemos causar mal aos outros.

6.38
E quando os seres, vítimas das paixões,
Chegam a causar sua própria destruição,
Mesmo que a compaixão não brote em nosso interior,
Podemos, ao menos, nos manter afastados da raiva.

Temos que ser honestos conosco. Neste ponto em nossa carreira do bodhisattva, pode ser pedir demais haver compaixão por algum ser inoportuno e desagradável. Mas podemos pelo menos evitar falar ou agir movidos pela raiva. Mesmo se não pudermos derramar uma lágrima pelo ridículo da condição humana, ao evitarmos a retaliação e a dor que ela causa, faremos o melhor por todos.

6.39
Se aqueles que, como crianças desgovernadas
São por natureza propensos a ferir os outros,
Qual o sentido de nos enraivecermos?
Seria como ressentirmos com o fogo por ser quente.

6.40
E, se suas falhas são passageiras e contingentes,
Se os seres vivos são por natureza bons,
É igualmente descabido abrigar ressentimento contra eles –
Como o seria nos zangarmos com o céu por ter nuvens!

As estrofes 30 e 40 apresentam duas alternativas. Se acreditarmos que as pessoas são basicamente más por natureza, então por que se zangar com elas? Por que não simplesmente aceitar que são inclinadas a causar danos e seguir em frente? Ficar zangado é como *se ressentir com o fogo por ser quente.*

Se acharmos as pessoas basicamente boas e as suas falhas *passageiras e contingentes*, então por que nos aborrecermos com lapsos temporários? Seria como ficar *zangado com o céu por ter nuvens.* Ao nos lembrarmos disto, podemos esfriar rapidamente e evitar uma dor desnecessária.

A minha experiência pessoal de trabalhar com as instruções de Shantideva é que, embora algumas não funcionem para mim, a disposição de simplesmente fazer uma pausa – para criar um hiato e desmontar a engrenagem – sempre ajuda.

> 6.41
> Embora, na verdade, seja o pedaço de pau que me fere,
> Minha raiva volta-se contra quem o empunha e me golpeia.
> Mas essa pessoa é impelida e arrastada pela raiva –
> Portanto, é com sua ira que eu devo me indispor.

Esta estrofe fala mais sobre desenvolver a paciência através da tolerância. Como desenvolvemos a disposição de não retaliar? A abordagem de Shantideva é baseada no desenvolvimento da ternura pelo atributo humano e, se isso não for possível, pelo menos compreender que a raiva aumenta o nosso sofrimento. É como comer sementes venenosas e perguntar por que adoecemos.

Para interromper a escalada da raiva, ele sugere estas contemplações sobre a futilidade das nossas respostas habituais. Pergunte-se mais uma vez: Por que me zango com pessoas e não com coisas inanimadas? Quanto da minha raiva é causada por visões fixas de bom e mau, certo e errado? E eu não poderia ter alguma tolerância pelos outros que, como eu, continuam a criar o seu próprio sofrimento? Os verdadeiros culpados são os próprios kleshas, e não poderíamos todos nós usar alguma orientação compassiva ao trabalhar com eles?

> 6.42
> Fui eu que no passado
> Fiz o mal a seres como esses.
> Portanto, quando outras pessoas se voltam contra mim,
> É justo que venham a me ferir.

Aqui está outra maneira de refletir sobre o fato de ser atingido. Considere a lei do carma: tudo o que vai, volta. Se você roubar, poderá esperar em algum tempo futuro ser roubado. Se você falar mal, mais cedo ou mais tarde você será caluniado. Quando ponderamos sobre os múltiplos fatores que se juntam para causar um evento desafortunado, deveríamos pelo menos considerar que um deles é formado pelos nossos atos anteriores.

Os ocidentais têm muitas vezes dificuldades com este ensinamento devido à culpa. Quando acontecem coisas difíceis, eles acham que é porque eles são fundamentalmente maus ou porque estão sendo punidos. O meu esclarecimento favorito desta compreensão truncada vem do livro de Kelsang Gyatso, *Meaningful to Behold.* Se é dito a uma criança para ela não brincar com fósforos e ela desobedece, poderá se queimar. Então a criança tem a oportunidade de aprender sobre a causa e o efeito pela experiência direta. Como resultado, ela pode concluir por si mesma que ser descuidada com os fósforos pode conduzir a resultados dolorosos. Ela fica mais sabida devido ao seu acidente. Mas se a criança achar que se queimou como uma punição por não ter obedecido ao pai ou à mãe, tudo o que terá aprendido será sobre a culpa. Sua inteligência terá sofrido uma interferência e ela não aprendeu com o seu erro.

Compreender o carma nos proporciona uma liberdade enorme para criar o nosso próprio futuro. A maneira como nos relacionamos ao sermos atingidos desta vez pelo galho afetará a maneira como lembraremos a situação ao sofrermos um dano em uma época posterior.

> 6.43
> As armas delas e meu corpo –
> Ambos são as causas do meu sofrimento!
> Elas pegaram suas armas, e eu, meu corpo.
> Quem, então, é mais merecedor da minha raiva?

As palavras ou atos dos outros podem nos ferir tanto quanto qualquer arma. O significado desta estrofe é que tanto as palavras *deles* como a minha reação são igualmente responsáveis pela minha dor.

Uma lembrança que me provoca pode não afetar a você. Todos nós temos que trabalhar o nosso lado da equação. Não podemos impedir que os outros falem palavras sem pensar, mas podemos trabalhar para desenvolver a paciência. Podemos trabalhar para relaxar com a inquietude da nossa energia permanecendo como um tronco e não retaliar.

6.44
Esta forma humana é como uma ferida purulenta;
Ao menor toque, não suporta a dor!
Sou eu que me agarro a ela com cego apego;
Com quem devo me irritar quando acontece a dor?

Aqui, Shantideva utiliza um dos nossos recursos de ensino familiares: ele se repete. A minha severidade, diz ele, me causa tanta dor quanto os atos das outras pessoas.

6.45
Nós, que somos como crianças sem juízo
Esquivamo-nos do sofrimento, mas adoramos as suas causas.
Nós nos machucamos a nós mesmos; nossa dor nós a impomos!
Por que deveriam *os outros* ser o objeto da nossa raiva?

Shantideva está falando de maneira suave. Como é triste que nós, como crianças que não sabem nada, continuemos a fazer coisas que nos causam sofrimento. Além disso, nós amamos estas causas – os vícios, os falatórios, o trabalho excessivo, os alimentos da nossa mente crítica. Nós as associamos ao conforto, satisfação e bem-estar. Por que não ficamos zangados conosco por nos machucarmos ao invés de culpar os outros? Ou, em nossa cultura ocidental, onde somos tão inclinados à autocrítica, seria melhor perguntar: "Por que não temos alguma compaixão pela nossa situação?"

6.46
Com quem, na realidade, devo me enraivecer?
Esta dor é toda criação minha –
Assim como o são os guardas dos infernos
E as florestas das árvores com folhas em lâmina!

Como já foi dito anteriormente, os infernos nos quais nos encontramos são uma projeção da nossa mente. A nossa dor é, em sua maior parte, autoinfligida. A boa notícia é que, quando compreendemos isso, podemos nos motivar para nos libertarmos dos nossos atos que fomentam o sofrimento.

6.47
Aqueles que me ferem levantam-se contra mim,

Atendendo ao chamado do meu carma negativo.
Mas eles é que serão lançados nos infernos,
Portanto, sou eu que causo a ruína *deles*.

As estrofes de 47 a 51 são contemplações sobre a dor que purifica o ser, mas que prejudica a pessoa que a inflige.

Esta é outra ideia que parece difícil de ser aceita pelos ocidentais: quando uma pessoa nos prejudica, ela cria a causa do seu próprio sofrimento. Ela faz isso reforçando hábitos que a aprisionam em um ciclo de dor e confusão. Não se trata de sermos responsáveis pelo que outra pessoa faz e, certamente, não deveremos nos sentir culpados. Mas quando ela nos atinge, de modo não intencional, nós nos tornamos um meio do seu desastre. Mas se ela tivesse nos considerado com a gentileza amorosa, nós seríamos a causa do seu acúmulo de virtudes.

O que acho útil neste ensinamento é que aquilo que é verdade para o outro também é verdadeiro para mim. O modo como eu encaro aqueles que me prejudicam, hoje, afetará a maneira como eu vivenciarei o mundo, no futuro. Em qualquer encontro, temos uma escolha: podemos reforçar o nosso ressentimento *ou* a nossa compreensão e empatia. Podemos alargar o hiato entre nós e os outros ou estreitá-lo.

6.48
Por causa deles, e através do exercício da paciência,
Meus muitos pecados são lavados e purificados.
Mas são eles que, graças a mim,
Terão que suportar as prolongadas agonias dos infernos.

6.49
Portanto, eu é que sou o torturador *deles*!
Portanto, eles é que trazem benefícios a mim!
Assim, com que obstinação, mente daninha,
Você se enraivece com seus inimigos?

O ensinamento aqui é o mesmo. Os criadores de problema em nossas vidas causam mal a si próprios, e nos beneficiam ao nos provocarem para praticarmos a paciência. Poderemos ser gratos a quem ou à situação que nos mostre que ainda somos “provocáveis”.

Em qualquer situação, aquele que se justifica por ficar enraivecido perde, e aquele que usa a mesma situação para desenvolver a tolerância vence. Pessoalmente, acho esta lógica simples muito útil.

> 6.50
> Pois se a minha mente souber ser paciente
> Evitarei os tormentos dos infernos.
> Mas, embora eu possa vir a me salvar,
> O que será de meus inimigos, que destino estará a eles reservado?

Em algum ponto, sabemos que podemos trabalhar com a nossa mente. Ouvimos o dharma e ponderamos sobre ele. Se alguém está continuamente zangado conosco – por exemplo, um membro da família – sabemos que temos ferramentas para trabalhar com inteligência e gentileza. E os nossos pais e irmãos? Embora talvez *nós* tenhamos um longo caminho a percorrer, eles podem não ter a indicação de que estão causando a si mesmos uma dor desnecessária. O que os aguarda se continuarem a reforçar o hábito da raiva? Esta lembrança poderá nos deixar mais compassivos com eles e motivados a praticar a paciência.

> 6.51
> Se eu pagar o mal deles com o mal,
> Certamente com isso não serão salvos;
> E todas as minhas nobres ações serão dissipadas,
> A austeridade da paciência reduzida a nada.

Isto afirma bem claramente a mesma mensagem essencial. A retaliação não ajuda ninguém: não ajuda os outros e definitivamente não ajuda a mim. Isto finaliza a seção sobre o terceiro tipo de paciência: a paciência que surge do desenvolvimento da tolerância para não revidar.

Em todos estes ensinamentos, Shantideva dá o melhor de si para abalar a nossa atitude comum de bom-senso contra os nossos inimigos e outros fatores irritantes. Ele desmente a nossa reação reflexa de que a retaliação é que faz sentido.

Situações Específicas para Praticar a Paciência

Paciência, Parte Dois

CONTINUANDO NO CAPÍTULO 6 de *O Caminho do Bodhisattva*, Shantideva agora lista várias situações dolorosas nas quais podemos aprender a relaxar e praticar a paciência.

6.52
A mente é desprovida de corpo:
Ninguém pode destruí-la.
No entanto, ela se agarra firmemente ao corpo,
Caindo vítima das dores deste.

6.53
Menosprezo e palavras hostis,
E comentários que não me agrada ouvir –
Essas coisas não ferem o meu corpo.
Que motivo tem você, ó mente, para o seu ressentimento?

6.54
O desprezo e o escárnio que os outros demonstram para comigo
No presente e em minhas vidas futuras –
Já que nenhuma dessas coisas pode me morder e engolir,
Por que tenho tanta aversão a elas?

O tema das estrofes 52 a 54 é praticar a paciência quando somos desprezados, criticados ou tratados com condescendência. Quando eu era criança, costumávamos dizer "paus e pedras podem quebrar meus ossos, mas palavras feias não me atingem". Esta é a mensagem de Shantideva: palavras hostis são meramente sons que saem da boca de alguém. Se forem proferidas em uma língua estrangeira, nem mesmo reagiremos. Mas, devido à nossa história passada e estado atual da mente, interpretamos estes sons de maneira que nos leva a encolerizarmo-nos. Poderemos considerar não agir desta maneira?

6.55
Talvez eu me afaste delas porque me
Impedem de conseguir o que eu quero.
Mas todos os meus bens deixarei para trás,
Ao passo que os meus pecados me farão constante companhia.

Talvez, Shantideva reflete, ressentimo-nos com palavras hostis porque tememos que, se as pessoas não gostarem de nós, elas poderão nos impedir de adquirir os bens materiais e as riquezas que desejamos. Mas isto, ele reconhece, não faz sentido. Quando morrermos, deixaremos todas as nossas propriedades para trás; somente as consequências cármicas nos farão *constante companhia.*

Seria aconselhável não reforçar propensões negativas, qualquer que seja a sua justificativa. Mesmo que alguém calunie e ameace a nossa reputação, seria melhor perder tudo do que reforçar as causas da dor. Nas estrofes 56 a 61, ele continua esta reflexão sobre: "você não pode levar com você".

6.56
Muito melhor eu morrer hoje,
Do que viver uma vida longa e danosa.
Por maior que seja a duração dos meus dias,
A dor da morte será a mesma.

6.57
Um homem sonha que vive cem anos de felicidade,
Mas depois acorda.
Outro sonha com um só instante de felicidade,
Mas depois, igualmente, acorda.

6.58
E quando eles acordam, a felicidade de ambos
Termina, para nunca mais voltar.
Do mesmo modo, quando chega a hora da morte,
A nossa vida se acaba, quer breve quer longa.

6.59
Embora sejamos ricos, tendo acumulado muitos bens materiais,
E desfrutado de nossa riqueza por muitos anos,
Partimos nus, com as mãos vazias,
Como um homem saqueado e despojado por ladrões.

Independente se a nossa vida de sonhos é longa ou curta, no final nós morremos. A maioria de nós espera um sonho longo e feliz para então deixá-la. Mas se o nosso sonho longo e feliz for construído sobre o sofrimento de outra pessoa, as consequências não serão agradáveis. Um sonho curto no qual reduzimos hábitos destrutivos seria preferível.

6.60
Talvez possamos alegar que, graças à nossa riqueza, vivemos,
E vivendo, acumulamos méritos e dissipamos o mal.
Porém, se formos desumanos por uma questão de ganho,
É o mal que acumularemos, dissipando o nosso mérito!

6.61
De que terá servido nossa vida, então,
Quando tudo fica assim desvirtuado e degradado?
De que serve viver uma vida assim,
Cuja única consequência é o mal?

Estas estrofes falam mais sobre *se formos desumanos por uma questão de ganho.* Podemos reivindicar que acumulamos riqueza para realizar atos virtuosos como construir templos ou alimentar os pobres. Com essa lógica da Máfia, tentamos justificar a retaliação contra aqueles que nos impedem de ficar ricos. Mas Shantideva deixa claro que as nossas ações negativas são muito mais pesadas do que os atos íntegros que podemos realizar na esperança de acumular um pouco de mérito.

6.62
Se, quando os outros nos caluniam, afirmamos
Que nossa raiva se deve ao fato de eles estarem se prejudicando
a si próprios,
Por que, então, não nos incomodamos com a calúnia deles,
Quando é dirigida a outra pessoa?

Podemos sempre utilizar a lógica do dharma para justificar a nossa raiva: "Estou zangado porque Maria está prejudicando a ela mesma. Quando ela me calunia, veja as consequências dolorosas que ela cria para si própria!" Esse argumento pode nos fazer sentir virtuosos. Mas Shantideva responde: "Nesse caso, por que eu não o vejo ficar zangado com o mau carma de Maria quando ela calunia outra pessoa?"

6.63
Se toleramos essa malquerença,
Ponderando que ela se deve a outros fatores,
Por que nos impacientamos quando eles nos caluniam?
As emoções, afinal de contas, são as causadoras disso tudo.

Podemos reivindicar que o fato de não termos perdido o controle com a antipatia de Maria por alguém é *devido a outros fatores.* Por exemplo, achamos que a outra pessoa merece ser repreendida. Dizemos para nós mesmos: "Ele estava tão tomado pelas suas emoções que Maria precisou mostrar isto". E Shantideva é rápido na resposta: "Bem, então como você também parece ser consumido pela emoção, Maria não teria o mesmo direito de desaprovar *você?"* Acho que ele aqui está se divertindo com a sua lógica e raciocínio.

6.64
Mesmo aqueles que vilipendiam e põem entraves
À Doutrina sagrada, imagens e estupas
Não constituem objeto justo da nossa raiva:
Os próprios budas são eles mesmos tocados por esses atos.

Talvez achemos que podemos justificar a raiva se alguém danifica os ensinamentos ou as imagens sagradas, mas Shantideva discorda. Os próprios budas não se abalariam; na verdade, sentiriam somente compaixão. Então, como poderíamos supor fazer justiça em seu nome?

6.65
E mesmo que nossos mestres, parentes e amigos
Scjam agora objeto de agressão,
Tudo resulta dos fatores já explanados.
Devemos entender isto e refrear nossa cólera.

A estrofe 65 discute o desenvolvimento da paciência quando aqueles que amamos e admiramos são desprezados. Se o nosso mestre é o objeto da agressão, é ridículo ficar zangado. Isto é exatamente o que o nosso mestre não gostaria que sentíssemos. Se um ser a quem amamos está sendo desprezado, mais uma vez podemos refletir que, assim como nós, os agressores são vítimas dos seus kleshas. Se nos sentirmos ultrajados, ficaremos como uma imagem em espelho dos nossos adversários. Eles, entretanto, não têm instruções para trabalhar com as suas emoções. Sabendo que mesmo *com* estas instruções ainda temos dificuldades, poderemos ter uma mente mais aberta em relação aos nossos adversários e deixar que este *insight refreie a nossa ira.*

6.66
Os seres são feridos igualmente
Por coisas inanimadas e por seres vivos;
Então, por que abrigar raiva apenas contra estes últimos?
É melhor simplesmente tolerarmos as ofensas.

Esta é agora uma mensagem familiar. Não mantemos rancor contra galhos caídos, e seremos sábios ao manter a mesma equanimidade com as pessoas agressivas.

6.67
Alguns causam o mal por ignorância,
Outros respondem com raiva, por serem ignorantes.
Qual deles é isento de culpa em sua conduta?
A quem cabe o erro?

Alguém pode justificar o dano que nos causa sem compreender o quanto está causando danos a si próprio. Podemos retaliar a partir da mesma ignorância. Então, quem está certo e quem está errado? Não estamos todos no mesmo barco?

6.68
Devo antes perguntar: "Por que pratiquei o mal no passado,
Que faz com que eu agora venha a sofrer nas mãos dos outros?
Tudo o que acontece é fruto do carma;
Por que, então, devo agora ficar com raiva?

Para esclarecer este ponto, Shantideva reitera a sua reflexão sobre as consequências cármicas. Esta pessoa e eu temos um débito cármico. Posso responder de maneira a apagar este débito e beneficiar a ambos; ou, posso manter a continuidade do ciclo de sofrimento. A escolha é minha.

6.69
Isso eu enxergo e, portanto, aconteça o que acontecer,
Vou me ater ao caminho virtuoso
Procurando cultivar no coração de todas as pessoas
Uma atitude de amor recíproco.

Shantideva é claro ao explicar que não existe justificativa válida para o ódio. Em vez de considerar a sua agressão, ele se dedicará a adotar *uma atitude de amor recíproco.*

Uma vez perguntei a Thrangu Rinpoche como trabalhar com a minha raiva em relação à minha mãe. Ele me disse que eu deveria vivenciar por um tempo um ressentimento contra ela e ver como isso seria. Depois, eu deveria lembrar alguma gentileza que ela tivera comigo quando criança e tentar apreciá-la por uma semana ou duas. No final, pude tomar a minha própria decisão sobre qual atitude deveria cultivar pelo restante da minha vida!

6.70
Pois quando um prédio está se incendiando
E as chamas saltam de uma morada para outra,
A conduta sábia é apanhar c jogar fora
A palha e tudo o mais que alastra o fogo.

6.71
Temerosos de que os nossos méritos venham a ser todos consumidos,
Devemos imediatamente atirar longe

Os apegos da nossa mente:
Estopim das chamas incandescentes do ódio.

Aqui, Shantideva fornece uma instrução clara sobre como esfriar quando a raiva já surgiu. Ele nos instrui a remover o combustível que causa o aumento da raiva, o *estopim* de desejar coisas em nosso caminho.

Quando observamos mais de perto *os apegos da nossa mente,* podemos ver que eles não se mantêm sem a continuidade da nossa história. Quanto às *chamas incandescentes do ódio,* podemos esfriá-las ao reconhecer os pensamentos obsessivos e soltá-los. A nossa ferramenta para fazer isto é a meditação *shamatha* que Shantideva apresentou no capítulo 5.

Na meditação, reconhecemos quando a nossa mente vagueia e simplesmente retornamos para o presente. Para facilitar este processo, podemos acrescentar uma etapa adicional: podemos rotular os pensamentos como "pensando". Esta técnica dissolve com gentileza e objetivamente a corrente da conversa habitual e suas crenças subjacentes. Assim como a retirada do estopim de uma construção em chamas, ela deflagra um surto poderoso de energia antes de ficarmos inflamados.

6.72
Um homem não fica aliviado quando, embora condenado à morte,
É libertado, após ter a mão cortada como resgate de sua vida?
Suportando da mesma forma males meramente humanos,
Não me alegro por assim evitar a agonia dos infernos?

É doloroso refrear a raiva; é preciso coragem. Quando o puxão de *shenpa* é forte, queremos falar furiosos entre os nossos amigos, gritar com nossos adversários e incendiar a raiva com os nossos pensamentos. Shantideva reconhece a dor de não revidar comparando-a com o horror de ter a mão cortada. Mas a dor da abstenção é por si só digna de valor: é como perder somente a mão ao invés da vida. Permite que fiquemos calmos e *evitar a agonia dos infernos.*

6.73
Se as dores mesmo desta minha vida presente,
Agora estão além do que minhas forças podem aguentar,

Por que não contenho minha raiva,
Causa de suplício futuro nos reinos infernais?

A mensagem aqui é a mesma: ao assumir o sofrimento relativamente suave, de curta duração do período de desintoxicação, renunciamos a uma agonia bem maior. A chave é assumir a responsabilidade pelos nossos atos. Nosso futuro bem-estar depende do que fazemos agora.

6.74
Na tentativa de conquistar todos os objetos do meu desejo,
Mil vezes fui lançado
Em meio às torturas dos infernos –
Sem nada conseguir nem para mim nem para os outros.

6.75
As agruras do presente nada são em comparação àquelas outras,
E, no entanto, delas grandes benefícios podem advir.
Estas atribulações que debelam as dores dos seres andarilhos –
Como deixar de com elas me regozijar?

Quando eu li isto, me lembrei da primeira parte da minha vida e do sofrimento que passei com os relacionamentos. Houve a dor de continuar com eles, e a dor maior de sair deles – e uma tremenda quantidade de energia gasta no período até o término.

Da mesma maneira, as nossas carreiras e outras coisas que possuímos podem ser como *as torturas dos infernos*; e o que temos que mostrar por isto com a passagem do tempo? Adquirimos hábitos ainda mais fortes de lutar, ansiar, odiar e vingar. Se continuarmos a reforçar estes padrões antigos, as nossas *agruras do presente* nada são quando comparadas às que virão.

Esta é a nossa chance de fazer algo diferente. Passamos vidas tentando encontrar a felicidade de modos comuns, samsáricos. Agora, vamos tentar trabalhar corretamente com a própria mente. Vamos também lembrar que o nosso sofrimento humano comum tem valor. Pode nos deixar humildes e nos ensinar a compaixão. A dor que atravessamos quando mudamos os hábitos antigos não é digna somente de tolerância, mas de celebração!

6.76
Quando os outros se deleitam
Em louvar aqueles que são dotados de talento,
Por que, ó mente, você não encontra
Alegria em louvá-los também?

Lembre que todos os ensinamentos neste livro são as instruções de Shantideva para ele mesmo. Nas estrofes de 76 a 86, ele encoraja a si mesmo a desenvolver a paciência quando os seus inimigos estão tendo prazer e ele não. Não é fácil quando alguém recebe elogios – ou um emprego, ou um estímulo ou um companheiro – que desejamos. Não podemos pretender que isso não nos afeta. Quando os talentos dos outros estão sendo reconhecidos, Shantideva pergunta: *Por que, ó mente, você não encontra alegria em louvá-los também?*

Agora não é o momento de ligar o piloto automático. Pelo contrário, você deveria fazer algo revolucionário. Poderia virar a maré e se alegrar com a boa sorte dos outros; poderia dizer para si mesmo: "Estou feliz por eles, e se eu estivesse no lugar deles, gostaria que eles ficassem felizes por mim".

Quando o recuo da raiva ou do ressentimento está me deixando abatida, lembrar a mim mesma do dharma é algumas vezes a única coisa que me faz não afundar.

6.77
O prazer que daí advém
Dá causa a uma felicidade imaculada.
Ele nos é recomendado por todos aqueles que são santos,
E é o meio perfeito de conquistarmos os outros.

Esta estrofe se refere às "quatro alegrias" de praticar a paciência. Primeiro, a paciência é imaculada; segundo, ela traz felicidade; terceiro, é louvada pelos *seres santos;* e quarto, é a maneira perfeita de ajudar os outros.

Com frequência, quando atingimos a felicidade, o nosso ganho é, intencionalmente ou não, a perda de alguém. Se conseguirmos o emprego, alguém não o conseguiu; se ganhamos a medalha de ouro, outro chora porque a perdeu. Não é porque fomos maliciosos ou falhamos. Simplesmente é assim. Mesmo que não tenhamos subido propositadamente sobre o outro, a nossa felicidade é sutilmente "maculada". A prática da paciência, por outro lado, é *imaculada*. Em todos os casos, ninguém perde e ninguém ganha.

A prática da paciência traz felicidade. Esta é a segunda alegria. E, naturalmente, não se trata de um prazer passageiro; algumas vezes, é somente o grande alívio de minimizar o nosso fardo da raiva. O simples fato de ser capaz de fazer uma pausa e relaxar em vez de retaliar nos traz gradualmente um bem-estar inabalável. Achamos que somente poucas pessoas nos provocam e que o mundo é um lugar amigável.

A terceira alegria é que a paciência é louvada pelos budas. No sentido mais profundo, isto significa que ela nos coloca mais próximo da nossa natureza de buda, ou da bondade básica.

A quarta alegria é que a paciência nos capacita a uma comunicação sadia. Ela nos permite ser ouvidos e, portanto, *o meio perfeito de conquistarmos os outros*. Em outras palavras, podemos transmitir a nossa mensagem porque ninguém se sente ameaçado ou acusado.

> 6.78
> "Mas são eles que ficarão com a felicidade", você diz.
> Se essa então é uma alegria da qual você se ressentiria,
> Desista de pagar salários e retribuir favores:
> Você é que sairá perdendo – nesta vida e na próxima!

Algumas vezes ainda não ouvimos o suficiente sobre as virtudes da paciência. Em algum nível, precisamos comprá-la; mas, a nível interno, preferimos a lógica convencional, a lógica do "e eu?" Por que não deveria sentir inveja quando os outros recebem todos os elogios? Por que não me sentiria desprezado, sozinho ou miserável quando os outros estão rodeados de amigos? O raciocínio samsárico diz que alguém ficará com toda a felicidade, e não eu.

Se for assim que nos sentimos, Shantideva pergunta, por que desejaríamos a felicidade para alguém? Por que mesmo se preocupar em *pagar salários e retribuir favores?* Somente porque pessoas trabalham para nós ou nos ajudam, temos que fazê-las felizes?

Sua réplica pode não ser entendida facilmente, mas é digna de consideração: não praticar a paciência é como não pagar os salários ou retribuir os favores. Em geral, as pessoas não gostam disto; em termos dos nossos kleshas, reforçar a mesquinhez e o ciúme não nos trará nenhuma felicidade. Independente da nossa posição, seremos perdedores.

6.79
Quando elogios são derramados sobre os seus méritos,
Você faz questão de que os outros venham a se regozijar com eles.
Porém, quando as qualidades dos outros são enaltecidas,
Sua alegria vem tão devagar e tão a contragosto.

Esta é uma estrofe pequena e bem atual. Você pode lê-la em qualquer lugar do mundo, para qualquer grupo cultural, econômico ou racial e para todos que conseguirem entendê-la. Os dois últimos versos descrevem uma resposta humana previsível: nós nos ressentimos quando os outros sentem prazer e não nós. A ideia de Shantideva é que nutrir este tipo de resposta não faz ninguém feliz.

6.80
Você, que quer a felicidade de todos os seres,
Formulou o desejo de se iluminar para benefício deles.
Então, por que os outros o aborrecem
Quando encontram um pouco de prazer para si mesmos?

6.81
Se você verdadeiramente deseja que os seres se iluminem
E sejam venerados pelos três mundos,
Quando favores banais lhe são dispensados,
Por que, mas por que, você se atormenta?

Como é irônico assumir o voto do bodhisattva para trabalhar pela felicidade de todos os seres sencientes e se aborrecer com a mais trivial das interações. Algumas vezes tudo que podemos fazer é rir de todas as nossas reações totalmente previsíveis. Seria melhor viajar pelo mundo para ajudar os órfãos sem lar do que lidar com a nossa própria mãe ou esposa. Shantideva nos encoraja a realizar o nosso compromisso trabalhando abertamente com as provocações do dia-a-dia.

6.82
Quando seus dependentes, que contam com você,
A quem você tem obrigação de prover,
Encontram meios próprios de sustento,

Você não vai com isso se alegrar? Você vai mais uma vez se
zangar?

Aqui, novamente Shantideva utiliza o humor para destacar os nossos pontos fracos insensatos. Pelo menos um ou dois seres sencientes está deixando de nos causar problemas no caminho do bodhisattva ao encontrar a felicidade por si próprio, mesmo sendo a felicidade de conseguir elogios que não achamos que mereçam. Assim como ficamos aliviados quando filhos dependentes conseguem um emprego e começam a cuidar de si próprios, deveríamos ficar igualmente aliviados quando até mesmo um ser senciente desse menos trabalho a este bodhisattva.

6.83
Se nem sequer isso você deseja para os seres,
Como é que você pode querer que tenham o estado de buda?
E como é que alguém pode ter bodhichitta
E desgostar do bem que os outros possuem?

Ele continua com o tema de praticar a paciência quando os outros, particularmente aqueles de quem não gostamos, recebem elogios ou são recompensados. Como podemos dizer que queremos que as pessoas se iluminem quando não queremos nem que elas recebam elogios? E, novamente, Shantideva nos lembra que justificar o ressentimento – ou se sentir culpado por isso, por este assunto – sufoca o coração bodi.

Não existe prática mais importante do que uma relação honesta e sadia com as irritações que nos atingem na vida diária.

6.84
Se outra pessoa recebe um presente,
Ou se esse presente permanece na casa do benfeitor,
Em nenhum dos casos ele será seu –
Então, se ele é dado ou retido, o que é que lhe importa?

6.85
Diga-me, porque você não se desgosta de si mesmo,
Você que atira seus méritos, fé,
E todas as suas qualidades para tão longe?
Por que você não cultiva as causas da riqueza?

Shantideva diz para si mesmo e para os seus companheiros monges: se um presente é dado, ou não é dado, para outra pessoa, em ambos os casos *nós* não o recebemos. Então, não devemos nos torturar com pensamentos de inveja ou de ódio. Se desejarmos acabar com a nossa paz mental, deveremos também ficar ressentidos.

Ele não está, naturalmente, sugerindo a nossa degradação. Podemos, simplesmente, reconhecer que o modo como a nossa mente continua a rodar em círculos sobre os mesmos padrões antigos está nos causando problemas. Temos uma escolha aqui. Quando as recompensas são dadas para pessoas que achamos que são indignas delas, podemos destruir a nossa paz mental ou soltar o pensamento.

6.86
Todo o mal que praticou
Você alegremente se descuida em purificar.
Além disso, você deseja se equiparar
A outras pessoas que conquistaram os méritos delas?

Se, distraidamente, discursamos sobre a boa sorte dos outros – como conseguiram esse emprego? Receberam aumento? Ganharam na loteria? – esquecemos que pode ser devido a ações virtuosas anteriores. Estão agora vivenciando os resultados e os méritos dessas ações virtuosas. O nosso ressentimento e falatório, por outro lado, não nos trará resultados positivos.

As estrofes seguintes destacam a prática da paciência quando nos vemos contentes se os nossos inimigos tombaram em tempos difíceis.

6.87
Se a infelicidade cai sobre seu inimigo,
Por que isso deveria ser causa do seu regozijo?
O mero querer da sua mente,
Não é, de fato, capaz de provocar dano a ele.

6.88
E se seus desejos hostis *viessem* a lhe causar o mal,
Como poderia isso ser causa da sua felicidade?
"Ora, aí eu ficaria satisfeito!" – é isto que você pensa?
Existe algo mais ruinoso do que isto?

6.89
Pego pelo terrível e afiado anzol,
Jogado pelo pescador, minhas próprias negatividades,
Serei lançado nos caldeirões do abismo,
E certamente fervido pelos guardas dos infernos!

É definitivamente tentador deliciar-se com o infortúnio dos nossos inimigos. Shantideva nos equipara a um peixe que distingue a isca no anzol. Estejamos ou não conscientes do anzol, ainda desejamos morder aquele pequeno verme suculento. As consequências para nós e para o pobre peixe são as mesmas: gratificação em curto prazo e um fim bem desagradável. Ficar aprisionado no anzol afiado do ódio e da inveja nunca trará conforto e facilitação.

6.90
A cantilena de elogios e fama
Não serve para aumentar nem o nosso mérito nem o nosso tempo de vida,
Não proporciona nem saúde nem força
E nada para o bem-estar do corpo.

6.91
Se eu souber discernir o que é bom para mim,
Vou perguntar que benefícios essas coisas podem me trazer.
Pois, se é diversão o que eu desejo,
É melhor eu me entregar ao álcool e às cartas!

Talvez a nossa queda não esteja no sentimento de inveja ou insulto quando os outros ganham aquilo que achamos que nós merecemos; talvez a nossa fraqueza seja *a cantilena de elogios e fama.*

Entretanto, as coisas que achamos que farão uma diferença significativa em nossas vidas – fama, elogios, posição, uma casa nova, o companheiro dos nossos sonhos – não parece afastar a infelicidade por muito tempo. Após a gratificação imediata, geralmente voltamos ao ponto de partida.

Esta verdade simples raramente é apreendida. Mesmo com a evidência inegável do contrário, continuamos a confiar que as posses, relacionamentos, reputação ou riqueza alterarão significativamente o nosso estado mental. Shantideva questiona a sabedoria destas suposições comuns e afirma o óbvio: não importa o sucesso que temos ao conseguir o que queremos; isso não aumentará a duração da nossa vida, o contentamento em longo prazo ou o mérito. Esperar uma felicidade duradoura a partir de uma alteração nas circunstâncias externas sempre nos desapontará.

Com a sua usual sagacidade, Shantideva diz: se a razão do meu vício pelo elogio e pela fama é um desejo de gratificação, deveria também desistir dos meus votos monásticos e começar a beber e a jogar. Isso me daria a mesma satisfação passageira.

Sempre me perguntei se os monges na plateia ficaram chocados ou divertidos com o humor de Shantideva.

> 6.92
> Perdemos a nossa vida, esbanjamos a nossa riqueza,
> E tudo por conta de reputação.
> De que servem as palavras, e a quem elas contentarão
> Quando estivermos mortos em nossa sepultura?

Alguns de nós pagamos qualquer preço para continuar. Talvez até você tenha assumido algum risco louco na esperança de ser reconhecido e admirado. Mas essa exaltação temporária vale isso? E você poderá contar com ela quando morrer?

> 6.93
> As crianças não conseguem deixar de chorar
> Quando seus castelos de areia vêm abaixo.
> Nossa mente é igual a elas
> Quando elogios e reputação começam a nos faltar.

A vida é transitória e passa rapidamente. Pessoas que chegaram perto da morte registram ter visto suas vidas inteiras passando diante de seus olhos. Investimos tanta energia para as pessoas nos admirarem, mas as nossas reputações, como todo o restante, são tão impermanentes como castelos de areia, e o apego a elas causa uma dor desnecessária.

Existe uma história em quadrinhos do Charlie Brown que mostra a Lucy construindo um castelo de areia elaborado dizendo com orgulho: "E daqui a mil anos as pessoas verão o que fiz aqui hoje e ficarão deslumbradas". É essa atitude sem sentido a que Shantideva se refere aqui.

É melhor se ver como um personagem em uma peça. Você pode representar uma pessoa famosa ou admirada sem assumir seriamente a identidade dela. Se os elogios e a reputação são tão frágeis como castelos de areia, a realidade é não ficar perturbado quando elas passarem com a mudança da maré. Então, você pode construir um magnífico castelo de areia coberto de conchas e pedras. Pode até conseguir pessoas para lhe ajudar e se divertir, e quando as ondas chegarem, tudo se desfará.

A criação de mandalas tibetanas de areia exemplifica este processo. Estas mandalas cerimoniais requerem dias de trabalho concentrado, mas no final do ritual, elas são respeitosamente desfeitas. A areia é colocada em uma tigela e devolvida ao mar, não restando nada mais.

Uma vez eu estava vendo um documentário na televisão sobre monges tibetanos montando uma mandala de areia. Minha amiga ficou mesmerizada pela beleza da mandala, mas não sabia nada sobre o final da cerimônia. Quando ela foi finalmente destruída, não fiquei perturbada, mas ela ficou quase histérica com o choque e pela descrença. Compreender a natureza impermanente das nossas vidas é uma chave para a equanimidade.

6.94
Sons fugazes, desprovidos de intelecto,
Não podem nunca, eles próprios, pretender nos elogiar.
"Mas é o contentamento que evoco nos outros", você diz –
São essas as causas baratas do seu prazer?

6.95
O que me importa se os outros se comprazam
Com alguma outra pessoa ou comigo mesmo?
O prazer deles é deles e somente deles.
Que parcela desse prazer poderia ser para meu desfrute?

6.96
Se fico feliz com a alegria daqueles que se comprazem,
Então todas as pessoas deveriam ser uma fonte de alegria para mim.
Por que, quando a glória bate em outra porta,
Eu não me alegro com essa causa de felicidade?

6.97
A satisfação que sinto

Ao pensar: "Estou sendo elogiado"
É inaceitável ao senso comum,
Não passando de uma tolice infantil.

Nestas quatro estrofes, Shantideva destaca um ponto importante. As várias razões que encontramos para justificar a nossa necessidade de elogios são, na verdade, o alimento para a autoimportância. Finalmente, ficamos escravizados pelo nosso desejo infantil de sermos reconhecidos. Shantideva diz que estas palavras vazias são somente *sons fugazes*, e que é bobagem levá-las a sério.

Se reivindicamos que a nossa satisfação não vem de sermos elogiados, mas de trazer para os outros a felicidade de nos apreciar, este raciocínio é definitivamente "inferior". Em primeiro lugar, o prazer não é transferível; em segundo, se a nossa motivação bodhisattva é fazer os outros felizes, por que não ficamos felizes quando estas mesmas pessoas expressam apreciação pelo nosso inimigo?

6.98
Elogios e cumprimentos me perturbam,
Minando minha repulsa ao samsara.
Passo a cobiçar as qualidades dos outros,
E, assim, toda excelência degenera.

Na estrofe 98, Shantideva conclui esta seção com três razões que explicam por que é fútil continuar a buscar uma confirmação. Primeiro, ficamos dependentes de *elogios e cumprimentos,* contando com os caprichos das opiniões de outras pessoas para nos sentirmos bem a respeito de nós mesmos.

Segundo, admiração em excesso enfraquece a nossa repulsa ao samsara. Se conseguirmos nos adestrar para nos tornarmos estimados e respeitados, poderemos começar a acreditar que este estado de bem-estar é equivalente à felicidade duradoura. Podemos nos enganar com o pensamento de que não temos mais fraquezas sobre as quais devemos trabalhar, e nem mesmo a humildade.

Terceiro, a nossa inveja das boas qualidades dos outros aumenta. Podemos pensar que não precisamos mais de reconhecimento, mas cuidado! Quando os elogios com os quais nos acostumamos são dirigidos para outras pessoas, a inveja nos alfineta. É um sinal de alerta para este ponto cego.

6.99
Aqueles que ficam do meu lado, então,
Para arruinar o meu bom nome e me colocar no meu devido lugar
Estão aí, seguramente, para me proteger contra
A ruína e a queda nos estados de tormento.

Com a estrofe 99, Shantideva inicia uma seção sobre o valor dos criadores de problemas. Considerando que ele viveu em um monastério onde era amplamente desrespeitado, esta deve ter sido uma das suas práticas principais. Ele, provavelmente, teve amplas oportunidades de aplicar os conselhos dados aqui.

Aqueles que nos proporcionam momentos difíceis, que são difíceis de lidar ou que constantemente desfazem a nossa proteção são os que nos mostram onde ficamos empacados. Atisha, o grande mestre da meditação, sempre viajou com o seu briguento servo bengalês porque isso o ajudava a se manter honesto. Sem o servo mal-humorado para testá-lo, ele poderia ter sido capaz de se iludir sobre o seu grau de equanimidade. Os criadores de problema apostam: se podemos praticar a paciência com eles, podemos praticar com qualquer pessoa.

6.100
Pois sou uma pessoa que luta pela liberdade –
Não posso me deixar prender por riqueza e honrarias.
Como poderia ter raiva daqueles
Que trabalham para me soltar das minhas cadeias?

6.101
Eles, tal qual as próprias bênçãos do Buda,
Barram meu caminho, determinado que estou
A mergulhar de cabeça no sofrimento:
Como poderia eu me enraivecer com eles?

Na próxima vez que você se zangar, veja se consegue se lembrar desta lógica: os criadores de problema nos mostram coisas que não queremos ver. Eles nos mostram como caímos nas armadilhas e criamos continuamente o nosso próprio sofrimento. Até mesmos os Budas não podem conceder uma bênção maior!

> 6.102
> Não deveríamos nos deixar enfurecer, dizendo:
> "Eles são obstáculos à virtude".
> Pois, não é a paciência a suprema austeridade,
> E não é ela a disciplina que escolhi?

Em vez de considerar os criadores de problema *obstáculos à virtude,* podemos vê-los como uma intensificação, o próprio meio através do qual aprendemos a praticar a paciência.

> 6.103
> Se eu deixar de praticar a paciência,
> Tolhido pelas minhas próprias limitações,
> Eu próprio me colocarei como obstáculo
> À acumulação de mérito, que se apresenta tão à mão.

Quando perdemos o controle, isto é um lembrete: "Oh, não! Falhei outra vez". Usando a frivolidade no lugar da culpa, podemos descobrir um pouco de humor na situação e prosseguir com o coração leve com o que aprendemos. Devemos todos esperar por recaídas. Ninguém nunca disse que se desembaraçar de velhos padrões seria rápido ou fácil. Melhor simplesmente reconhecer que ainda somos provocáveis e não colocar a culpa nos outros.

> 6.104
> Pois nada surge, senão através de outros fatores,
> E vem a surgir quando esses fatores se fazem presentes.
> Se uma coisa é a causa de outra,
> Como dizer que a primeira atrapalha a segunda?

Desenvolver a paciência depende de haver a provocação de alguém. Devido ao seu servo, Atisha desenvolveu a capacidade de permanecer relaxado e atento mesmo nas situações mais provocantes. Então, como podemos dizer que os nossos inimigos e criadores de problemas são impedimentos? Sem eles, nunca teríamos a oportunidade de praticar a não-agressão.

> 6.105
> Os pedintes que aparecem no momento oportuno
> Não constituem obstáculo à generosidade.

Não podemos dizer que aqueles que conferem os votos
Estão colocando entraves à ordenação!

Quando desejamos assumir a ordenação monástica, precisamos de um preceptor que a torne possível. Quando desejamos praticar a generosidade, os pedintes fornecem a oportunidade. Quando desejamos praticar a paciência, não há como fazer isso sem os criadores de problemas! Novamente, Shantideva utiliza o humor para esclarecer este ponto.

6.106
Os pedintes neste mundo são muitos,
Aqueles que nos atacam, comparativamente poucos.
Pois, à medida que eu não faço o mal aos outros,
Aqueles que o farão a mim serão escassos.

Este é o dilema do bodhisattva: gostaríamos de praticar a paciência, mas com isso cada vez menos pessoas nos irritam. *Aqueles que me nos atacam* são mais difíceis de encontrar e as oportunidades para praticar são raras!

6.107
Assim, como um tesouro encontrado em minha própria casa,
Que me enriquece sem fadiga,
Todos os inimigos ajudam o meu trabalho de bodhisattva
E, portanto, deveriam ser para mim uma alegria.

Na próxima vez que você for provocado por alguém, faça uma pausa e diga para si mesmo: "*Como um tesouro encontrado em minha própria casa, que me enriquece sem fadiga,* você, meu caro criador de problema, é o meio pelo qual uma pessoa confusa como eu atingirá a iluminação". Mesmo que não seja convincente a princípio, este tipo de pensamento ajuda muito a reduzir a agressão.

6.108
Os frutos da paciência cabem a eles e a mim,
Pois ambos os fizemos existir.
No entanto, a eles devem ser oferecidos em primeiro lugar,
Pois foram eles a causa da minha paciência.

O que acontece se você for confrontado por alguém que está sempre zangado e não revidar? Primeiro, você não alimenta a raiva dele. Segundo, tem a oportunidade de praticar a paciência e a gentileza-amorosa.

Portanto, ambos criam este benefício: você, por ser menos reativo; e a pessoa zangada por lhe dar esta oportunidade. E, então, *os frutos da paciência* são colhidos por ambos. Contudo, o mérito deve ser oferecido primeiro para aquele que a provoca. Como ele foi a causa da sua paciência, você, em agradecimento, deseja-lhe boa sorte.

Podemos nos perguntar se a nossa prática da paciência pode realmente salvar alguém das suas próprias consequências cármicas. Se o fato de não reforçar a sua agressão o auxiliar a fazer uma pausa e se acalmar, então a resposta é definitivamente "sim, podemos ajudar alguém a escapar da raiva".

Por outro lado, se ele continua a reagir, a resposta é "não, a nossa paciência não o auxilia em nada". Porém, mesmo neste caso, poderemos dizer para nós mesmos: "Que esta ligação entre nós, embora desagradável, seja a causa de atingirmos juntos a iluminação". Deste modo, ele se beneficiará em ambos os casos e, naturalmente, nós também.

> 6.109
> Mas, se eu disser que não cabe a meu inimigo nenhum elogio,
> Visto que ele não teve intenção de estimular a minha paciência,
> Por que reverencio a Doutrina sagrada
> Causa, sem dúvida, da minha realização?

Muitos de nós não consegue entender de pronto o raciocínio de Shantideva. Por que deveríamos desejar boa sorte para os nossos adversários? Por que ser grato àqueles que nos atingem e certamente não têm a intenção de estimular a nossa paciência?

A isto Shantideva responde: "Por que, então reverenciar *a Doutrina sagrada?* O dharma é somente 'palavras', também sem intenção de estimular a nossa paciência mais do que os nossos zangados adversários".

Para determinar a validade da nossa gratidão, observe o resultado final. Qual o resultado destas palavras dármicas ou deste encontro com um adversário zangado? Se for a paciência, poderíamos ser gratos aos dois. Em vez de dizer: "Meu patrão não pretende despertar a minha paciência, por isso ele não merece o meu elogio", poderemos afirmar: "Ele não pretende isso, mas eu fiquei mais paciente. Por isso, eu sou grato".

6.110
"Este inimigo conspirou contra mim", protesto eu,
"E, portanto, não deve receber nenhuma honra".
Porém, se ele tivesse trabalhado para me ajudar, qual um médico,
Como poderia eu dar à luz a paciência?"

Dzigar Kongtrul usa a expressão "a lógica ilógica da autoimportância". O raciocínio de Shantideva pode algumas vezes ser difícil de ser aceito, mas a nossa lógica usual de retaliação e rancor faz algum sentido?

Podemos protestar por cultivar a paciência com pessoas de intenções maliciosas, mas Shantideva responde com esta analogia inteligente: quando um médico nos ajuda, pode ser doloroso, mas não nos zangamos porque sabemos que a dor nos beneficiará no final. Não poderemos ter a mesma atitude em relação à dor provocada pelos causadores de problemas? Eles também nos beneficiam, ao nos darem a oportunidade de praticar a paciência. Se eles tivessem agido intencionalmente para nos auxiliar, como um médico, não teríamos esta oportunidade de curar a nossa raiva.

6.111
Por causa daqueles cuja mente é carregada de raiva,
Eu forjo a minha paciência.
Eles são, assim, a causa da paciência,
Dignos de veneração, como a Doutrina.

Shantideva conclui esta seção com um resumo: como os nossos inimigos nos beneficiam, eles são dignos de veneração como o dharma. Se você já questionou o ensinamento mahayana "seja agradecido a todos", estas estrofes são um excelente comentário.

6.112
Os mundos dos seres constituem um campo búdico,
Assim ensinou o Senhor Todo Poderoso.
Pois muitos dentre aqueles que buscaram a felicidade dos outros
Passaram além, tendo alcançado a perfeição.

6.113
Assim, o estado búdico depende

Dos seres sencientes e dos budas, igualmente.
De acordo com qual tradição, então, está dito
Que os budas devem ser reverenciados, mas os seres sencientes não?

Nestas estrofes, Shantideva cita uma frase memorável: que os seres sencientes como nós são dignos de serem reverenciados como budas totalmente despertos. Quando consideramos os seres sencientes como o objeto da nossa prática – seja ela da paciência, da compaixão, da generosidade ou da gentileza-amorosa – eles se tornam a causa da nossa iluminação, igual em valor aos budas.

6.114
Suas metas não são, obviamente, as mesmas,
Mas é por seus frutos que devemos conhecê-los.
E, assim, vemos a excelência dos seres ordinários –
Esses seres e os budas são, de fato, iguais!

É tentador discutir este ensinamento. Seres sencientes são, afinal, confusos e autoabsortos; budas são completamente sadios. Mas Shantideva reitera a sua opinião anterior: *é por seus frutos que devemos conhecê-los.* Como agimos constantemente com ambos e raramente nos deparamos com um buda totalmente desperto, então pode ser que os seres sencientes nos ofereçam até mais oportunidades para a liberação!

6.115
Oferendas feitas àquele que manifestam o amor
Revelam a eminência dos seres vivos.
O mérito que advém da fé no Buda
Revela, por seu turno, a eminência do Buda.

O *aqueles que manifestam o amor* se refere a alguém que tem gentileza-amorosa e compaixão por todos. Fazer oferendas a uma pessoa evoluída revela *a eminência dos seres vivos.* Por que é assim? É devido ao trabalho que eles fazem com os seres sencientes – seres sofredores, difíceis como você e eu – que acontece o despertar desta pessoa. Por isso a fama dos seres vivos é tão grande quanto a dos budas.

6.116
Visto que ambos constituem meios de se ganhar o estado búdico,
Dizemos que os seres são iguais aos budas,
Ainda que eles não se equiparem
No que respeita ao oceano infinito de méritos dos budas.

6.117
No entanto, se uma diminuta parte desses imensos méritos
Fosse encontrada no coração de certos seres,
A oferenda dos três mundos a eles
Seria uma coisa ínfima, insignificante mesmo.

Certamente os seres iluminados têm muito mais mérito e vigilância disponíveis para eles do que você ou eu. Porém, até a menor partícula de mérito ou vigilância nos torna dignos de oferendas ilimitadas. O menor reconhecimento do bodhichitta, a menor disposição de assumir o caminho do bodhisattva nos torna dignos das oferendas como os budas. Achei estas palavras muito encorajadoras.

6.118
Uma parcela do surgimento do supremo estado búdico
Cabe, assim, a todos os seres ordinários.
Isto demonstra o porquê
De eles constituírem um objeto digno de minha reverência.

A estrofe 118 é um resumo sucinto desta seção. A palavra *todos* é importante aqui: todos participam para fazer acontecer o estado supremo da condição de buda. E todos, naturalmente, inclusive nós.

6.119
Visto que os budas são meus amigos constantes,
Incomensuráveis nos benefícios que trazem a mim,
De que outro modo poderia eu retribuir a bondade deles,
Senão levando felicidade aos seres vivos?

6.120
Ao ajudar os seres retribuímos àqueles

> Que se doaram em nosso proveito e mergulharam nas profundezas dos infernos.
> Portanto, ainda que os seres causem grande mal a mim,
> Vou me empenhar para lhes trazer apenas benefícios.

Das estrofes 119 até a 127, Shantideva fornece conselhos de bom coração para retribuir a gentileza dos nossos mestres. São pessoas que nos mostram uma perspectiva maior e tentam nos manter no caminho. Como pagar a sua gentileza? Nós o fazemos, diz Shantideva, sendo pacientes com os outros.

No nível do dia-a-dia, as outras pessoas fazem muito para nos salvar do sofrimento. Mesmo se não tivermos um mestre do dharma, sabemos o que é benéfico para a família, os amigos ou até os desconhecidos. Existem pessoas que desejam passar pela inconveniência e dor pessoais para nos ajudar. E Shantideva está dizendo que agora podemos pagar a elas tratando os outros com gentileza amorosa.

> 6.121
> Pois, se aqueles que são meus senhores e mestres,
> Fazem pouco até do próprio corpo, em proveito dos seres,
> Por que devo eu, um tolo, me comportar com tanta presunção?
> Por que não fazer de mim um servo dos outros seres?

Se nossos mestres e os outros desejam se disponibilizar para nós, por que não podemos fazer o mesmo? Seria devido à arrogância, pondera Shantideva, que não nos humilharíamos?

Tenho visto meu filho e sua esposa levantando-se no meio da noite para cuidar dos meus netos que estão vomitando ou se sujando. Eles os pegam, limpam e talvez até se deitem ao lado deles no banheiro. Talvez até nossos pais dos quais nos ressentimos agora tenham provavelmente feito o mesmo por nós quando éramos menores e desprotegidos.

Como um bodhisattva em treinamento, você pode começar hoje a se disponibilizar para os outros. Comece com um amigo ou um ser querido mais chegado, e depois permita que a sua disponibilidade para situações mais exigentes aumente. Um dia, você será capaz de se estender para qualquer pessoa como se ela fosse um filho seu. Este é o caminho gradual para você ficar ainda mais capaz de se disponibilizar.

Shantideva diz que aqueles que ele mais reverencia nunca pensaram que eram bons demais para ajudar *a ele.* Mesmo que ele se visse como um tolo, seus mestres nunca voltariam suas costas para ele. A melhor maneira de agradecer-lhes é seguir o seu exemplo.

> 6.122
> Os budas se deleitam com a alegria dos seres;
> Eles padecem, lamentam, quando os seres sofrem.
> Ao levar alegria aos seres, então, eu também contento os budas
> – Ao ofendê-los, os budas eu ofendo.

A maneira de alegrar os mestres espirituais não é fazer as suas refeições ou trazer presentes. É colocar os seus ensinamentos em prática. Certamente os mestres do dharma apreciam a gentileza e a generosidade tanto quanto qualquer pessoa, mas definitivamente não gostarão se estivermos sorrindo e sendo gentis com eles e desprezarmos e desconsiderarmos os outros.

> 6.123
> Do mesmo modo que, quanto torturado em uma fogueira,
> Um homem permanece impassível diante de pequenos favores que lhe sejam feitos,
> Não há como contentar os grandes budas compassivos,
> Enquanto nós próprios formos a causa do sofrimento dos outros.

Quando um homem está sendo queimado preso a uma estaca, realmente não podemos oferecer a ele uma escolha entre costeletas de porco e galinha frita, ou trazer uma pizza ou um vídeo para aliviar o seu tormento. Estes gestos convencionais de generosidade seriam realmente insignificantes em face da sua agonia. Da mesma maneira, quando os nossos mestres nos veem causando intencionalmente sofrimento a alguém, isso lhes causa tanta dor que não importa quantos *pequenos favores* oferecemos a eles, isso não diminui a sua tristeza.

> 6.124
> O mal que fiz aos seres errantes
> Entristece todos os budas em sua imensa compaixão.

Portanto, todos estes pecados confesso hoje
Rogando a eles que sejam tolerantes para comigo.

Quando realmente reconhecemos o mal que causamos a nós mesmos e aos outros, esta "tristeza positiva" nos cura. Não somos mais atraídos pela justificativa ou pela culpa e podemos prosseguir sem muletas. Este tipo de tristeza limpa. Com este espírito, ajudamos a nós mesmos e simultaneamente retribuímos a gentileza dos nossos mestres e amigos.

6.125
E, para que eu possa deleitar o coração dos budas,
Serei senhor de mim mesmo e serei servo do mundo –
E não revidarei, ainda que os outros me pisem, firam ou matem.
Que os guardiães do mundo com isso agora se rejubilem!

Que o entusiasmo de Shantideva pela prática da paciência seja contagioso. Independente do quanto sejamos desafiados, que possamos assumir a responsabilidade pelas nossas ações e desenvolver a nossa capacidade de cuidar dos outros. Que treinemos a não-agressão, mesmo sob fogo cruzado.

6.126
Os grandes senhores compassivos consideram seus
Todos os seres errantes – disto não há dúvida.
Os seres, então, são a própria pessoa do Buda.
Assim, como não os tratar com respeito?

Aqui, Shantideva diz explicitamente que todos os seres sencientes *são a própria pessoa do Buda:* todos os seres possuem a natureza de Buda.

Trungpa Rinpoche explicou a natureza de buda de várias maneiras. Ensinou que todos os seres possuem "genes iluminados"– assassinos e budas. Seres que sofrem a agonia do inferno possuem a mesma capacidade inata de despertar daqueles que desfrutam da bem-aventurança da iluminação. Todos possuem um potencial igual.

Ele também apresentou o seu ensinamento como a "bondade básica", dizendo que poderíamos interagir entre nós de modo a nos conectarmos com esta sabedoria básica em vez de obscurecê-la. Em vez de acionar a agressão e o desalento nos outros, deveríamos fazer uma pausa e ceder algum espaço para todos vivenciarem a sua flexibilidade.

Tenho uma memória bem viva de um homem irado atacando Trungpa Rinpoche por causa dos seus ensinamentos sobre a bondade básica, dizendo que as pessoas eram fundamentalmente falhas. Rinpoche calmamente respondeu que a natureza final de tudo tende para a bondade e que não há como interromper isso, independente daquilo que acreditamos.

6.127
A veneração dirigida a eles contentará o coração dos budas,
E assegurará o meu bem-estar de modo perfeito.
Isso espantará as dores e a miséria do mundo,
E, portanto, será minha prática constante.

A melhor coisa que podemos fazer pelos nossos mestres e pelo mundo é pensar em beneficiar e não em prejudicar o próximo.

6.128
Imagine que o preposto de um rei
Venha a ferir uma multidão de pessoas.
Aqueles dentre os feridos que forem sensatos
Não responderão com violência, ainda que o possam fazer.

6.129
Pois os prepostos, afinal de contas, não estão sós.
Estão respaldados no poder real.
Do mesmo modo, não devo desdenhar
Homens de menor estatura que me causam pequenos males.

6.130
Pois eles têm por aliados os guardiães dos infernos
E também os budas compassivos.
Portanto, respeitarei todos os seres vivos,
Como se fossem súditos desse rei irado.

Nas estrofes 128 até 134, Shantideva persevera na sua tentativa de nos fazer ver que não faz sentido ceder ao impulso da agressão. Seu ensinamento final sobre o valor da paciência é explicar, mais uma vez, que as nossas ações possuem consequências cármicas. Quando a nossa mente agressiva fica mais forte, o mundo parece cada vez mais infernal.

Ele utiliza a analogia de não retaliar ao mal feito por *homens de menor estatura* apoiados pelo poder de um *rei irado*. Em outras palavras, ficar zangado até com pequenas injustiças reforça o poder da agressão; e as consequências serão sempre desagradáveis.

A maioria de nós se sente bem ao permitir pequenas irritações, falatórios sem consequência ou pequeninas calúnias. Mas, com isso, diz Shantideva, estamos reforçando a mente negativa. Por outro lado, se conseguirmos identificar a sedução da hostilidade e da mente estreita neste estágio sutil, será muito mais fácil cortá-la pela raiz.

Os guardiães dos infernos e *os budas compassivos* são ambos nossos aliados. Se formos inteligentes quanto às consequências potenciais de nossas ações, tanto a dor como o prazer nos motivarão a agir com sabedoria.

6.131
Entretanto, o padecer a ser experimentado nos infernos
Por quem causou sofrimento aos seres vivos –
Poderia toda a fúria de um rei colérico
Jamais o lançar sobre nós?

6.132
E, mesmo que esse rei estivesse satisfeito,
Não poderia nos dar a iluminação,
Pois ela é somente alcançada
Levando-se felicidade aos seres vivos.

Existe alguém que pode causar tanta dor quanto a que causamos a nós mesmos ao reforçarmos uma mente negativa? Um rei pode nos prender ou até nos matar; mas quando a nossa mente está fervilhando com a agressão, é como um inferno eterno. Do lado positivo, se ele for apaziguado por nós, o que um rei pode realmente fazer? Pode nos dar um emprego, rios de dinheiro, uma bela casa? O que são esses prazeres transitórios comparados à libertação final e à felicidade inabalável? Nada pode nos trazer mais sofrimento ou felicidade do que a nossa própria mente.

6.133
Sendo certo, então, que o futuro estado búdico

É forjado pelo ato de se levar felicidade aos seres sencientes;
Como posso eu deixar de enxergar que glória, fama e prazer
Mesmo nesta vida, virão igualmente ter comigo?

6.134
Pois a paciência no samsara traz coisas
Como beleza, saúde e boa reputação.
Seu fruto é uma grande longevidade,
Os prazeres imensos de um soberano do mundo.

Shantideva faz uma última jogada. Se o estado de buda inabalável, indestrutível não for suficiente, o que será? Se praticarmos o que ele sugere, teremos uma boa aparência, nos sentiremos bem e seremos famosos!

Quando tensas e mal-humoradas, até mesmo pessoas reconhecidamente bonitas ficam desfiguradas. E, além disso, a raiva não é boa para a saúde e para a longevidade, e o resultado é que as pessoas não gostam de nós. Mesmo se nenhum outro argumento for suficiente, ponderar sobre estes benefícios mundanos da paciência poderá nos motivar a aceitar o conselho de Shantideva.

Se você achar que isto precisa de tempo para ser conseguido e tiver uma recaída na agressão, nunca esqueça a importância de ser paciente e tolerante com você mesmo.

Entusiasmo

Perseverança Heroica

O capítulo 7 dá início à terceira e última seção de *O Caminho do Bodhisattva.* Os primeiros três capítulos apresentam maneiras para conectar-se ao bodhichitta. Os três seguintes explicam como evitar que ele diminua. Nesta terceira seção Shantideva nos diz o que faz o bodhichitta *crescer e florescer cada vez mais.*

A *paramita* do entusiasmo trabalha como um ingrediente milagroso que traz animação para todos nós. O compromisso do bodhisattva não é um assunto trivial. Sem entusiasmo, poderemos nos esforçar demais ou desistir de tudo. Como disse o mestre Zen Suzuki Roshi: "O que estamos fazendo aqui é tão importante que é melhor não levá-lo muito a sério!" A chave é encontrar o equilíbrio entre "não muito tenso" e "nem muito frouxo", sem zelo em excesso e sem desleixo.

Com este espírito, Trungpa Rinpoche nos encorajou a conduzir as nossas vidas como um experimento, uma sugestão que tem sido muito importante para mim. Quando abordamos a vida como um experimento, estamos desejando tentar dessa maneira, porque, de qualquer modo, não temos nada a perder.

Esta imensa flexibilidade é algo que aprendi com o exemplo de Trungpa Rinpoche. Seu entusiasmo possibilitou-lhe uma quantidade surpreendente de realizações na vida. Quando alguma coisa não funcionava, a atitude de Rinpoche era: "Se for o momento de algo florescer, ela florescerá; se não for, ela não florescerá."

O truque é não ficar preso na esperança e no medo. Podemos colocar o nosso coração inteiro naquilo que fazemos, mas se congelarmos a nossa atitude contra ou a favor, estaremos caminhando para o estresse. Pelo contrário, poderemos continuar por mera curiosidade, imaginando para onde este experimento nos levará. Este tipo de inquirição com a mente aberta capta o espírito do entusiasmo ou da perseverança heroica.

> 7.1
> Dessa forma, munido de paciência, vou perseverar com bravura.
> Por meio da aplicação é que chegarei à iluminação.
> Assim como não há movimento sem vento,
> Não há mérito sem perseverança.

O vento é uma metáfora adequada para o entusiasmo. Como o vento nas velas de um barco, não há nada que sirva de contrapeso. Não há necessidade de milhares de pessoas para empurrar um barco pelo oceano; quando as velas enfunam, o vento o empurra naturalmente e com facilidade.

Ao mesmo tempo, esta estrofe representa uma sensação de urgência. Como disse Suzuki Roshi, o trabalho que estamos fazendo é muito importante. Os ventos do prazer e da urgência que aplicamos trabalham juntos. Não há tempo a perder – mas se não nos preocuparmos, conseguiremos realizar.

> 7.2
> Perseverança heroica significa deleitamento com a virtude.
> Seu contrário pode ser definido como a preguiça:
> Uma inclinação para comportamentos não salutares,
> Desalento e autodepreciação.

Dois pontos importantes são apresentados na estrofe 2. O primeiro é a definição de entusiasmo, ou perseverança heroica, como *deleitamento com a virtude*. O segundo é o oposto do entusiasmo: o klesha da preguiça.

Tendo confiado nos ensinamentos, sentimos naturalmente prazer na virtude. Quando compreendi, por exemplo, que as instruções de Shantideva poderiam acabar com a minha infelicidade, fiquei entusiasmada em aplicá-los. O prazer na virtude, neste caso, significou trabalhar com sabedoria as minhas emoções e aprender a gentilmente dominar a minha mente. Significou me mexer e oferecer gentileza e apoio a tantas pessoas quanto fosse possível – e fazer com animação, e não por sentido de dever.

Posso lhe dizer, pela minha experiência, que quando existe uma tendência para a animação, a vida adquire um novo significado. Não um significado que vem da carreira ou dos relacionamentos, mas o significado que vem de usar tudo o que acontece como uma oportunidade para despertar. Sempre haverá desafios, mas eles não precisam ser obstáculos. Tudo faz parte do caminho da iluminação.

O oposto do entusiasmo é a preguiça. Aqui, Shantideva apresenta três tipos: a preguiça por si só; não querer fazer o esforço; e o desânimo do autodesprezo. Na estrofe 2, ele descreve os dois primeiros como *uma inclinação para comportamentos não salutares.*

Trungpa Rinpoche chama o primeiro tipo de preguiça de "orientação para o conforto". Usamos o conforto para escapar da nossa inquietude. Isto não significa que não podemos desfrutar do conforto em nossas vidas; mas não precisamos ficar viciados nele. É isso que, previsivelmente, os seres sencientes costumam fazer, até percevejos e besouros. Você já se perguntou o que aquelas moscas estão fazendo subindo várias e várias vezes por uma janela ao sol e caindo sempre? Como a maioria de nós, elas estão buscando o conforto.

Existe um sutra onde seres de outra galáxia visitam o Buda para discutir sobre o dharma. Eles ficam chocados quando o Buda lhes diz que ele ensina a verdade sobre o sofrimento para que os seres entrem no caminho. Eles acham que é uma técnica extremamente rude e dizem que, de onde eles vêm, a iluminação é introduzida diretamente através de odores agradáveis. O Buda responde que ele ficaria feliz em utilizar este modo, mas que nunca funcionaria aqui porque os seres terrenos ficariam imediatamente viciados no prazer.

O segundo tipo de preguiça Trungpa Rinpoche chama de "perda do coração". Sentimos como se tivéssemos tentado, e tentado, e nunca conseguido. Parece que as coisas nunca funcionam. Ficamos desencorajados e perdemos a nossa vontade de ajudar a nós mesmos e aos outros.

O terceiro tipo de preguiça Trungpa Rinpoche chama de "não há como cuidar menos". Este desânimo do autodesprezo tira o vento das nossas velas. Duvidar tão profundamente de nós mesmos é muito mais teimosia e amargor do que meramente perder a animação.

7.3
Comprazimento e complacência com as delícias da indolência,

Anseio por repouso e sono,
Ausência de preocupação com as dores do samsara:
Eis a fonte e a ama da preguiça.

Na estrofe 3, Shantideva discute sobre o primeiro tipo de preguiça: a preguiça per si, ou focalização no conforto. Este tipo de preguiça espera evitar os desprazeres da vida. Se simplesmente ficarmos bem confortáveis, se tivermos uma banheira com água quente ou houver uma orgia de compras, talvez consigamos vencer o samsara pela esperteza. Ou, talvez, uma vida simples: uma cabana na floresta, uma vida cheia de beleza e paz. Naturalmente, tudo isso rapidamente se estilhaça quando o médico nos diz que os resultados dos nossos exames não estão bons, mas, até lá, o conforto parece ser a solução para o nosso descontentamento.

Nas estrofes seguintes, Shantideva mais uma vez contempla a certeza da sua morte. Este é um antídoto tradicional para a preguiça: um antídoto para investigar tanta esperança nos confortos de curta duração e perder o nosso precioso nascimento humano.

7.4
Pego na armadilha das emoções negativas,
Enredado e preso na teia do nascimento,
Como posso deixar de perceber que assim me desgarrei
Indo parar na goela da Morte?

A estrofe 4 se refere à cadeia *nidana*, a cadeia da causa e efeito que gera o samsara. A roda de samsara gira. Gira do nascimento até a morte inevitável. Como um pobre animal *pego na armadilha das emoções negativas,* ficamos aprisionados neste ciclo de sofrimento. Felizmente, podemos interromper a reação samsárica em cadeia dominando a mente e, pacientemente, refreando a escalada dos kleshas. Isto é, na verdade, o que enfatizam todos os ensinamentos de Shantideva: como nos libertar do ciclo vicioso de samsara.

7.5
Você não vê como, um a um
A Morte vem buscar seus semelhantes?
E, mesmo assim, você se põe a dormir tão pesadamente,
Como um búfalo ao lado do açougueiro que o abate.

Embalado pela orientação voltada para o conforto, preferimos a falsa segurança a encarar os fatos. Protegendo-nos das realidades inquietantes da falta de estabilidade, da impermanência e da morte, *nós dormimos tão pesadamente, como um búfalo ao lado do açougueiro que o abate.* Mas, por quanto tempo esta estratégia funcionará?

> 7.6
> Todas as rotas de fuga estão bloqueadas,
> O Senhor da Morte agora tem você na mira dele.
> Como pode você encontrar prazer na comida?
> Como pode você se deleitar com o repouso e o sono?

Imagine o débil conforto de um banquete pouco antes de sermos conduzidos para a nossa morte. Como prova do que digo, como podemos ser seduzidos pela comida e pelo repouso se eles são somente outras maneiras de se encapsular em prazeres transitórios? Quando *o Senhor da Morte o tiver em sua mira,* o absurdo disto ficará óbvio.

Naturalmente, se tivermos sido capazes de vivenciar a preciosidade de cada momento, poderemos genuinamente desfrutar da nossa comida e do nosso repouso. Trungpa Rinpoche disse uma vez que a iluminação é como cheirar tabaco ou ouvir uma corneta pela primeira vez. Em geral, não vivenciamos a vida com tanto vigor. Em vez de apreciar cada dia único e passageiro, geralmente não utilizamos os prazeres da vida para nos entorpecer ou nos distrair?

> 7.7
> A morte, tão ligeira, cairá sobre você;
> Reúna méritos até que esse momento chegue!
> Esperar até essa hora para expulsar a preguiça?
> Aí não haverá mais tempo, o que você irá fazer?

Uma vez, ouvi um praticante do dharma se gabar: "Não preciso dominar a minha mente ou trabalhar os meus kleshas porque recebi uma transmissão tibetana especial. No momento da morte, simplesmente utilizarei aquelas instruções para ejetar a minha consciência para o espaço aberto". Mas que piada! Se não conseguimos nem controlar a verdade ou aquilo que queremos, como conseguiremos lidar com a morte?

Ainda temos tempo para nos preparar: essa é, precisamente, a razão da urgência de Shantideva. A nossa morte poderá, então, ser uma experiência liberadora, desfazendo-se na amplitude.

7.8
"Isto ainda não fiz. Aquilo estou apenas começando.
E aquilo lá – estou só na metade..."
Então, ocorre a chegada súbita do Senhor da Morte,
E o pensamento "Ai de mim... Estou perdido!"

Vi uma revista intitulada "Razões para não meditar". Primeiro, havia o desenho de uma criança com a frase "muito jovem". Depois, vinham alunos, pais com filhos e pessoas no trabalho, com a frase "muito ocupados". Os próximos desenhos mostravam uma pessoa mais velha com as palavras "muito velho". Finalmente, um corpo com a mensagem "muito tarde".

Quando estamos para morrer e tendo os nossos últimos pensamentos, serão eles sobre a casa sonhada que não construímos, a hipoteca que não pagamos, a novela que não terminamos? Sentir que falhamos em realizar os nossos objetivos mundanos não é a estrutura de mente que desejamos ter quando morremos.

Não é incomum nos ver pensando que praticaremos quando tivermos mais tempo. Começaremos a meditar quando as condições forem melhores. Enquanto isso, nossos kleshas somente ficarão mais fortes e a nossa mente menos capaz de relaxar.

Recentemente, estive com uma praticante da morte que admitiu que a sua prática do dharma agora parecia sem significado. Ela não compreendia qual a relevância que isso tinha para ela, pois a base estava se desfazendo. Isto pode acontecer a qualquer um de nós se não utilizarmos as nossas práticas do bodhichitta e a meditação como maneiras de entregar e soltar.

Em cada sessão de meditação podemos treinar a abertura para tudo o que chegar e relaxar com a proximidade da nossa experiência. Simplesmente reconhecer os nossos pensamentos agradáveis e desagradáveis sem preconceitos, deixando-os passar. Então, no momento da morte, você estará pronto para soltar o seu apego à vida e se entregar ao processo de dissolução.

7.9
O rosto banhado de lágrimas, os olhos vermelhos e inchados,
Essa será a profundidade da sua angústia.

Você fitará o rosto dos seus amigos, já desesperançados,
E assistirá à aproximação dos mensageiros da Morte.

Shantideva apresenta a morte agora como um ceifeiro implacável. Se não relaxarmos com a falta de estabilidade durante a nossa vida, a morte poderá ser aterrorizante. Mas, se deixarmos o bodhichitta nascer, a morte não nos levará a bater em retirada para a autoabsorção, não importa se estivermos com medo. Até o medo nos conectará com todos os outros que estão igualmente aterrorizados e sós. Bem ali, naquilo que pode ser o nosso momento mais negro, seremos capazes de nos conectar com a ternura da bondade básica. É dito que morrer desta maneira é uma alegria.

7.10
A lembrança dos seus pecados passados o torturará;
Os gritos e ruídos dos infernos atordoarão os seus ouvidos.
Aterrorizado você se sujará no seu próprio excremento;
O que fará você, então, no auge do pavor?

Em certo estágio do processo de morrer ocorre um som muito alto e penetrante, como se *os gritos e ruídos dos infernos atordoassem os seus ouvidos*. Isto não precisa ser assustador, mas, se passarmos a nossa vida correndo do desconforto, será. E se tivermos sido desatentos ao mal que causamos, poderemos ser torturados pelas nossas memórias no momento da morte.

Como a nossa vida inteira passa diante de nós em nossos últimos momentos, nada que fizemos permanece escondido. Se já tivermos observado com honestidade as nossas ações e nos arrependido dos nossos maus atos, não haverá nada para nos assombrar quando morrermos. Este é o processo curador da prática da confissão: ela nos permitirá partir com um sorriso.

Um homem pertencente à Máfia, de coração frio e que nunca se arrependeu, foi uma vez colocado em confinamento solitário, um quarto escuro ao qual os prisioneiros se referiam como "o buraco". Após duas horas sozinho com os seus pensamentos naquela escuridão, as visões de todas as pessoas que ele tinha torturado ou matado retornaram para assombrá-lo. Quando eles o retiraram oito horas depois, ele estava delirando e completamente desfeito. É assim que ficamos no inferno: é uma projeção dos nossos atos maléficos anteriores que justificamos ou reprimimos.

7.11
E, se você fica tão amedrontado agora, enquanto ainda está vivo,
Como um peixe se debatendo fora d'água,
O que dizer da dor insuportável
Experimentada nos infernos criados pelas más ações do passado?

7.12
Os infernos nos quais bronze derretido e fervente
Queimará seu corpo, sensível como a pele de um recém-nascido
Estão todos preparados, suas ações pregressas os formaram!
Como você pode se refestelar, assim tão despreocupado?

Na introdução da tradução de Padmakara de *O Caminho do Bodhisattva,* existe uma discussão excelente sobre a técnica de ensino de Shantideva. Como mencionei antes, ele alterna entre nos assustar com as consequências dos nossos maus atos e destacar as maravilhas e os benefícios de praticar o dharma. A maneira de aprender desta forma é lembrar-se do conselho de Shantideva: não existe tempo a perder; por isso, não perca a sua vida semeando sementes de sofrimento.

Dependendo dos hábitos mentais que você reforçou, você se verá em um ambiente agradável ou desagradável. Embora seja ilusório, você o vivenciará como extremamente real.

7.13
Muito dano virá ter com aqueles dotados de pouca paciência,
Que desejam colher o fruto sem fazer esforço.
Pegos pela morte, clamarão como os deuses:
"Pobre de mim, caio esmagado pela dor e pela amargura".

Todos nós não gostaríamos de ter *o fruto sem fazer esforço?* De conseguir atingir a iluminação somente acendendo algumas velas ou dando voltas em torno da *estupa,* em vez de nos comprometermos a empreender a autorreflexão e o desapego?

Nos ensinamentos tradicionais sobre os seis reinos do samsara, o reino de deus é representado como um lugar de prazer duradouro, livre de qualquer dor. É o tipo de lugar que a pessoa comum deseja. O problema é que, naturalmente, tudo e todos são passageiros, até os prazeres duradouros dos deuses.

O problema com a mentalidade do reino de deus é que ficamos complacentes em relação ao prazer e ao conforto. Contudo, em algum ponto, como acontece com toda existência samsárica, a boa sorte do reino de deus se esgota. O ensinamento nos diz que este grau de diversão é intensamente doloroso de ser perdido – tão doloroso quanto os sofrimentos do inferno.

> 7.14
> Tire proveito deste barco que é o seu corpo humano;
> Liberte-se do rio caudaloso da amargura!
> Depois, esta embarcação será difícil de ser encontrada.
> O tempo de que você dispõe agora, tolo, não é para dormir!

Shantideva novamente ensina a si mesmo o dharma. Não é momento para tolices, mas para *tirar proveito deste barco que é o seu corpo humano.* Este precioso nascimento humano pode ser difícil de ser encontrado novamente. Não temos meios de saber por quanto tempo teremos estas condições externas de apoio.

Entretanto, um nascimento humano é *sempre* precioso para aqueles que despertam o bodhichitta. Não importa se as nossas circunstâncias não forem boas se utilizarmos estas dificuldades para despertar a nossa compaixão e gentileza. Se não aproveitarmos estas oportunidades, naturalmente as perdas externas e a angústia mental inevitavelmente nos atirarão no redemoinho. Então, ficaremos perdidos e desesperados demais para pensar na dor dos outros e lembrar do bom coração e da mente aberta do bodhichitta.

> 7.15
> Você dá as costas à Doutrina sagrada,
> A alegria suprema e fonte infinita de bem-aventurança.
> Que prazer pode você tirar de meras diversões
> Que resvalam em direção às causas do seu sofrimento?

Tendo refletido sobre a morte, Shantideva discute aqui sobre o segundo tipo de preguiça: não desejar fazer um esforço, ou a perda da essência. O Dalai Lama descreve este tipo de preguiça como "nenhum desejo de fazer o bem". Sentimos muita preguiça em ajudar a nós mesmos ou aos outros. Voltando as costas ao dharma e distraindo-nos sem sentido em buscas triviais, estamos *resvalando das causas do nosso sofrimento*. Em outras palavras, estamos fazendo coisas que pioram a perda da nossa essência.

Nas estrofes de 16 até 19, Shantideva discutirá sobre o terceiro tipo de preguiça: o desânimo do autodesprezo. Este é um assunto importante para os praticantes ocidentais. Libertar-nos da confusão e do sofrimento depende de uma autorreflexão honesta. A prática da paciência, por exemplo, depende de um reconhecimento honesto da nossa impaciência e agressividade. Contudo, é essencial que esta inquirição seja baseada no respeito e na gentileza por si próprio.

Dzigar Kongtrul enfatiza a importância de ter um bom relacionamento consigo próprio; caso contrário, o caminho do despertar pode pesar e aumentar a desesperança. Reconhecer os nossos kleshas e a rebeldia da nossa mente, mais claramente do que antes, pode certamente aumentar as sensações de culpa e autodesprezo. Mas, mergulhar nos pensamentos negativos somente entrava a nossa jornada espiritual.

Na estrofe 16, Shantideva nos fornece três antídotos para o autodesprezo. São três modos de estimular e desenvolver uma relação compassiva consigo mesmo: um relacionamento respeitoso e amoroso pode incluir um reconhecimento claro dos nossos desvios.

> 7.16
> Não se deixe abater; antes, reúna todas as suas forças;
> Imbua-se de coragem e confiança, e seja senhor de si mesmo!
> Pratique a igualdade entre "eu" e "outro";
> Pratique a troca entre "eu" e "outro".

Seu primeiro conselho é *reúna todas as suas forças*. Em vez de se denegrir, ensine a si mesmo o dharma. Reúna a sua força, lembre de si próprio da maneira que for pessoalmente significativo, pois não é do seu interesse reforçar pensamentos e sentimentos de falta de valor. Se você já foi seduzido e sente a atração familiar do autodesprezo, concentre a sua inteligência, coragem e humor para reverter a maré.

Pergunte a si mesmo: Quero reforçar o que estou sentindo agora? Quero me afastar da minha bondade básica? Lembre-se de que a sua natureza fundamental está incondicionalmente aberta e livre. Os kleshas são somente relativos, fenômenos impermanentes cuja energia transitória não precisa ser solidificada. Desta maneira, podemos nos ensinar o dharma e interromper a reação em cadeia do desalento.

Podemos nos animar, lembrando que a nossa mente pode ser estabilizada. Como disse Trungpa Rinpoche: "Tudo o que ocorre na mente confusa é o caminho. Tudo pode ser trabalhado. É uma proclamação temerária, o rugir do leão".

A segunda maneira de elevar o espírito é assumir a essência e *ser o senhor de si mesmo*. Isto significa assumir a responsabilidade pelos seus humores. A instrução é reconhecer que você não é uma vítima. Depois, descubra uma maneira de interromper o combustível do desalento em vez de agir impensadamente sobre o que você sempre fez antes.

A terceira sugestão é olhar além da perspectiva estreita da autocentralidade para a *igualdade entre "eu" e o "outro"*. Este reconhecimento da igualdade pode ser cultivado com a prática chamada "assim como eu". Se você está preocupado com o autodesprezo, lembre: assim como eu, vários outros estão lutando contra o mesmo estado mental; assim como eu, todos eles preferem o conforto e a facilidade e querem se livrar do sofrimento e da culpa.

Este tipo de reflexão nos ajuda a olhar para fora e abrir os nossos corações para os outros. Em vez de nos armarmos, a suavidade da empatia pode tomar a frente. Tendo isso como base, podemos *praticar a troca entre "eu" e o "outro"*.

Esta prática é comumente conhecida como *tonglen*. Começamos entrando em contato com os nossos próprios pensamentos e emoções. Sem isso, não temos ideia do que os outros também atravessam. Isto significa um contato com os nossos sentimentos – de raiva, autodesprezo, ressentimento, inveja, e outros – e compreender que estes sentimentos são partilhados por todos. Eles não são impedimentos no caminho. Ao nos conduzir para uma compreensão genuína do sofrimento dos outros, eles são, na verdade, marcos necessários no processo do despertar da compaixão genuína.

Em qualquer momento, pessoas em todo mundo estão sentindo exatamente o mesmo que você. Se você está zangado, poderá se lembrar de bilhões de pessoas que sentem exatamente a mesma coisa. Então, para o seu bem e para o bem delas, assuma o sentimento da raiva através da sua respiração. Inspire a raiva com a aspiração de que cada uma das pessoas que está zangada, inclusive você, seja aliviada deste sentimento. Então expire amplitude e alívio para todos nós.

Uma maneira mais ousada de realizar esta prática é inspirar a dor com a intenção de assumi-la para si. Se você está zangado, por exemplo, pode dizer para si mesmo: "Como já estou sofrendo pela raiva, que esta dor amadureça em mim para que ninguém mais a sinta". É uma maneira revolucionária de arejar a autoabsorção. Na inspiração, sinta a dor e possua-a completamente. Na expiração envie alívio com o desejo de que todos possam se libertar do seu sofrimento emocional.

Se você não se sente pronto para esta abordagem mais ousada, não há problema. Você não deve pular na parte funda da piscina antes de aprender a nadar. Simplesmente, pratique a forma de *tonglen* que sente que pode. Você realizará a mesma aspiração. A sua habilidade para se colocar no lugar dos outros crescerá com o tempo.

Quando nos conectamos mais profundamente com o bodhichitta, a abertura imutável, não-conceitual do nosso ser se torna mais acessível. Como a nossa natureza básica nunca é alterada pela confusão e pela dor do mundo, cada vislumbre desta mente ampla aprofundará a nossa experiência do *tonglen.* Sabendo disto, mesmo intelectualmente, inspiramos com o desejo de que todos os seres descubram a sua verdadeira natureza; e expiramos com a mesma aspiração.

> 7.17
> "Ah, mas como *eu* poderia me iluminar?"
> Não se permita a desculpa do desânimo!
> Os budas, que proclamam a verdade,
> Disseram e asseveraram,

> 7.18
> Que, se manifestarem perseverança,
> Até as abelhas, moscas, vespas
> E larvas encontrarão com facilidade
> A iluminação, tão difícil de ser encontrada!

Shantideva aprofunda a preocupação desnecessária do autodesprezo. Ao ver a nossa confusão, é fácil perguntar como poderemos nos tornar iluminados. Quando, realmente, nos sentimos por baixo, duvidamos se temos algum potencial. Mas, Shantideva diz: *Não se permita a desculpa do desânimo!* Não se permita esses pensamentos negativos quando você pode treinar para soltá-los. Posso até vê-lo nos dando instruções sobre a meditação. Quando começamos a desmoronar, ele diz: "Animem-se, se *vespas e larvas* podem perseverar e atingir a iluminação, nós podemos!"

7.19
Capaz de discernir entre o bem e o mal,
Se eu, membro da raça humana por nascimento e estirpe,
Dedicar-me ao treinamento do bodhisattva,
Por que deixaria de ganhar o estado búdico?

Shantideva está sendo bem suave aqui. Está dizendo que podemos confiar em nós mesmos. Seres humanos, diferentes de vespas, abelhas e dos nossos queridos animais de estimação, possuem uma habilidade natural para saber o que é prejudicial ou útil. Podemos distinguir entre ações que trazem benefício daquelas que causam confusão e dor. Podemos sentir quando somos pegos pela carga de *shenpa* e quando não somos. Através do ensaio e erro, sabemos aonde estas urgências habituais nos conduzem; e conhecemos o alívio quando, em vez de agir sob essa influência, simplesmente relaxamos com a nossa experiência imediata.

E, o mais importante, sabemos que quando perdemos, temos ferramentas para recuperar. Podemos praticar permanecer como um tronco; podemos fazer o *tonglen;* podemos nos ensinar o dharma; ou podemos relaxar com a energia impalpável além de todos os rótulos e palavras.

Descobrimos que temos uma escolha: podemos reforçar velhos hábitos e sofrer ou interrompê-los e nos libertar. Com frequência, esquecemos este ponto; porém, a habilidade natural de saber a diferença nunca desaparece.

7.20
"Alarma-me e apavora-me a ideia de ter de sacrificar
Minha vida, meus braços e minhas pernas" – se são essas as suas palavras,
Seu pânico é equivocado. Confuso,
Você deixa de ver o que é difícil e o que é fácil.

7.21
Por um sem-número de eras, incomensuráveis, incalculáveis,
Seu corpo foi esquartejado, empalado,
Queimado, esfolado – por mais vezes que eu possa contar!
No entanto, nada disso o levou até o estado búdico.

Estas estrofes iniciam um ensinamento sobre o poder da gentileza para dissolver a dúvida pessoal. Alguém que se sente desencorajado e desesperançado pode dizer: Não consigo fazer este treinamento. É muito doloroso e muito assustador. Exige muito de mim.

A isto, Shantideva responde: Não estabeleça padrões muito elevados. Isto não é um teste de resistência. Se austeridades como cortar ou queimar forem tudo para atingir a iluminação, você já chegou lá. Você já sofreu tremendamente nesta vida, sem contar com as anteriores.

7.22
As agruras experimentadas no caminho da iluminação
São de outra ordem, pois sua duração é limitada,
São semelhantes à dor de uma incisão
Feita para curar o mal de uma moléstia oculta.

7.23
Os médicos e outras pessoas versadas nas artes da cura,
Fazem uso de remédios amargos para tratar nossas enfermidades.
Da mesma forma, para erradicar terrível sofrimento,
Devemos suportar o que são, na realidade, apenas pequenas dores.

7.24
No entanto, diferentemente daqueles outros,
O Médico Supremo não utiliza remédios ordinários.
Com antídotos de extrema suavidade
Ele alivia e remove sofrimentos intensos e ilimitados.

Naturalmente, existem privações no caminho do bodhisattva. Mas, elas são temporárias, como tomar pequenas porções de remédio amargo para evitar uma doença que ameaça a vida. As austeridades comumente praticadas na Índia não eram recomendadas pelo Buda. Suas instruções encorajam a moderação e o relaxamento. Praticamos de modo não agressivo, trazendo de volta a mente, quando ela vagueia, e retornando gentilmente para este momento passageiro, impalpável.

7.25
Nosso guia nos instrui para começar

Dando alimentos e outros pequenos auxílios,
Para que, depois, passo a passo, tendo adquirido o hábito,
Possamos ser capazes de doar nossa própria carne.

O Buda recomendou um caminho gradual. Começamos onde estamos dando alimentos, pequenos auxílios ou qualquer coisa que nos ajude a crescer um pouco. Acostumamo-nos a crescer através das práticas "assim como eu", ou visualizando a doação de algo que gostamos muito.

A nossa capacidade de fazer mais, em situações mais desafiadoras, cresce naturalmente. Não temos que forçá-la ou esperar mais de nós do que aquilo que realmente podemos fazer. Se as nossas práticas lembram austeridades, precisamos observar o que estamos fazendo. Se for muito duro, podemos aliviá-las e colocar mais gentileza e humor.

Um homem que conheço tem tentado realizar a prostração tibetana há dez anos. O fato de ele ter conseguido realizar somente algumas vezes o desgastou, deixando-o culpado e desencorajado. Então, a sua instrutora de meditação muito sabiamente sugeriu que fizesse somente três prostrações por dia e parasse. Sua primeira resposta foi: "Isso não é suficiente". Mas a instrutora insistiu que ele tentasse. Após uma semana, ele pediu para fazer de cinquenta a cem prostrações a cada manhã. Inicialmente, ela disse: "Não, somente vinte e cinco". Porém, depois de um mês, ele estava ansioso para fazer centenas de prostrações por dia. Esta abordagem extremamente moderada, relaxada, quebrou a resistência dele.

Os bodhisattvas têm, ocasionalmente, que recuar. Isto não significa desistir. Significa descobrir o que podemos fazer com entusiasmo. É algo que temos que experimentar. Descobrimos para nós mesmos o que é muito duro e o que é muito pouco; o que nos causa benefícios e aquilo que nos deixa pior.

7.26
Pois, quando se tem a visão que enxerga
A igualdade entre o próprio corpo e o alimento que se dá,
Ora, então! Que dificuldade pode haver
Em abrir mão, em abdicar da própria carne?

Quando atingimos o ponto onde não vemos a diferença entre a nossa própria carne e a de um hambúrguer, não teremos problema em abandonar o nosso corpo para salvar a vida de outra pessoa. Entretanto, neste momento seria aconselhável ter entusiasmo pelo que *podemos* fazer e não nos preocuparmos muito sobre o futuro. A gentileza, novamente, é a chave para progredir ao longo do caminho.

Isto fecha a seção sobre os três tipos de preguiça.

7.27
As transgressões foram abandonadas, assim não há mais dor.
A mente está bem treinada, assim não há mais sofrimento.
Pois o que se passa é que a mente e o corpo, ambos,
São prejudicados pelas visões errôneas e pelos maus atos.

Tendo contemplado sobre a importância de uma abordagem suave, gradativa para despertar, Shantideva agora destaca duas causas principais do nosso sofrimento. Uma é criar o carma negativo, referido aqui como *maus atos* e *tendência para os maus atos.* Mesmo com pouca compreensão sobre causa e efeito, fica claro para nós que o pior dano que podemos causar a nós mesmos é prejudicar os outros.

A segunda causa do nosso sofrimento é uma mente fechada, não capacitada. É a mente que fixa, conceitualiza e compartimentaliza; uma mente incapaz de ver as coisas sem preconceitos. Temos ideias sólidas sobre nós e os outros e, igualmente, opiniões fixas sobre o que é aceitável e o que não é. Isso conduz ao que Shantideva chama de *visões errôneas.* Estas interpretações erradas da realidade resultam de noções muito arraigadas de certo e errado. Quando mascaramos a nossa experiência, a natureza verdadeira de todos os fenômenos não consegue ser vista.

Inversamente, quando a nossa mente está livre de preconceitos e autorretidão, nós não mais agimos por agressão ou outras neuroses, e o nosso sofrimento diminui. Na mesma proporção que a mente retorna à sua flexibilidade e abertura naturais, experimentamos a liberdade.

Com a compreensão do carma e das visões falsas, até intelectualmente, ficamos mais desejosos de minimizar seu poder destrutivo.

7.28
O mérito é a verdadeira causa do bem-estar do corpo,
Ao passo que a felicidade do espírito é propiciada pelo treinamento.
O que pode entristecer aqueles que têm compaixão,
Que se deixam ficar no samsara para benefício dos seres?

Shantideva, então, desvia a sua perspectiva e fornece três causas para a felicidade. Primeiro, *a verdadeira causa do bem-estar do corpo* é o mérito, ou as consequências felizes das nossas ações sábias e adequadas, os resultados positivos de não se apegar.

Isto faz surgir uma questão interessante: Por que, com todo o tempo e a energia que dedicamos para permanecer saudáveis, ainda sofremos acidentes e somos atingidos por doenças dolorosas e fatais? Os ensinamentos budistas dizem que o mérito de circunstâncias favoráveis, como a boa saúde, não é o resultado final das vitaminas, mas das nossas ações positivas anteriores. Se isto é verdade, segue-se que seremos sábios ao não reforçarmos hábitos negativos que somente conduzirão ao sofrimento. Isto é algo que não podemos descartar como ilógico; merece ser ponderado e explorado. De qualquer maneira, quando levamos vidas mais sadias, mais compassivas, podemos contar com uma coisa: quando surge um desastre, somos capazes de incorporá-lo totalmente ao nosso caminho do despertar.

Segundo, Shantideva diz que o bem-estar mental é o resultado não dos prazeres externos, mas da estabilização da mente. Quanto mais treinamos em soltar ideias fixas e nos abrirmos para os outros, mais felizes nos sentimos. Quando o desalento ou a confusão se aproximam, em vez de aumentarem, sabemos como soltar os pensamentos, permanecer presentes e relaxar.

A terceira causa da felicidade é que nada desencoraja aqueles que escolhem *ficar no samsara para benefício dos seres.* Como podemos ficar seriamente desanimados quanto aos desafios de samsara quando escolhemos incorporá-los no caminho do despertar? Quando treinamos para transformar as más circunstâncias no caminho de bodi, não nos atolamos em sentimentos de fracasso assim que algo dá errado.

> 7.29
> Pois, pela força do bodhichitta,
> Os pecados do passado são totalmente consumidos,
> E méritos, vastos como o oceano, são recolhidos;
> Por conseguinte, diz-se que os bodhisattvas são superiores aos
> shravakas.

Os *shravakas* mencionados aqui assumem o caminho Budista para escapar do samsara. Uma das maiores diferenças entre o bodhisattva e os *shravakas* é, portanto, a sua atitude diante do caos. Um *shravaka* pode considerar a prática do *tonglen,* por exemplo, como a antítese dos ensinamentos do Buda; o Buda nos ensinaria a inspirar o sofrimento quando toda a sua mensagem foi a liberação do sofrimento? Os *shravakas* têm uma aversão ao samsara, que nós podemos provavelmente apreciar. Seu objetivo é a cessação completa e a paz.

O bodhisattva, por outro lado, está constantemente se preparando para se relacionar, sem medo, com a dor. Quanto maior o sofrimento, maior a necessidade de enfrentá-lo, mesmo nos infernos deste mundo se for necessário. Por isso, *os méritos, vastos como o oceano, são recolhidos.* Naturalmente, temos que ser realistas; neste momento mal somos capazes de lidar com os nossos cartões de crédito. Contudo, treinar com estes desafios diários desenvolve a nossa coragem para lidar com situações cada vez mais difíceis, no futuro.

Na estrofe seguinte, Shantideva nos anima e nos ajuda a ver as nossas opções. Por que ficar triste quando já aprendemos a como enfrentar os desafios em vez de evitá-los? Por que ficar desanimado quando já sentimos a possibilidade da força interior?

> 7.30
> Montado no corcel do bodhichitta,
> Que afugenta toda prostração e melancolia,
> Quem poderia jamais se desacorçoar,
> Levado por tal montaria de alegria em alegria?

O vento foi a primeira metáfora de Shantideva para o entusiasmo. Agora, ele utiliza a imagem de um cavalo: o *cavalo do bodhichitta* que nos leva *de alegria em alegria.* É uma bela imagem. Em vez de percorrer penosamente uma colina escorregadia com botas que nos ferem os pés, atravessamos alegres por este campo de treinamento precioso e único chamado "vida".

> 7.31
> As forças que asseguram o bem-estar dos seres
> São a aspiração, constância, alegria e moderação.
> A aspiração é propiciada pelo receio do sofrimento
> E pela contemplação dos benefícios a serem alcançados.

Esta estrofe inicia o ensinamento sobre as quatro forças que apoiam o nosso entusiasmo pelo benefício dos outros. Estas quatro forças são a aspiração, a constância, a alegria e a moderação. A primeira, a aspiração, é apresentada nas estrofes 31 a 46.

A aspiração é um anseio de nos libertarmos da neurose para que possamos aliviar o sofrimento das outras pessoas. Este anseio é genuíno e profundo. Não é algo que impomos sobre nós mesmos somente para parecer virtuosos.

A aspiração é uma convicção profundamente sentida que expressamos para nós mesmos em palavras: "Que todos os seres sencientes sintam felicidade e o motivo da felicidade". Isto não é somente uma retórica vazia. Reafirmar a nossa intenção de bodhichitta desta maneira torna-a crescentemente significativa e sustentadora. Como a gasolina em nosso carro, ela nos possibilita prosseguir sem hesitação.

Mas, de onde vem esta aspiração sincera? Shantideva diz que ela vem do *receio do sofrimento* – medo das consequências de, continuamente, cair nas reações habituais. Vem também do esclarecimento sobre os resultados positivos de não ser enredado. Você pode perguntar se eu sei, com certeza, que este caminho resulta em felicidade. Fico feliz em lhe dizer que, se você estabilizar com gentileza a sua mente e as suas emoções, pelo menos o bem-estar ficará garantido.

> 7.32
> Portanto, deixando de lado tudo o que a ela seja contrário,
> Irei me empenhar para fazer crescer a minha perseverança –
> Por meio de esforço entusiástico, zelo, autocontrole,
> Por meio da aspiração, constância, alegria e moderação.

Uma vez mais Shantideva expressa o seu entusiasmo pelo modo de vida do bodhisattva. Com tantas ferramentas para auxiliá-lo, ele alegremente aspira a deixar a preguiça para trás e prosseguir animado. Ele exprime a sua intenção de convocar as quatro forças e também o entusiasmo, o zelo e o autocontrole que vêm da compreensão do carma e dos benefícios da liberação.

Felizmente, sentimo-nos encorajados a segui-lo. Vamos agir juntos. Vamos fazer, cada um, o que for possível para trazer alguma luz para este tempo de escuridão.

7.33
Portanto, a imensidão dos males da minha pessoa e dos outros –
Eu, sozinho, devo cancelar,
Ainda que um único desses males
Possa levar incontáveis eras para se exaurir!

7.34
Entretanto, para essa grande empreitada
Não vejo em mim a mínima aptidão
– Eu, cujo destino é o sofrimento sem fim,
Por que o coração não explode em meu peito?

Existem dois sentimentos expressos aqui. Primeiro, Shantideva diz que embora pareça impossível essa *grande empreitada,* ele não ficará desanimado. Depois, como nós, ele tem um segundo pensamento: "Espere um momento. Quem eu penso que sou fazendo estas afirmações? Eu não tenho aptidão para este trabalho". Contudo, mais uma vez, temos uma reviravolta de Shantideva: a sua habilidade para a autorreflexão honesta, sem se deixar desanimar.

7.35
Todas as virtudes, embora numerosas,
Tenho agora que conseguir, em proveito meu e dos outros,
Ainda que, para cada uma delas
Eu tenha de me esforçar por incontáveis eras.

Shantideva vê os seus pontos fracos, mas não fica desanimado. É isto que torna o caminho possível. Como até o último de nós tem o necessário para despertar, Shantideva deseja nos encorajar para sempre, se for necessário. Não é como polir um monte de carvão que nunca será um diamante. A nossa natureza verdadeira é como uma joia preciosa: embora possa estar temporariamente enterrada na lama, ela permanece inteiramente brilhante e imaculada. Nós, simplesmente, temos que descobri-la.

Com este ânimo, Shantideva reafirma o seu entusiasmo para a tarefa. Ele descobrirá a sua natureza semelhante a uma joia para ajudar os outros a fazer o mesmo. Ele, então, prossegue listando as suas várias imperfeições, reconhecendo honestamente a sua preguiça e autoimportância. Ao mesmo tempo, ele nunca duvida de que está qualificado como o próprio Buda para despertar a abertura e o calor da sua mente.

7.36
Nunca obtive familiaridade
Sequer com uma parcela dessas grandes qualidades.
Quão estranho desperdiçar com afazeres triviais
Esta vida que o acaso trouxe a mim!

7.37
Nunca fiz oferendas aos budas;
Festividades jamais foram propiciadas por meus donativos;
Nenhuma obra realizei para os Ensinamentos;
Aos anseios dos pobres deixei de atender.

7.38
Aos amedrontados não ofereci destemor,
E aos exaustos não proporcionei descanso.
As dores do parto de minha mãe e o desconforto de seu ventre,
Eis as minhas únicas realizações!

Por isso admiro o espírito de Shantideva. Ele reconhece, honestamente, que passou muito tempo pensando somente nele mesmo. Mas, em vez de transformar isto em depressão e em um peso, ele faz uma piada: "Vejam, minha única realização nesta vida foram *as dores do parto da minha mãe e o desconforto de seu ventre*". Um pouco de autodepreciação pode ser útil no caminho do bodhisattva!

7.39
Assim, minha pobreza, minha desventura,
Resultam da falta de aspiração ao Dharma
No passado e também no presente!
Quem iria rejeitar essa aspiração?

Aqui, Shantideva descreve novamente as ações do carma: minhas atuais circunstâncias desafortunadas são as consequências de uma mente fechada no passado. Porém, agora posso aspirar a abrir o meu coração e agir. Como poderia deixar de considerar não fazer isto, sabendo da consequência dolorosa de não aplicar estes ensinamentos em minha vida diária?

7.40
A aspiração é a raiz de todas as virtudes,
Assim declarou o Senhor Todo Poderoso.
A aspiração, por sua vez, tem por raiz
A meditação constante nos frutos dos nossos atos.

Novamente, ele afirma os benefícios de expressarmos as nossas aspirações sinceras, palavras que se tornam mais sentidas e genuínas quando contemplamos a inevitabilidade da causa e efeito.

7.41
As dores do corpo, as angústias da mente,
Todos os nossos medos e apreensões,
Separação dos objetos da nossa vontade:
Essa é a colheita dos nossos atos negativos.

7.42
Se meus atos forem saudáveis, espelhando minha mente,
Então, não importa qual direção meus passos tomem,
Respeito e honra ser-me-ão dedicados,
Fruto e retribuição do mérito.

7.43
Porém, se na busca da felicidade, minhas obras forem malfazejas,
Então, não importa qual direção meus passos tomem,
Os punhais do sofrimento irão me cravar –
A paga e recompensa de uma vida danosa.

Em resumo, ações virtuosas produzem resultados virtuosos; ações negativas conduzem somente à dor. Shantideva repete isto com muita frequência porque não é um ensinamento que apreendemos rapidamente. Se você estiver aprisionado em uma situação infernal, a única maneira de conseguir alívio será acalmar a sua mente angustiada e reconsiderar as soluções de autoabsorção. Quando cultivamos o coração bodi, vivenciamos um mundo favorável, não importa qual seja a nossa direção. Esta é a mensagem repetida de Shantideva.

A estrofe 44 descreve o nascimento em uma terra pura – o melhor cenário!

7.44
Pela força da virtude, emergirei no fresco seio de um lótus perfumado,
Suas pétalas abertas sob a luz do Buda,
Minha glória será nutrida pelas doces palavras do Conquistador,
E, herdeiro dos budas, viverei na presença dos Vitoriosos.

E, na estrofe 45, temos a alternativa.

7.45
Ou então, como pagamento dos meus pecados, serei golpeado e esfolado pelos servidores do Senhor da Morte,
Que despejarão sobre meu corpo bronze derretido no fogo medonho.
E, trespassada por espadas e facas escaldantes, minha carne talhada em pedaços
Tombará sobre o chão de ferro incandescente.

Shantideva apresentou o seu caso. Ele nos deu os fatos e agora devemos escolher o nosso destino. Você prefere *o fresco seio de um lótus perfumado* ou ser *trespassado por espadas e facas escaldantes?*

7.46
Por isso, vou aspirar e atentar à virtude,
E me imbuir dela com grande devoção.
E, segundo o método descrito no *Vajradhvaja,*
Vou me treinar para ter autoconfiança.

No *Vajradhvaja Sutra,* o Buda diz que, assim como o sol ilumina toda a terra sem preferências, o bodhisattva deseja trabalhar com todos, independentemente da sua predisposição. Com este espírito, Shantideva aspira prosseguir com o seu treinamento.

Isto encerra o ensinamento sobre os benefícios da aspiração. As duas estrofes seguintes falam sobre a constância, a segunda dos quatro poderes que apoiam o nosso entusiasmo.

7.47
Que eu, primeiramente, avalie meus recursos –

E, então, comece ou deixe de começar.
Pois é melhor sequer começar,
Do que começar e, depois, voltar sobre os passos já dados.

7.48
Se agir assim, o padrão reaparecerá
Nas vidas seguintes, e as más ações e o sofrimento crescerão.
E outros atos serão deixados inacabados
Ou, então, darão minguados frutos.

A firmeza, ou constância, é baseada no compromisso. Sem compromisso com o que estamos fazendo, é fácil ser seduzido pela dúvida pessoal. Por isso, Shantideva nos diz para considerar se estaremos aptos para uma tarefa em um tempo futuro. Os jovens bodhisattvas são facilmente seduzidos pela ideia de ajudar os outros e sentem-se ansiosos para começar. Mas quando o trabalho nos desafia seriamente, nós recuamos.

Isto também se aplica à prática da meditação. Estabelecemos objetivos altos e, depois, nos aborrecemos ou nos desencorajamos e desistimos. Mas, *é melhor sequer começar* do que mudar de ideia no meio do caminho. Se estamos inspirados ou desencorajados, a instrução de Shantideva é nos agarrarmos a ela. Por isso, somos encorajados a fazer uma parada todos os dias. Ser constante em meio a furacões emocionais ou sob um céu azul é um aspecto importante do nosso treinamento. Isto estabelece um padrão de autocompaixão que não é influenciado por circunstâncias ou humores externos.

A indecisão e o vacilo também estabelecem um padrão. Não prosseguir com as coisas que iniciamos reforça este hábito doloroso. Finalmente, pensamos em nós mesmos como ineficazes quando, ironicamente, nós mesmos escrevemos o nosso texto.

Trungpa Rinpoche também ensinou que é melhor não iniciar a jornada espiritual do que parar assim que ela se mostrar desafiadora. Ele utilizou a analogia de estar sobre uma mesa para ser operado e decidir que é muito doloroso para continuar. Uma vez aberto, com as vísceras expostas, levantar e ir embora não é a melhor solução.

7.49
Ação, as paixões e a minha capacidade:
Três coisas às quais a autoconfiança deve ser aplicada.

"Vou fazer isto, eu mesmo, sozinho!"
Essas palavras definem a autoconfiança na ação.

Das estrofes 49 até 59, Shantideva discute o orgulho tanto negativo quanto positivo, inferindo que este último é um componente do entusiasmo genuíno. Na estrofe 49, *autoconfiança na ação* é um sinônimo para segurança. A maneira como esta autoconfiança é aplicada na *ação, as paixões e a capacidade* pode necessitar de alguma explicação. Primeiro, Shantideva sabe quais as ações positivas e quais as que não são. Segundo, ele confia que pode trabalhar com habilidade e paciência com as suas *paixões*. E, finalmente, ele confia que a *capacidade* de se conectar com a bondade básica é direito seu por nascimento.

Este orgulho positivo é energizante: como a centelha de vida, ele nos inspira e encoraja. O orgulho comum – o sentido de ser superior e olhar os outros de cima – somente nos faz sentir mais fracos.

7.50
Enfraquecidas pelas aflições da mente,
As pessoas do mundo são impotentes para assegurar sua felicidade.
Em comparação aos seres que vagueiam, eu tenho essa capacidade –
Essa será a tarefa por mim escolhida.

Mesmo Shantideva tendo afirmado não ter qualquer aptidão para este caminho, ele agora revela o seu orgulho positivo. Olhando à volta, ele compreende que tem uma chance bem melhor do que a maioria. Algumas pessoas não consideram um problema caluniar, odiar ou até matar seus inimigos. Elas nunca, nem remotamente, consideraram a ideia de trabalhar a sua mente e as suas emoções. Comparado com estas pessoas desafortunadas, ele está confiante de poder seguir o caminho do bodhisattva.

7.51
Quando os outros se entregam a atividades sem valor, Como posso eu, conivente, a eles me associar?
Mas não vou me abster por orgulho ou arrogância:
O melhor para mim é abandonar esse tipo de presunção.

Todos nós sabemos como é fácil ser pego em relacionamentos neuróticos ou vícios quando nos apoiamos em determinadas pessoas. Se tivermos uma história que envolve drogas ou álcool, será letal voltar e nos fraternizarmos com as velhas companhias. Mas como estabelecer um limite entre nós e situações deletérias sem olhar os outros de cima considerando-os menores ou inferiores? É importante pensar sobre este ponto.

Quanto mais tempo aderirmos ao caminho do bodhisattva, mais ele abrirá o nosso coração para vermos os outros aprisionados na confusão. Em vez de nos sentirmos condescendentes ou arrogantes, vemos como são parecidos conosco. Nós simplesmente tivemos sorte; eles, por outras razões, não foram capazes de abandonar seus vícios ou de sair de seus relacionamentos destrutivos.

Portanto, não é arrogância manter a nossa distância; nós simplesmente fomos sábios o suficiente para saber que ainda não podemos lidar com algumas situações. Aspiramos a ser capazes de ir a qualquer lugar no futuro, mas aceitamos o fato de ainda não termos força agora.

> 7.52
> Quando encontram uma serpente moribunda,
> Até os corvos se comportam como águias altaneiras.
> Portanto, se eu for fraco e pusilânime,
> Até mesmo pequenas faltas conseguirão me atingir e me ferir.

Uma mentalidade pobre é uma predisposição para se sentir sob um ataque. As menores coisas nos levam a duvidar de nós mesmos; o menor comentário pode nos fazer sentir inadequados e fracos.

Shantideva utiliza a analogia de uma serpente moribunda. Quando a serpente está viva e bem, é como uma pessoa confiante; não pode ser ferida com facilidade. Mas quando ela perde a sua força, é como alguém com baixa autoestima. De repente, um pássaro pequenino possui um poder devastador de uma águia altaneira. A menor desconsideração parece uma grande campanha mortífera.

> 7.53
> Aqueles que fogem do embate de maneira infame,
> Como conseguirão jamais se livrar de suas fraquezas?
> Já aqueles que defendem seu território com galhardia
> Dificilmente serão vencidos, mesmo pelos mais fortes.

Aqueles que fogem do embate de maneira infame são a maioria. Ao menor sinal de desconforto, corremos tanto quanto permitem nossos pequenos pés ou mente estreita. Shantideva pergunta como nos libertaremos se cedermos sempre aos sentimentos de inadequação.

As limitações podem ser reconhecidas sem exagero, e não precisamos sucumbir a elas. Quando confiamos que a nossa mente é trabalhável, nossas falhas não parecerão tão grandes. São temporárias como nuvens e, de modo algum, diminuem a natureza semelhante a um céu aberto da nossa mente. Com este tipo de confiança em nosso potencial ilimitado, os maiores desafios não nos farão desanimar.

7.54
Portanto, com o coração determinado
Vou vencer minhas debilidades.
Mas, se minhas deficiências vierem a prevalecer,
Meu desejo de suplantar o mundo será, sem dúvida, risível.

Se temos grandes ideias sobre como salvar os outros, mas somos facilmente atingidos, então existe algo errado neste cenário. Se desejamos *suplantar o mundo,* o primeiro passo é ter uma confiança inabalável de que podemos trabalhar sabiamente com os nossos kleshas. Então, poderemos colocar esta confiança em ação.

7.55
"*Sairei* vitorioso sobre todas as coisas;
Nada irá se sobrelevar e me abater!"
Os leões que são os filhos do Conquistador
Devem, constantemente, permanecer imbuídos de orgulho e confiança assim.

Orgulho e confiança não são algo tangível ou sólido. Crescem quando iluminamos e espargimos a nossa autorretidão. Não precisamos agir muito sobre as nossas emoções ou pensamentos. Como são essencialmente vazios, não temos que lutar contra eles; podemos deixá-los para se dissolverem. Com este ponto de vista, o que pode *sobrelevar e me abater?* A experiência do vazio não conceitual traz a confiança orgulhosa de que não temos absolutamente nada a perder a não ser nossos grilhões!

7.56
Aqueles a quem a arrogância e o orgulho destroem
Ficam assim conspurcados; a eles falta autoconfiança.
Caem nas malhas de um orgulho perverso,
Mas aqueles dotados do verdadeiro orgulho conseguirão escapar do inimigo.

A estrofe 56 distingue claramente o orgulho arrogante do orgulho da confiança e afirma, sucintamente, qual é o preferível.

7.57
Quando a arrogância infla a mente,
Ela a arrasta para baixo, aos estados de infortúnio,
Ou, então traz ruína ao nascimento humano, caso este seja ganho.
Assim, nasce-se escravo, dependente dos outros para se alimentar –

7.58
Ou apalermado, feio, sem força,
Motivo de chacota de todos.
Criaturas infelizes, estufadas pela presunção!
Se essas são os que você chama de orgulhosos, diga-me,
então, quem são os desgraçados?

O ponto principal em ser orgulhoso e arrogante é que as pessoas não gostam de nós. Estas não são qualidades atraentes e não formam uma vida feliz. E, certamente, não nos conseguirão um emprego. E como ninguém nos contratará, devemos terminar destituídos, *escravo, dependente dos outros para se alimentar.*

A confiança orgulhosa, por outro lado, é estimulante. Ela vem da compreensão de que todos nós somos budas disfarçados.

7.59
Aqueles que sustentam o orgulho para vencer o orgulho, o inimigo,
São os verdadeiros orgulhosos, os vitoriosos na batalha. Aqueles que barram o avanço do orgulho perverso,

> Levam à perfeição o fruto do estado búdico e satisfazem os anseios do mundo.

Esta estrofe brinca ainda mais com o orgulho do mundo. Shantideva conclui esta seção dizendo que podemos utilizar o orgulho para vencer o orgulho. A confiança alegre possui mais poder do que o klesha do orgulho. Desmontar o orgulho negativo, ele afirma, traz o maior benefício possível para si mesmo e para o mundo.

> 7.60
> Quando você se vir acossado pelas negatividades,
> Lute contra elas de mil e uma maneiras.
> Não se renda às hostes das paixões;
> Seja como um leão em meio a um bando de raposas.
>
> 7.61
> Independentemente do tamanho do perigo,
> As pessoas, por reflexo, protegem seus olhos.
> Do mesmo modo, não importa quais sejam as adversidades,
> Não vou me deixar cair nas malhas das negatividades.
>
> 7.62
> Ainda que eu seja queimado vivo,
> E mesmo que eu seja degolado ou assassinado,
> Em momento algum vou me curvar
> Diante dessas minhas inimigas, as emoções negativas.
>
> 7.62A
> Assim, em todos os momentos e lugares
> Não me desviarei do caminho correto.

Shantideva corajosamente proclama o que é possível para todos nós. Identificar as nossas neuroses em vez da nossa bondade básica seria muito triste: como ter nascido uma rainha, mas se ver como um mendigo.

Em meu treinamento, fui ensinada a procurar pelas lacunas: o hiato no final de cada expiração; o espaço entre dois pensamentos; a pausa não conceitual, que ocorre naturalmente após um choque súbito, um barulho inesperado ou um momento de assombro. Trungpa Rinpoche me aconselhou a criar, intencionalmente, estes vazios, fazendo uma pausa para observar o céu ou parar para ouvir, propositadamente. Ele chamou isto de "buracos apertados entre as nuvens".

Estes momentos passageiros, sem importância para mim, sem conversas internas, sem opiniões congeladas, são muito simples, embora poderosos. A novidade incondicional de simplesmente estar presente nos introduz a uma confiança inabalável: um orgulho leonino que se recusa a entrar em qualquer enredo limitador ou negativo.

Quem dera que pudéssemos captar este espírito de Shantideva. Então, nenhum desafio externo ou estresse emocional poderia nos seduzir para a ignorância e a confusão. Assim como as *pessoas, por reflexo, protegem seus olhos* no momento do perigo, nós, instintivamente, interromperíamos o momento do aprisionamento. *Em todos os momentos e lugares,* manteríamos o coração aberto. Mesmo se torturados ou ameaçados pela morte, nunca nos entregaríamos à sedução dos kleshas ou nos separaríamos do nosso direito por nascimento.

7.63
Como aqueles que encontram grande prazer em seus jogos,
Os bodhisattvas, em todas as suas ações,
Sentirão enorme alegria e entusiasmo,
Um prazer que nunca perde o viço nem passa.

7.64
As pessoas trabalham com afinco para conseguir satisfação
Ainda que o sucesso esteja longe de garantido;
Mas como podem ficar bem se não trabalharem,
Aqueles cuja alegria está no trabalho ele mesmo?

O terceiro dos quatro poderes, o poder da alegria, é descrito nas estrofes 63 a 66. Junto com a aspiração e a constância, a alegria é um ingrediente essencial do entusiasmo.

Dzongsar Khyentse enfatizou que, quando fazemos algo que não gostamos, ficamos vagarosos. Mas, quando fazemos algo que amamos – vamos nadar! Vamos comer pipoca e ver um vídeo! – isso nos faz sentir felizes e leves. Poderíamos trazer o mesmo entusiasmo para nos libertar da dor? Poderíamos nos aproximar do despertar da autoabsorção *como aqueles que encontram grande prazer em seus jogos?* Com este tipo de entusiasmo pelo desafio, a vida se torna uma fonte constante de felicidade. "Quanto maior o desafio, melhor" é o ditado do bodhisattva.

A sogra de Trungpa Rinpoche inicialmente o detestava. Ela fora criada no sistema de *apartheid* na África do Sul e, até onde ela conseguia ver, sua filha tinha se casado com um homem negro. Rinpoche ficou totalmente deliciado com o desafio de conquistá-la. Quando ela estava no auge do antagonismo, ele fez com que sua esposa a convidasse para um jantar em um feriado. Ela se recusou a ir, a menos que ele a convidasse pessoalmente. Então, ele foi até a casa dela, e quando ela abriu a porta, ele se ajoelhou e rogou que ela fosse. Ele a cortejou dessa maneira por anos e, finalmente, ela se permitiu gostar dele sem reservas.

O amor pelo desafio é a arma secreta do bodhisattva. Enquanto a maioria de nós tenta evitar a menor ansiedade, uma insinuação de impermanência ou uma pontada de insegurança, o bodhisattva desenvolve um apetite saudável pela dificuldade.

7.65
E já que o prazer – mel sobre o fio da navalha –
Nunca é suficiente para mim,
Como pode ser a mim suficiente o mérito,
Cujos frutos são a felicidade e a paz?

Esta imagem – lamber o *mel no fio da navalha* – se tornou uma analogia famosa para o comportamento vicioso. Como o mel é muito saboroso, não queremos parar de tomá-lo; enquanto isso nossa pobre língua fica cortada. Onde queremos colocar o nosso entusiasmo, na gratificação em curto prazo ou na felicidade de longo alcance da vida de um bodhisattva? Essa é a questão.

7.66
O elefante, atormentado pelo sol do meio dia,
Joga-se nas águas do lago;
De igual forma, preciso mergulhar nesta obra
Para que eu possa levá-la à sua conclusão.

Este é o espírito! Como um elefante com calor que se joga nas águas de um lago, podemos ter prazer ao viver uma vida que nos liberta da confusão. Sabendo que isto nos curará, como poderemos não querer mergulhar na tarefa de resfriar o calor dos nossos kleshas?

7.67
Se eu ficar comprometido pela fraqueza ou fadiga,
Porei o trabalho de lado, para retomá-lo em melhores condições.
E deixarei minhas tarefas concluídas,
Prevendo, assim, o trabalho que está por vir.

O assunto aqui é a importância da moderação e do repouso. Antes de assumir qualquer compromisso, devemos considerar as nossas capacidades e aprender a manter um ritmo. Nós, seres sencientes, geralmente corremos ou nos agitamos, e ambos conduzem à exaustão. A chave para permanecer motivado e inspirado no caminho do bodhisattva é saber quando fazer uma parada. Com esta nota sábia e compassiva, Shantideva termina a sua apresentação dos quatro poderes: aspiração, constância, alegria e moderação.

7.68
Do mesmo modo que um guerreiro experiente
Posiciona-se diante da espada dos inimigos na linha de batalha,
Desvie-se das armas da negatividade,
E suplante o adversário com desenvoltura e habilidade!

As estrofes finais deste capítulo apresentam vários atributos do entusiasmo. Primeiro, é introduzida a qualidade da leveza, ou agilidade. É fácil ficar mortalmente voltado para nos libertamos do sofrimento. As pessoas precisam de ajuda agora, e temos que estar em forma rapidamente! Mas na chamada guerra contra os kleshas, a opressão é somente outro engano do ego. Em vez de lutar, Shantideva sugere trazer alguma agilidade para a equação. Como crianças em uma peça, como um elefante mergulhando em um lago, como um cavalo fogoso, ou uma brisa de prazer – traga entusiasmo para a tarefa.

No início, naturalmente, isto pode não parecer possível; são os *guerreiros experientes* que fazem isso. Mas não há razão para ficar desencorajado. Pode ser um trabalho duro agora, mas refrear os kleshas e permanecer aberto para tudo que surgir é como aprender a dirigir um carro: fica mais fácil com a prática.

No caminho do bodhisattva, até depois de uma experiência direta do vazio, é preciso um longo tempo para ficar habilitado para ajudar os outros. Enquanto isso, se você mantiver o senso de humor e perceber com leveza cada vez que estiver em uma situação difícil, a sua agilidade e confiança só o auxiliarão a crescer.

7.69
Se, no calor da batalha o soldado deixa cair a espada,
Receoso rapidamente a apanha.
Assim, igualmente, se a arma da atenção for perdida,
Por temor dos infernos seja veloz em recuperá-la.

A próxima qualidade do entusiasmo é a urgência. A combinação de agilidade e urgência é imbatível. Por um lado, é crítico para o seu bem--estar destruir os kleshas; por outro, se você estiver muito estimulado, simplesmente criará outra forma de auto-absorção. O truque é ver quando você é pego e, então, gentilmente, porém com urgência, voltar para o momento presente.

Assim como um soldado não pode ser indiferente ao deixar cair a sua espada na batalha, não podemos ser complacentes quanto a perder a nossa plena atenção. Quando a nossa mente fica distraída, os kleshas se movem como um bando de ladrões. Mas, se a trazemos de volta com aspereza ou pânico, nunca geraremos a autocompaixão que precisamos para progredir ao longo do caminho.

7.70
Tal como o veneno se alastra pelo corpo,
Transportado pela corrente do sangue,
Um pensamento nocivo que encontra uma oportunidade,
Dissemina-se pela mente e a permeia.

Isto é verdadeiro. Não podemos subestimar o *veneno que se alastra* a partir até de pequenos rancores ou ressentimentos sutis. Sem serem reconhecidos, eles se espalharão e permearão nossas mentes. Nesta estrofe e nas seguintes, Shantideva enfatiza a importância da plena atenção como um componente do entusiasmo.

7.71
Seja como um homem amedrontado que carrega entre as mãos
um jarro cheio de óleo até a borda,
E que esteja sob a ameaça da espada de um guarda que lhe diz:

"Derrame uma só gota e morrerá!"
É deste modo que os disciplinados devem se conduzir.

Na época do Buda, havia um rei que não acreditava no poder da prática da plena atenção. Para demonstrá-la a este rei cético, o Buda fez vários homens irem ao palácio levando consigo jarras cheias de óleo até a borda. Atrás de cada um deles havia um espadachim pronto a atingi-los se um deles deixasse cair uma só gota do óleo. Embora a sala estivesse cheia de dançarinas, músicos e outras distrações, nenhum deles deixou cair sequer uma gota. Nem mesmo as atrações de um circo conseguem distrair quando existe uma espada em suas costas! Portanto, o tremendo poder de uma mente estabilizada foi convincentemente demonstrado para o rei.

7.72
Assim como um homem saltaria apavorado
Se encontrasse uma serpente enrolada no seu colo,
Se o sono ou a letargia me assaltarem,
Imediatamente irei espantá-los.

Esta é outra imagem para o entusiasmo que enfatiza a urgência. Quando uma cobra está no seu colo, você não se senta para admirar os desenhos da sua pele; você dá um pulo, sem hesitação. Eu sempre fui encorajada a praticar desta forma: se uma cobra se aninhar no meu colo ou se o meu cabelo pegar fogo!

7.73
A cada vez que eu falhar,
Vou me repreender e me vilipendiar,
Pensando longamente que, seja por que meios for,
Esses deslizes não voltarão a acontecer.

Aqui, Shantideva se refere à prática da confissão. Embora a palavra *vilipendiar* soe agressiva, sua ideia é que a autorreflexão é crucial. No caminho espiritual precisamos fazer amigos. De outra maneira, as recomendações de Shantideva cairão na culpa e no autodesprezo completamente inúteis.

A única maneira de nos curarmos é construir sobre a base da gentileza amorosa. Então, não será problema reconhecer a neurose como neurose e conectá-la ao nosso genuíno sofrimento profundo. Este coração partido e terno, que anseia por parar de nos fazer sofrer, conduz naturalmente ao *pensamento prolongado* de que, no futuro, *esses deslizes não voltarão a acontecer.*

Acho que a melhor maneira de compreender esta abordagem é através das histórias engraçadas do iogue tibetano Geshe Ben. Sempre que este excêntrico companheiro via em si mesmo qualquer tipo de gentileza ou de sabedoria, ele chamava a si próprio de "Venerável Geshe". Quando se via pego por um *shenpa*, dirigia-se a si mesmo como "seu tolo".

Uma vez, quando estava visitando alguns benfeitores, Geshe Ben viu uma sacola de farinha de cevada aberta, pendurada na parede. Ele precisava de um pouco de farinha, e quando foi deixado sozinho, inconscientemente se dirigiu para a sacola. De repente, compreendendo o que estava fazendo, gritou a plenos pulmões: "Ladrão, ladrão, peguei um ladrão!" Quando seus anfitriões acorreram, lá estava ele com a mão dentro da sacola.

Em outra vez, os benfeitores convidaram todos os monges para uma refeição. Geshe sentou-se no último lugar. Quando estavam distribuindo o seu iogurte favorito, ele entrou em pânico: "E se não der para mim?" "Como aquele monge gordo recebe uma porção daquele tamanho?" À medida que os ressentimentos cresciam, ele começou a se fazer de cúmplice para chegar antes dos outros monges, antes que fosse tarde. Então, compreendeu, com remorso, o que estava fazendo e, pacientemente, esperou pela sua vez. Quando o servo finalmente chegou até ele, ele colocou a mão sobre a sua tigela e gritou: "Sem iogurte para este companheiro guloso. Este vício por iogurte já foi longe demais".

Pessoalmente, estas histórias divertidas já me ajudaram a reconhecer a estreiteza da minha mente sem ficar muito pesada ou sob um julgamento muito severo.

7.74
A todo tempo e em qualquer situação,
A atenção será para mim um hábito constante.
Essa será a causa que me levará a
Buscar os mestres e realizar as tarefas que me forem confiadas.

7.75
Por todos os meios, então, antes de iniciar este trabalho,
Para que eu possa ter forças à altura da tarefa,

Refletirei sobre essas palavras que falam da atenção
E por-me-ei em pé, lépido, para fazer o que precisa ser feito.

Shantideva conclui com louvores à plena atenção. Quando estamos totalmente despertos e presentes, podemos realizar melhor as nossas tarefas e ouvir o que os mestres têm a dizer. Em geral, perdemos muito: a nossa mente divaga e grandes segmentos da nossa experiência ficam perdidos. Seria, portanto, aconselhável contemplar os ensinamentos de Shantideva com plena atenção e, rapidamente, mas não severamente, colocá-los em prática.

7.76
A ramagem que pende das árvores balança de um lado para outro,
Quando tocada pelo sopro do vento;
De igual modo, tudo aquilo que eu fizer será alcançado,
Quando animado pelo bater de um coração onde mora a alegria.

Esta bela estrofe é uma imagem do entusiasmo resultante e nos passa a sensação do que é possível para todos nós. Apesar do coração partido ao vermos o sofrimento do mundo, estamos alegres porque podemos fazer a nossa parte para aliviar e não aumentar esse sofrimento. Esta felicidade nos dá acesso a um tremendo reservatório de energia que estava previamente ligado à autoabsorção. Agora, tudo o que necessita de esforço acontece de modo espontâneo e naturalmente. Imagine a elevação de uma vida onde tudo *será alcançado, animado pelo bater de um coração onde mora a alegria.*

Sofrimento Profundo em Samsara

Meditação, Parte Um

NA ESTROFE DE ABERTURA do capítulo 8 de *O Caminho do Bodhisattva,* Shantideva faz uma referência ao desenvolvimento linear das *paramitas,* com cada uma se elevando sobre a anterior: baseados no cultivo do entusiasmo, ou diligência, podemos agora praticar a *paramita* da meditação. Contudo, o nosso desenvolvimento espiritual nem sempre segue uma linha reta. Ocasionalmente, a nossa mente fica estável e alerta; em outros momentos, está em todos os lugares. Algumas vezes, saímos para ir até o outro e, outras vezes, nos retiramos para o nosso casulo. Entretanto, se a nossa intenção permanece forte, ficamos progressivamente mais presentes e menos distraídos, progressivamente mais compassivos e menos autocentrados.

8.1
Após cultivar a diligência,
Direcione sua mente para a concentração.
Pois aqueles cuja mente é frouxa e dispersa
Ficam presos nas garras das paixões.

Das estrofes 1 a 24 Shantideva discute as razões para estabilizar a mente e evitar as distrações. A mensagem é similar aos ensinamentos do capítulo 5. Lá, a analogia para a mente descontrolada foi a de um elefante enlouquecido. Aqui, ser regido por uma mente dispersiva é comparado a ficar *preso nas garras das paixões*. O ponto comum nos dois exemplos é que a mente descontrolada nos faz sofrer.

> 8.2
> Na solitude, a mente e o corpo
> Não são perturbados pelas distrações.
> Portanto, deixe esta vida mundana
> E abandone toda divagação mental.

Com esta estrofe, Shantideva inicia uma discussão sobre a necessidade do isolamento. Ao contemplar esta seção, é aconselhável lembrar de três tópicos: *dunzi,* ou gastar a vida em distrações inúteis; *shenpa*, a experiência de ser pego; e o sofrimento profundo ou náusea em samsara.

Quando Shantideva nos diz para *deixar esta vida mundana,* ele está enfatizando como ficamos presos pelas coisas deste mundo e como precisamos encontrar tempo para nos libertar das distrações. Após um tempo, a náusea de ficar preso se parece com uma dor no coração que nunca passa. Shantideva não está fazendo uma afirmação final sobre como se deve viver a vida. Ele só está dizendo que, para a mente se tornar firme, precisamos nos afastar de *dunzi*, pelo menos por curtos períodos de tempo. O nosso isolamento exterior é um apoio para o isolamento interior.

Este é o ponto.

Não podemos nos enganar: se nunca fizermos uma parada em nossas vidas ocupadas, será extremamente difícil estabilizar as nossas mentes. Por isso, é recomendado separar um tempo todos os dias para meditar. Mesmo curtos períodos de tempo para sentarmos silenciosamente conosco permitem que a mente se acalme. Períodos maiores são sempre melhores.

> 8.3
> Por causa de entes queridos e o desejo por ganhos materiais,
> A aversão à vida mundana não se instala.
> Então, são essas as primeiras coisas a serem renunciadas.
> Assim reflete o homem prudente.

A estrofe 3 enfatiza um vício comum: buscar a felicidade nas coisas exteriores, como se um parceiro, comida ou algum bem material pudesse trazer a alegria que está faltando em nossas vidas. A nossa tendência de sermos alcançados por estes impulsos é o que preocupa Shantideva, aqui. Não são *os entes queridos* e *os bens materiais*, per si, que precisam ser renunciados; são as esperanças não realistas que colocamos nestas coisas. O pensamento do desejo pode, facilmente, se tornar mais compulsivo do que o anseio do coração bodi.

8.4
A visão penetrante, aliada à quiescência mental
Erradica por completo os estados aflitivos.
Sabendo disto, procure primeiro a quiescência mental,
Encontrada por aqueles que, contentes, renunciam ao mundo.

A *quiescência mental* novamente se refere à estabilidade mental da meditação *shamatha.* A *visão penetrante* de uma mente calma e firme é a base para o trabalho com os kleshas. Para cultivar esta estabilidade e vigilância, precisamos encontrar um tempo para o isolamento.

8.5
Os seres, breves, efêmeros,
Que se aferram àquilo que também é passageiro,
Não terão sequer um vislumbre de felicidade
Por milhares e milhares de vidas futuras.

8.6
Assim, a mente deles não conhecerá a alegria
E, portanto, não repousará na equanimidade.
Mas, ainda que a provem, não ficarão satisfeitos –
E, como antes, a dor do ansiar permanece.

Quando nós, *seres breves, efêmeros,* nos agarramos a coisas que são igualmente impermanentes, isto é um gatilho para a insatisfação. Isso não é uma frase particularmente religiosa; podemos ver que tudo está constantemente mudando, incluindo nós mesmos.

Como a impermanência resiste às nossas tentativas de nos agarrarmos a qualquer coisa, os prazeres externos não podem nunca trazer uma alegria duradoura. Mesmo quando conseguimos uma gratificação em curto prazo, ela não cura o nosso anseio pela felicidade; isso somente aumenta o nosso *shenpa.* Como disse uma vez Dzigar Kongtrul: "Tentar encontrar a felicidade duradoura nos relacionamentos ou bens materiais é como beber água salgada para matar a sua sede".

8.7
Se eu desejo e anseio por outros seres,
Um véu recobre a verdade perfeita.
A desilusão salutar se dissipa,
E, ao final, aparece a ferroada da dor.

8.8
Meus pensamentos voltam-se todos para eles...
E, pouco a pouco, minha vida vai sendo desperdiçada.
Meus parentes e amigos todos esmaecem e passam –
Eles por conta de quem é destruída a Doutrina que leva à indestrutibilidade.

Voltar ao assunto do lar várias e várias vezes é um dos métodos de ensino de Shantideva. Estas estrofes dizem mais uma vez que, quando nós *desejamos e ansiamos* por outros seres, *um véu recobre a verdade perfeita.* Em outras palavras, esta súplica nos cega para a natureza imparcial da mente e, portanto, a nossa *desilusão salutar* com samsara é desfeita.

A náusea ao refazer a mesma coisa várias e várias vezes é chamada *desilusão salutar* porque nos motiva a romper os nossos hábitos. Em contraste, a desilusão comum é o desgosto baseado no ego – eu não gosto disto, não quero daquilo – que mantém os nossos hábitos bem entrincheirados. Shantideva diz que quando o buscar a segurança em coisas externas obscurece a nossa percepção da natureza fugaz e incerta da realidade, nosso anseio para despertar pode evaporar. Mais cedo ou mais tarde será muito tarde para despertar porque *aparece a ferroada da dor.* Em outras palavras, nós morremos.

Mesmo centenas de anos depois, podemos compreender facilmente quando Shantideva diz *meus pensamentos voltam-se todos para eles.* Estamos sempre pensando nos outros: seres amados, família e pessoas de quem gostamos e não gostamos. Desperdiçamos vidas inteiras preocupados com estes objetos de nossos anseios e desdém. Enquanto isso, *parentes e amigos todos se esmaecem e passam*, deixando-nos, tristes, com um "hábito" do anseio entrincheirado. Mais tristes ainda, podemos ter perdido a nossa paixão pela liberação em processo.

8.9
Pois, se eu agir como aqueles que são como crianças,
Por certo decairei para os estados inferiores.
Então, por que cultivar a companhia de seres pueris
E seguir com eles por caminhos tão distanciados da virtude?

8.10
Num momento amigos,
No momento seguinte, inimigos rancorosos.
Até mesmo coisas agradáveis despertam sua insatisfação:
Gente do mundo – difícil de contentar!

8.11
Uma palavra benfazeja e eles se ressentem,
Enquanto tudo o que fazem é me desviar do bem.
E, se ao que dizem não dou ouvidos,
Sua raiva ferve, a causa dos estados inferiores.

O Buda muitas vezes compara seres sencientes como nós a crianças ou seres infantis. Somos infantis na maneira que constantemente corremos atrás dos objetos do nosso desejo. Shantideva não está dizendo que ele foi além da infantilidade. Está dizendo que este é o modo como todos nós somos, e se continuarmos a agir desta maneira, não haverá como enfraquecer o nosso anseio.

O tempo que passamos agarrados aos nossos dramas pessoais somente cria mais confusão. Um dia nós, seres infantis, somos amigos, no dia seguinte, inimigos rancorosos. Mesmo as coisas agradáveis que fazemos para os outros podem criar problemas. Você já tentou confortar alguém ou dar a uma pessoa uma palavra de encorajamento e recebeu de volta uma hostilidade? Se você fechar os seus ouvidos, as pessoas ficam ainda mais zangadas. Em uma festa, por exemplo, se há realmente uma boa conversa circulando, mas você não participa dela, as pessoas o acham irritante. É assim que acontece, e não parece que irá mudar.

Ao ler estas estrofes você poderá decidir que Shantideva é realmente rabugento. Mas se você parar para pensar por um tempo sobre as suas experiências nos últimos doze meses, provavelmente verá que ele está falando somente o óbvio.

8.12
Inveja dos que lhe são superiores, eles competem com os seus pares,
Orgulhosos em relação àqueles em condição inferior, pavoneiam-se quando são elogiados.
Diga uma palavra fora do lugar, e ardem de raiva:
O que de bom jamais se tirou dessa gente pueril?

8.13
Ande na companhia deles e o que acontece?
Autoenaltecimento e desprezo pelos outros,
Conversas sobre as "boas coisas" do samsara –
Toda sorte de vícios seguramente aparece.

Estas estrofes descrevem como nós, com frequência, entendemos errado. Temos inveja daqueles que são mais ricos, mais populares, que têm melhor aparência ou empregos melhores. Somos competitivos com os nossos semelhantes. Quanto àqueles "abaixo" de nós, nós os desprezamos e somos orgulhosos.

Seria tão simples transformar estas tendências na prática do dharma. Com os nossos *superiores,* poderíamos praticar a alegria simpática; então, despertando o nosso coração bodi, a posição deles nos traria benefícios. Em vez de competirmos *com os nossos pares,* poderíamos praticar a gentileza e o respeito. Com *os em condição inferior,* poderíamos praticar a compaixão. Fazemos do erro um hábito e, com isso, perdemos oportunidades valiosas.

O que acontece com frequência quando ficamos emocionalmente envolvidos com *pessoas pueris* é que incitamos uns aos outros. Elevando-nos e colocando os outros mais abaixo, aproveitando das *"boas coisas" do samsara* – nossas férias maravilhosas, uma excelente garrafa de vinho – ficamos cada vez mais enredados nos prazeres transitórios. Neste estágio do caminho, é muito fácil ficar preso nos dramas dos outros, o que é muito perigoso.

O apoio que necessitamos para dissolver estes padrões antigos, diz Shantideva, novamente, virá de encontrar um tempo para o isolamento.

8.14
Apenas malefícios podem resultar

De ligações como essas, entre você e os outros.
Pois eles não trarão benefício algum a você,
E você, por sua vez, nada de bom pode trazer a eles.

8.15
Portanto, fuja da companhia das pessoas infantis.
Ao se encontrar com elas,
Saúde-as com um sorriso de amável cortesia,
Porém, sem convidar proximidade ou familiaridade.

8.16
Como as abelhas, que retiram o mel das flores,
Pegue apenas aquilo que se coaduna com o Dharma.
Trate-as como estranhos recém-conhecidos,
Sem encorajar intimidade no relacionamento.

A maneira como ficamos presos em relacionamentos sempre nos desanima. Ninguém se beneficia e não surge nenhum bem deles. Como uma abelha que fica agarrada extraindo o mel das flores, quando nos permitimos conversas sem motivo, demonstrações de superioridade e calúnias, isto é letal. Poderíamos nos manter em boas relações com os outros sem ficarmos presos a elas. Como abelhas sábias, podemos retirar o que sustenta o nosso bom coração sem ficar irremediavelmente aprisionado.

Estes ensinamentos podem ser muito desafiadores, e até insultantes ou perturbadores. Mas, na verdade, usamos os nossos relacionamentos atuais para despertar o bodhichitta? A maioria de nós não tem o desejo de ser malicioso ou de causar algum mal. Vemos a nossa prática como uma maneira de nos envolvermos com seres sencientes, sem evitá-los. Mas, enquanto formos facilmente acionados e seduzidos, precisaremos do isolamento para aprofundar a nossa estabilidade e conscientização.

É como se tornar um cirurgião do cérebro: se formos verdadeiros quanto à nossa aspiração, frequentaremos a escola de medicina para obter um treinamento intensivo sem tentar fazer isso em casa. Shantideva não está dizendo para não termos amigos ou evitar a companhia dos outros. Ele está nos aconselhando a nos tornarmos menos reativos e mais sábios. A estabilidade da mente é como a chama de uma vela, que neste ponto é muito vulnerável. O isolamento é como uma proteção de vidro que impede que ela seja apagada pelo vento. Quando a chama está estável, podemos retirar a proteção. O vento não será mais uma ameaça; agora, na verdade, ele fará a chama queimar como uma fogueira.

Quanto mais eu envelheço, mais sou atraída para períodos maiores de retiro, embora saiba que passar meses em isolamento não é uma realidade para muitas pessoas. Você pode, na verdade, meditar todos os dias e realizar retiros de um dia ou por um fim-de-semana sempre que possível. Se você puder dedicar mais tempo, certamente eu o encorajo a fazer isso. O ponto principal é fazer do recolhimento uma parte da sua vida.

Para trabalhar com circunstâncias externas difíceis, precisamos reunir as nossas forças internas. Se somente dez ou vinte minutos de meditação diária já nos auxilia, vamos nos empenhar nisso!

Fazer um bom uso do nosso tempo limitado – o tempo limitado do nascimento até a morte, como também o nosso tempo limitado a cada dia – é a chave para desenvolver a segurança interna e a calma.

Uma das histórias mais inspiradoras que já ouvi sobre este assunto envolve a avó de Dzigar Kongtrul. Sua vida foi extremamente difícil. Porém, mesmo embora ela trabalhasse pesado desde cedo pela manhã até tarde da noite, ela se tornou uma pessoa altamente realizada pela prática nos intervalos. Sempre que não estava falando com alguém, ela relaxava a mente e permanecia presente. Quando ordenhava as vacas, lavava pratos ou andava de um lado para outro, ela costumava utilizar cada oportunidade para estabilizar e expandir a sua mente. Em cada pausa, ela encontrou o isolamento externo e assim descobriu um recolhimento interno que era inabalável e profundo.

> 8.17
> "Oh, sou rico, cercado de atenções,
> Tenho tantas coisas e a vida é maravilhosa!"
> Alimente esse tipo de complacência e, mais tarde,
> Após a morte, seus medos se porão em campo!

> 8.18
> Ó mente tola e atormentada, você quer,
> Você deseja tantas e tantas coisas,
> Essas coisas todas depois crescem e se transformam
> Em sofrimento mil vezes maior.

As estrofes 17 a 21 enfatizam a maneira como nos distraímos com a boa sorte. O grande mestre de meditação Dilgo Khyentse Rinpoche ensinou que algumas vezes as boas circunstâncias são mais difíceis de serem trabalhadas do que as más porque elas nos divertem. Ele as chamou de "obstáculos positivos".

Quando alguém está zangado conosco, isso nos lembra meditar sobre a paciência. Quando ficamos doentes, o nosso sofrimento nos coloca em contato com a dor dos outros. Quando as coisas vão bem, contudo, a nossa mente aceita isso com facilidade. Como o óleo absorvido pela nossa pele, o apego a circunstâncias favoráveis se mistura suave e invisivelmente em nossos pensamentos e sentimentos. Sem compreender o que está acontecendo, podemos ficar convencidos das nossas realizações, da nossa fama e riqueza. É difícil nos livrarmos dos obstáculos positivos. Se pudermos ter tudo que desejamos – riqueza, uma casa confortável, roupas bonitas – ele nos aconselha a ver esta boa sorte como ilusória, como um belo sonho, e não nos deixarmos seduzir por uma complacência.

Como diz Shantideva, *ó mente tola e atormentada, você deseja, você deseja tantas e tantas coisas,* mas tudo nunca é suficiente. Como no ditado que conhecemos bem, quanto mais temos, mais queremos ter.

> 8.19
> Já que é assim, os sábios não entretêm desejos,
> Pois deles brotam o medo e a ansiedade.
> E firme isso em sua compreensão:
> Tudo o que se possa querer, por sua própria natureza, irá se apagar e sumir.

> 8.20
> Pois as pessoas podem ter acumulado grande fortuna,
> Gozar de boa reputação, doce fama.
> Mas quem pode dizer aonde foram agora,
> Com todas as malas cheias de ouro e glória?

Todas aquelas pessoas através da história que ganharam riqueza, fama e boa reputação, onde estão agora? Elas se foram para sempre. E, no final, qual a utilidade de *todas as malas cheias de ouro e glória?* Elas não a auxiliaram na morte e não nos auxiliarão também.

As delícias do mundo apoiam, naturalmente, o nosso despertar. Quando estamos confortáveis e desfrutando de facilidades, podemos devotar mais tempo para a meditação e para beneficiar os outros. Mas, em geral, elas nos iludem para outras ocupações e *shenpa.* Como colocou Trungpa Rinpoche: "Não somos ridículos?"

> 8.21
> Por que devo me alegrar quando as pessoas me elogiam?
> Haverá outros que me menosprezarão e criticarão.
> E por que ficar abatido quando sou censurado,
> Já que haverá outros que me terão em boa conta?

Shantideva se refere, aqui, às "oito preocupações mundanas": elogio e culpa, prazer e dor, fama e obscuridade, ganho e perda. Ele pergunta por que ficar feliz *quando as pessoas me elogiam,* ou infeliz quando elas me censuram, já que sempre haverá aqueles com outras opiniões. Entretanto, estas preocupações mundanas são os pontos com que lutamos constantemente para alcançar ou nos afastarmos. O puxão de *shenpa* do querer e não querer nos mantém girando em samsara.

Simplesmente o pensamento de alguém dizendo algo agradável sobre nós nos faz sentir bem. Se alguém nos trata de maneira neutra, talvez seja uma resposta sem expressão à nossa história, somente lembrando que isto nos deixa um pouco deprimidos. É insano ficar escravizado por essas esperanças e medos, mas todos podemos esperar por eles.

Isto não é somente uma neurose pessoal; é outro exemplo do nosso dilema universal.

> 8.22
> Tantas e tantas são as vontades e preferências dos seres,
> Que nem mesmo o Buda poderia satisfazê-las todas –
> O que dizer, então, de um homem malfazejo como eu!
> Melhor abandonar esses pensamentos mundanos.

> 8.23
> As pessoas menosprezam os pobres que não têm posses,
> Também criticam os ricos que as têm.
> Que prazer pode vir da companhia
> De pessoas assim, tão difíceis de agradar?

> 8.24
> A menos que suas vontades prevaleçam em todas as coisas,

Essas crianças ficam privadas da felicidade.
Desse modo, esquive-se da amizade dos homens pueris,
Assim disse o Tatágata.

Aqui, Shantideva sobrepõe a seção de ficar preso a pessoas com a boa sorte. Não há sabedoria em tentar satisfazer os anseios mundanos – nossos ou de alguém. O fato de *nem mesmo o Buda poderia satisfazê-los todos* é sensato. Shantideva nos aconselha mais uma vez a não ficar absorvendo o drama.

8.25
Em florestas, abrigo de cervos e pássaros,
Entre árvores onde não reina nenhuma discórdia,
É lá que encontrarei companhia aprazível!
Quando poderei partir e lá estabelecer meu lar?

8.26
Quando partirei para fazer minha morada
Em uma gruta, em um templo deserto ou sob a copa de uma árvore,
Levando no peito um coração livre, sem amarras,
Que nunca se volta para olhar para trás?

8.27
Quando poderei morar em um lugar assim,
Um lugar não reclamado, sem dono por natureza,
Que seja amplo e não confinado, um lugar
Onde eu possa permanecer em liberdade, sem apegos?

8.28
Quando poderei ficar livre do medo,
Sem necessidade de me esconder de quem quer que seja,
Com apenas uma tigela para pedir esmolas e poucos pertences,
Vestindo trajes que ninguém cobiça?

Quando Shantideva louva o isolamento, ele não está sugerindo que nos afastemos para nos esconder de todas as coisas desagradáveis. Mesmo que isto fosse possível, ele não o recomendaria. Uma pessoa pode passar anos sozinha em uma caverna sem realmente soltar nada. A questão é como atingir com mais facilidade o recolhimento interno que trará a felicidade duradoura. Existe uma história sobre uma visita que Patrul Rinpoche fez a um iogue que tinha estado em meditação em um retiro por vários anos. Sua prática principal era a perfeição da paciência. Rinpoche chegou inesperadamente e imediatamente começou a espicaçar o iogue, ridicularizando a sua prática e chamando-o de charlatão. Finalmente o homem ficou furioso e gritou dizendo a Patrul Rinpoche que fosse embora e o deixasse sozinho. Quando Rinpoche estava de saída, disse para o iogue: "Eu só estava testando o seu aperfeiçoamento da paciência".

8.29
E, indo aos cemitérios,
Quando irei comparar meu corpo
Com os ossos ressecados que lá se encontram,
Ambos tão iguais, tão prestes a se reduzir a nada?

8.30
Esta minha forma, esta minha própria carne,
Logo exalará um odor tão pestilento
Que nem mesmo os chacais se aproximarão –
Pois isto é, por certo, tudo o que a espera.

Mais uma vez Shantideva contempla a impermanência desta vida. Nos cemitérios cheios de cadáveres expostos, ele compara o seu corpo com *os ossos ressecados que lá se encontram* e compreende que após a morte, *esta minha forma, esta minha própria carne,* exalará um odor tão pestilento que até os chacais não se aproximarão. Com este humor melancólico, Shantideva então ensina a si próprio o dharma.

8.31
Este corpo, agora ileso e inteiro,
Esta carne e ossos que a vida entreteceu,
Irão se separar, se desintegrar.
E quanto mais irá um amigo se afastar de outro?

8.32
Sozinhos nascemos, sozinhos chegamos ao mundo,

E, quando morremos, também partimos sós.
Pois ninguém compartilha o nosso destino; e ninguém o nosso sofrimento.
Então, o que são eles para mim, esses "amigos" e todos os seus estorvos?

Nossa própria vida depende *de este corpo* ser relativamente saudável e íntegro. Mas o nosso corpo se desintegrará, isto é certo. Ele nos deixará, assim como um amigo deixa o outro. Em um tipo de ditado de "cinzas de volta às cinzas", ele diz que nascemos sozinhos, e quando morremos, independente de quanto amamos as pessoas ou de quanto elas nos amam, passaremos pela transição sem companhia. Não há nada que os nossos seres queridos possam fazer para nos auxiliar. Ficarmos agarrados a eles somente prejudicará a nossa capacidade de partir e se desprender com facilidade.

8.33
Como viajantes pela estrada,
Que param para fazer uma pausa em sua jornada,
Os seres nos caminhos do mundo,
Todos param e pausam para nascer.

8.34
Até que chegue a hora
Em que quatro homens irão me carregar,
Entre as lágrimas e lamentos da gente do mundo –
Até lá vou me retirar para uma floresta.

Esta vida é como uma parada para descanso em uma jornada. Podemos imaginar o nosso corpo como um quarto de hotel: nós o alugamos, repousamos por um tempo e depois seguimos viagem. Shantideva aspira a não perder esta vida passageira correndo atrás de distrações sem significado. Até chegar o momento de este corpo ser levado embora, ele utilizará bem os seus dias e fará um retiro.

8.35
Lá, sem nenhum laço e nenhum antagonismo,
Ficarei só, em recolhimento,

Considerado desde o princípio como já morto,
Quando morrer não serei motivo de dor para ninguém.

8.36
Do mesmo modo, ficando completamente só,
O som das lamentações não me estorvará.
E não haverá ninguém para desviar
O meu pensamento do Buda e da prática.

Esta é uma instrução sobre como morrer. Se, devido ao nosso treinamento durante a vida pudermos nos conectar com a abertura da nossa mente, a experiência da morte será alegre e expansiva. Mas, e se a nossa mente estiver dispersa e facilmente distraída pelos obstáculos emocionais? Então o processo da morte será confuso e assustador. A aspiração de Shantideva é morrer sozinho, na esperança de evitar estas complicações desnecessárias.

8.37
Portanto, nessas florestas aprazíveis e luminosas,
Com a alegria turvada por poucas aflições,
Pacificarei todo o divagar da mente,
E ali permanecerei em bem-aventurada solidão.

8.38
Abandonando todas as demais aspirações,
Concentrando-me em uma única intenção,
Vou me empenhar para serenar minha mente,
E, aquietando-a, sobre ela ganhar mestria.

Esta aspiração finaliza a seção sobre a busca externa e o recolhimento interno. Serenar a mente se refere à meditação *shamatha;* sobre ela *ganhar mestria* significa estabilizar a agitação da mente. Apesar da dureza das palavras, já sabemos que isto depende da gentileza, da paciência e do entusiasmo.

Na seção seguinte, Shantideva ensina em detalhes como abandonar as distrações que perturbam a mente, particularmente o desejo sexual.

O que é especialmente digno de nota nesta seção é a lógica surpreendente de Shantideva. Ele destrói, inexoravelmente, o raciocínio do anseio.

Independente do objeto do nosso desejo ardente – um ser amado, um carro, um sorvete – tudo não passa de uma tempestade em copo d'água.

8.39
Neste e em todos os outros mundos,
O desejo é o fértil progenitor de todos os conflitos.
Aqui, neste mundo, grilhões, ferimentos e morte,
No próximo, a existência dos infernos.

8.40
Você envia seus mensageiros, tanto rapazes quanto moças,
Com muitos presentes, a fim de conquistar o prêmio,
Não poupando, na busca, nenhum pecado,
Nenhum ato que manche a sua reputação.

8.41
Tampouco atos temerários que o exponham a risco,
Ou a perda ou ruína de seus bens e fortuna –
E tudo por conta do prazer e êxtase perfeito,
Daquele beijo inebriante e inefável.

Parte do que está sendo discutido é a maneira como as pessoas na época de Shantideva agiam para encontrar seus parceiros – aqui os *mensageiros* e *presentes*. É interessante notar que, diferentes de vários monges em Nalanda, Shantideva estava bem familiarizado com os costumes das pessoas do povo. Como príncipe, ele provavelmente tinha tido relacionamentos íntimos e não era um pudico.

O que ele está enfatizando aqui não é a própria paixão sexual, mas a maneira como nos tornamos obcecados e fazemos loucuras para satisfazer os nossos desejos. Como ele diz na estrofe 39, a paixão descontrolada pode resultar em grilhões, ferimentos e até em morte. Infelizmente, a síndrome de O. J. Simpson não é tão incomum.

Nas estrofes seguintes, Shantideva nos solicita a observar com inteligência a natureza do corpo do nosso ser amado, enquanto desafia a lógica da nossa preocupação irracional com o sexo.

8.42
De quem, na verdade, não passa de um amontoado de ossos,

Desprovido de "eu", sem existência própria!
É esse o único objeto do desejo e da volúpia?
Melhor passar adiante de toda dor e sofrimento!

8.43
Quanto trabalho você se deu só para remover o véu,
E levantar o rosto que, com modéstia, baixou os olhos.
Aquele rosto que, visto ou não,
Sempre se manteve cuidadosamente escondido.

8.44
Aquele rosto pelo qual você tanto suspirou...
Ei-lo aqui – desnudado, exposto.
Os corvos fizeram o trabalho para você poder ver.
Mas o que é isso? Você se põe a correr assim tão depressa?

8.45
Aquele corpo que você guardava com tanto ciúme
E protegia dos olhos dos outros homens,
Como, ser avarento, você não o defende,
Agora que serve de comida às aves no cemitério?

8.46
Veja, essa massa de carne humana,
Que logo será engolida por animais carniceiros,
Você enfeita com flores, sândalo e joias,
Sem ver que se trata de pasto para outros seres!

Existem dois antídotos tradicionais para a luxúria. O primeiro é substituir a luxúria por aversão. Shantideva utiliza esta abordagem quando olha para o corpo após a morte e nos pede para contemplar o anseio irracional por esta *massa de carne humana.* O desejo, diz ele, desaparece rapidamente quando o nosso ser amado se torna um corpo em decomposição.

O outro antídoto está em ver a natureza insubstancial e irreal do corpo. Como enfatizado na estrofe 42, o objeto da nossa luxúria *não passa de um amontoado de ossos,* sem uma existência permanente ou sólida.

A partir deste ponto de vista, é aconselhável questionar a representação sólida que fazemos do nosso parceiro sexual. Talvez nós os vejamos como sensuais e irresistivelmente atraentes; mas se não estiverem limpos e perfumados, a paixão rapidamente se transformará em aversão. E se os desejarmos inteiramente vestidos, e nos chocarmos quando os virmos sem roupa? Talvez sejam mais gordos ou mais magros do que esperávamos, ou talvez não gostemos das suas tatuagens. Se a paixão pode evaporar tão rapidamente, com o quê somos realmente obcecados?

Uma amiga minha terminou rapidamente um relacionamento após ter tido caxumba. Quando seu parceiro a viu desfigurada, perdeu temporariamente todo o seu interesse por ela. Quando ela recuperou sua beleza, tinha perdido todo o interesse por ele!

8.47
Veja de novo, esse amontoado de ossos –
Inertes, mortos. Ora, do que você tem tanto pavor?
Por que não sentia medo deles quando caminhavam
Movimentando-se com desenvoltura, como aparições vindas do além?

Temos aqui novamente o conhecimento de Shantideva. Por que, ele pergunta, temos tanto medo de um corpo morto sendo ele o mesmo corpo que quando está de pé e caminhando não nos assusta?

8.48
Outrora você os amava, quando estavam vestidos e cobertos.
Bem, agora estão nus. Por que você não os quer?
Ah, você diz, sua volúpia se esvaiu,
Mas por que você os envolvia, todos cobertos e enfeitados?

Aqui ele se refere novamente a vermos o corpo do nosso amado como um cadáver. Por que ficamos tão agarrados a ele? Se pensarmos que é o corpo dele, então por que tudo muda quando este corpo está morto?

8.49
Da comida, fonte única, vêm igualmente
A imundície de seus corpos, o doce néctar de suas bocas.
Então, por que você se delicia com a saliva,
E se enoja diante do excremento?

Pode parecer óbvio que a saliva do ser amado seja mais atraente do que seu excremento. Mas, imagine: uma mosca acharia o excremento muito desejável. Alguma coisa é realmente, intrinsecamente, desejável ou repugnante?

8.50
Sem ver encantos em almofadas,
Ainda que macias ao toque,
Você alega que a forma humana não exala nenhum odor fétido;
Ensandecido pela luxúria, você não sabe o que é limpo!

8.51
Criatura lasciva, entorpecida pelo desejo,
Por que você não pode copular com almofadas,
Você se enfeza e acha defeitos nelas,
Embora sejam macias e agradáveis ao tato!

Quando Shantideva fala de ser *ensandecido pela luxúria* e *entorpecido pelo desejo,* ele enfatiza o núcleo do problema. Não é o objeto sexual que é errado, mas o nosso grau irracional de *shenpa.*

8.52
E, se você não tem nenhuma apreciação pela imundície,
Como pode aninhar em seu colo
Um saco de ossos amarrados por tendões e
Coberto por um reboco de carne?

8.53
A razão disso é que você próprio está cheio de imundície,
E chafurda nela o tempo todo.
O que você deseja mesmo é só sujeira,
E, por isso, vive a querer outros sacos cheios dela!

Talvez seja daqui que veio a expressão "cheio de excremento"! É preciso ter senso de humor com os argumentos de Shantideva. Aqui ele está dizendo que nós mesmos somos um amontoado de imundície, então para que suspirar pelas impurezas dos outros?

8.54
"Mas é a pele e a carne que eu adoro
Tocar e olhar".
Por que, então, você não tem desejos pela carne só,
Inanimada, em seu estado natural?

A estrofe 54 começa com a análise clássica feita para expor a natureza do vazio. O exemplo tradicional é uma carruagem: onde encontramos a natureza verdadeira da carruagem? É na roda esquerda, na roda direita ou no assento? Podemos fazer estas mesmas perguntas utilizando o exemplo do corpo.

Shantideva está questionando onde reside o objeto da luxúria. Está na carne ou no perfume? Se estiver aí, então por que não sentimos luxúria pela carne crua ou por odores agradáveis? Se for o odor do sândalo que nos desperta, seremos tolos ao confundir esse odor com o corpo.

Da mesma maneira que o Buda analisou a carruagem, Shantideva analisa o corpo para descobrir onde "ele" está. Onde está este "ser" ou o outro? Então prossegue para descrever como nós não somente permeamos estes seres amados ilusórios com a conveniência, depois os cobiçamos, ansiando por copular com eles, e assim por diante.

8.55
A mente da amada que você tanto deseja
Escapa ao seu toque; essa mente você não consegue ver.
Nada do que os sentidos percebem é a mente,
Então, por que se entregar à copulação sem sentido?

Se eu digo que é pela mente do ser amado que me sinto atraído, onde ela realmente se encontra?

8.56
Deixar de entender a natureza impura
Da carne de outra pessoa talvez não seja tão estranho.
Mas não enxergar a natureza imunda
Do próprio corpo é, sem dúvida, muito estranho!

8.57
Por que a mente, voltada para a sujeira,
Desdenha o botão de lótus

Que se abriu aos raios de um sol sem nuvens,
E encontra prazer num saco de imundície?

Se for a beleza que desejamos, por que não sentimos luxúria por um botão de lótus?

8.58
E, já que você não tem inclinação alguma para tocar
Um lugar ou objeto emporcalhado de excremento,
Por que você tem vontade de tocar o corpo
De onde esse excremento saiu?

8.59
E, se você não tem desejo por aquilo que é sujo,
Por que você agora abraça e beija
Algo que vem de um lugar impuro,
Gerado, também, por uma semente impura?

O *lugar impuro* aqui referido é o ventre, e a *semente impura* é o sêmen. Em nossa cultura muitas pessoas não sentem aversão por essas coisas, mas na Índia, na época de Shantideva, aparentemente todos tinham. Isto, na verdade, prova o ponto de Shantideva. Aversão e atração estão frequentemente baseadas na tendência cultural e não são, de modo algum, realidades absolutas.

8.60
Os vermes malcheirosos que vivem na imundície –
Você não tem amor por eles, nem mesmo pelos menores.
Entretanto, você se arde de desejo por uma forma humana,
Surgida da imundície e dela repleta!

8.61
De sua própria sujeira
Você não tem nojo; o que é mais,
Atraído pela imundície de um receptáculo impuro,
Você anseia por tocar o corpo de outrem!

Em nossa cultura da baixa autoestima não é aconselhável encorajar o desagrado pelo nosso próprio corpo. Entretanto, Shantideva continua a dar o melhor de si para reduzir a necessidade irresistível da luxúria. É a luxúria, e não a paixão sexual por si, que ele espera esvaziar com a sua lógica e raciocínio.

8.62
Substâncias aprazíveis, como a cânfora,
Arroz e condimentos –
Se colocados na boca e cuspidos fora:
A própria terra fica por elas enxovalhada!

8.63
Se você ainda duvida de tal imundície,
Embora seja patente aos olhos de todos,
Vá até os cemitérios e observe
Os corpos pestilentos lá abandonados.

8.64
Se, quando a pele deles é arrancada,
Causam-lhe enorme horror e repulsa,
Como pode você, tendo visto isso, depois
Querer e desejar um objeto assim?

A questão básica é: tendo visto um cadáver, como podemos ficar obcecados por um corpo vivo?

8.65
A fragrância que agora perfuma a pele
É sândalo – nada mais.
Entretanto, como é que o aroma de uma coisa
Faz com que você passe a desejar outra?

8.66
Por certo, é melhor deixar de querer
Aquilo que, por natureza, exala mau cheiro.
Porém os desejos da gente do mundo são todos confusos –
Com que finalidade ungem a pele com perfumes?

8.67
Pois, se este aroma é, na realidade, sândalo,

Como vamos agora descrever os cheiros do corpo?
E como é que a fragrância de uma coisa
O leva a ansiar por outra?

8.68
Com os cabelos escorridos, as unhas compridas, por cortar,
Com os dentes sujos, e recendendo o mau cheiro de suas gosmas,
O corpo, nu, tal como ele é, sem cuidados,
É uma cena de um pesadelo!

8.69
Por que nos esmerarmos em limpar e polir
O que não passa de uma arma que irá nos ferir?
Os cuidados que as pessoas desperdiçam consigo mesmas, por ignorância
Convulsionam o mundo com sua insensatez.

A boa aparência não é problema. Ficar aprisionado na esperança e no receio a respeito da aparência é que preenchem *o mundo com sua insensatez.*

8.70
Você viu as pilhas de ossos humanos
Nos cemitérios e sentiu repulsa?
Então, por que tanto prazer com suas cidades de mortos,
Frequentadas e habitadas por esqueletos ambulantes?

Shantideva repete a sua pergunta: se cadáveres nos cemitérios nos causam arrepios, por que não somos repelidos por cidades inteiras repletas de esqueletos ambulantes?

8.71
E, o que é mais, a posse da imundície de outrem
Não se adquire gratuitamente.
Tudo tem o seu preço: esgotamento nesta vida,
E na próxima, os sofrimentos dos infernos!

8.72
Pagar o preço da noiva os rapazes não conseguem.

Então, enquanto jovens, que alegria há para eles?
Suas vidas são gastas na aquisição de riqueza suficiente,
Mas, então, ficam velhos – velhos demais para satisfazer sua volúpia!

Na Índia do século VIII não era incomum para os homens da casta mais baixa em certas tribos pedir dinheiro emprestado para casar. Ficavam então presos por contrato àquele que emprestava a quantia. Para reunir riqueza suficiente para atrair uma noiva, gerações inteiras de uma família poderiam se endividar. O filho herdava a dívida do pai, e assim por diante; e desta maneira se tornavam escravos. Na época em que o pobre homem adquirisse a sua noiva poderia estar velho demais para satisfazer a sua luxúria.

Nestas estrofes e nas seguintes, a principal preocupação de Shantideva é a maneira como ficamos aprisionados e distraídos com os nossos anseios. Como a sua audiência consistia de monges celibatários, ele dedicou um longo tempo para esvaziar as suas fantasias sexuais. Nos monastérios, o trabalho sadio com a energia sexual é com frequência um tópico de destaque.

8.73
Alguns carregam seus desgostos, além dos apetites da carne.
Pois, exauridos pela labuta do dia,
Voltam para casa com o corpo alquebrado pelo cansaço,
Para dormir o sono de um cadáver!

8.74
Alguns, obrigados a viajar para o estrangeiro,
Precisam vivenciar a separação de suas esposas,
De filhos que amam e anseiam por ver.
Ficam sem encontrá-los por anos a fio.

8.75
Alguns, ambicionando progredir,
Sem saber como fazer isso, vendem sua pessoa.
A felicidade escapa de suas mãos e, em vão
Passam a viver sob o jogo de seus donos.

8.76
Outros vendem-se de maneira absoluta,

Perdendo a liberdade, escravos de outras pessoas.
E, desvalidos, suas mulheres dão à luz no ermo
Tendo por abrigo apenas árvores.

Temos uma ideia, um sonho, daquilo que nos trará conforto e prazer, perdendo a perspectiva de que aquilo que atravessamos para atingir este sonho é que é doloroso e absurdo. O objetivo da felicidade nos ilude apesar de todas as nossas preocupações e labuta.

Em seguida, Shantideva discute a futilidade da obsessão pela riqueza e pelos bens. O anseio que estas coisas geram em nós nos deixa em apuros.

8.77
Alguns tolos, iludidos pela ânsia de ganhar a vida
Decidem fazer fortuna na guerra
Ainda que temerosos por sua vida.
E, ao buscar o ganho, é a servidão que conseguem.

As pessoas, muitas vezes, entram no exército pelo dinheiro e por outros benefícios. Mas quando você se alista, não há como escapar. Se for enviado para a guerra, terá que lutar.

8.78
Alguns, como fruto de sua ambição,
Têm o corpo retalhado, empalado em estacas pontiagudas.
Alguns são feridos, vazados por lanças,
Ao passo que outros são exterminados na fogueira.

Lidar com drogas pode parecer uma maneira fácil de enriquecer, mas logo se mostra um estilo de vida muito perigoso e nem um pouco fácil.

8.79
O aborrecimento de guardar o que possuímos, a dor de tudo perder!
Veja as infindáveis mazelas provocadas pela riqueza!
Aqueles que se desviam por amor às suas posses
Jamais conhecem um momento de descanso das amarguras da existência.

Experimentamos esta inutilidade constantemente. A angústia que passamos para conseguir a nossa *riqueza* – nosso estilo de vida, boas circunstâncias e posses – não nos deixa felizes no final. Compramos uma bela saia de seda e, acidentalmente, a manchamos com o molho da salada. Guardamos dinheiro e compramos o carro dos nossos sonhos, mas quando o estacionamos na rua, ficamos preocupados de alguém o arranhar. Naturalmente, não ter dinheiro é também extremamente doloroso. Mas, infelizmente, é raro qualquer um de nós ficar contente somente com o suficiente para as necessidades básicas.

8.80
Presa de suas muitas vontades,
Eles experimentam muitos dissabores, tudo por muito pouco:
Punhados de capim que os bois recebem
Como recompensa por puxar o carro!

8.81
Ração para gado! – não tão rara –
E por conta de algo tão mesquinho,
Atormentados por seu carma, eles destroem
Esta vida humana preciosa, tão difícil de encontrar.

Passamos por grandes desconfortos para conseguir um aumento ou uma semana extra de férias. Para cair nas boas graças do chefe, trabalhamos depois do horário sem receber pagamento ou qualquer outra recompensa. Isso não é semelhante ao boi que puxa o carro, suando e sofrendo, somente para ser recompensado com um punhado de capim? Esta é a analogia de Shantideva para a dor que causamos a nós mesmos por até o menor dos prazeres. Enquanto isso, estamos destruindo a oportunidade preciosa desta vida humana passageira.

8.82
Tudo o que desejamos certamente irá perecer,
E, depois, decaímos para o tormento dos infernos.
Os pequenos problemas que constantemente suportamos
São todos por algo que redunda em muito pouco!

Isto se refere à dor da existência samsárica. Como diz um ditado budista: amigos, riquezas, casas e outros confortos transitórios são como um banquete antes de o executor nos conduzir para a nossa morte.

Podemos conseguir tudo o que queremos, mas o prazer é passageiro. E, além disso, se causarmos dano a alguém durante o processo, o resultado final será a dor. Mesmo se não prejudicarmos ninguém, reforçaremos o nosso hábito arraigado, que nunca é o melhor para nós.

8.83
Porém, com uma milionésima parte desses conhecimentos
A iluminação, ela própria, poderia ser alcançada!
Os trabalhos a que os escravos dos desejos se dão ultrapassam
em muito as provações encontradas no caminho,
E, ao final, o fruto é tão distante do estado búdico!

Isto é dolorosamente verdadeiro. Com uma fração de tempo e esforço que dedicamos à nossa existência mundana, poderíamos fazer um enorme progresso no caminho do bodhisattva. Lembro de ouvir um mestre dizer: "Se eu lhe der um baralho de cartas e uma caixa de cervejas, você ficará acordado – animado, alerta e ativo – por dias seguidos. Mas ao pedir que permaneça sentado por algumas horas ao entardecer, você logo adormece!"

8.84
Reflita sobre os horrores dos estados de infortúnio!
Armas, venenos, fogo, precipícios,
Inimigos hostis – essas dores mundanas são diminutas
Em comparação ao que recebemos como o fruto dos nossos
desejos!

8.85
Portanto, rechaçando a lascívia e as vontades,
Regozijemo-nos agora com a solitude,
Em lugares onde toda contenda e conflito cessam,
A paz e a quietude dos verdes bosques.

Estas estrofes se referem novamente ao sofrimento profundo e reviravolta verdadeiros que podemos vir a sentir pela nossa repetição dos padrões samsáricos.

8.86
Em aprazíveis moradas feitas de pedra maciça

E refrescadas pelo aroma do sândalo ao luar,
Em matas acariciadas por terna brisa,
Com a mente voltada para o bem dos outros,

8.87
Em grutas sob as árvores, em casas abandonadas
Possamos permanecer tanto tempo quanto quisermos.
Abandonando a aflições de vigiar nossas posses,
Vivamos em liberdade, sem o peso das preocupações.

8.88
Possuir liberdade assim, não maculada pelo desejo,
Com todos os laços e amarras desatados –
Uma vida de tal contentamento e felicidade,
Até mesmo os deuses como Indra teriam dificuldade em encontrar!

8.89
Refletindo desse modo,
Sobre a excelência da solitude,
Pacifique por completo todos os pensamentos discursivos E cultive a mente do bodhichitta.

Com esta bela e tranquila declaração final, Shantideva nos lembra novamente dos benefícios da solitude e conclui a primeira parte deste capítulo sobre a *paramita* da meditação.

Dissolver Barreiras

Meditação, Parte Dois

COM A ESTROFE 90 do capítulo 8, entramos em uma das partes mais famosas de *O Caminho do Bodhisattva*. Aqui, Shantideva fala sobre a igualdade entre o ser e o outro, e nos fornece práticas específicas para trocar de lugar com a outra pessoa. Estas instruções são antídotos para a perspectiva estreita e confusa de "eu" e "meu".

> 8.90
> Empenhe-se, primeiramente, em meditar
> Sobre a igualdade entre você e os outros.
> Na alegria e na tristeza, todos são semelhantes.
> Assim seja o guardião de todos, como de você mesmo.

Começamos contemplando a semelhança entre nós e os outros. Filosoficamente, poderíamos discutir sobre a insubstancialidade e a falsa segurança de um "eu" separado. Mas, quando se trata de dissolver realmente a barreira ilusória entre este ser e os outros, trabalhamos a nível prático e mantemos a realidade.

O mito do separatismo é muito convincente. Mesmo que nos cause uma dor enorme, definitivamente não é fácil de ser superado. Este mito é dirigido bem diretamente pelas práticas e ensinamentos sobre a igualdade do eu e do outro. Expõe as ordens e estratagemas da autoimportância e muda a maneira como vemos os outros.

Em termos simples, se você já viveu nas ruas, nunca poderá olhar para um mendigo da mesma maneira novamente. Você já esteve ali; sabe como é não ter nada e ter que pedir dinheiro. Esta experiência destrói automaticamente a barreira. Da mesma forma, se já esteve hospitalizado com uma doença séria, sabe como as pessoas podem passar pelo seu quarto sem ver você ou tratá-lo como uma pessoa. No filme *Wit,* a heroína moribunda é vista vomitando no vaso sanitário, enquanto uma pessoa da equipe pergunta: "como estão se sentindo hoje?" Ao vivenciar este tipo de despersonalização, é difícil ligar-se superficialmente a alguém que está muito doente.

Para sacudir a nossa indiferença, devemos nos colocar no lugar do outro. Começaremos a compreender que *na alegria e na tristeza* somos iguais. Nosso sofrimento e felicidade são os mesmos: o sofrimento é sofrimento e a alegria é alegria; portanto, se sentimos tristeza ou alívio, compreendemos como os outros se sentem.

Compreender a igualdade das nossas alegrias e tristezas alarga a nossa perspectiva. Permanecer aprisionado na trama do pensamento autocentrado não será tão fácil quanto antes.

8.91
A mão e os demais membros são diversos e distintos,
Mas todos formam um só todo – um corpo a ser mantido e protegido.
De igual modo, os diferentes seres, em suas alegrias e tristezas,
São, como eu, todos iguais em querer a felicidade.

A analogia do corpo representa um todo com várias partes únicas. A orelha não é um dedo, o dente não é um olho, embora estas partes individuais também não estejam separadas. Se o nosso dedo do pé dói, todo o nosso corpo sente; se cortamos a nossa perna, a nossa mão é estendida em ajuda. Não sentimos a nossa perna como "separada" e não dizemos: "interessante, o sangue está escorrendo ali."

Shantideva utiliza a analogia do todo do corpo em vários contextos. Aqui, ele se refere à interdependência dos seres humanos: todos somos únicos, mas não separados e, assim como eu, todos nós desejamos nos sentir bem e não doentes.

8.92
Minha dor não aflige

Nem causa desconforto ao corpo de outrem.
Por causa do apego ao meu "eu", este sofrimento é meu.
E, sendo meu, é muito duro de suportar.

A causa do nosso sofrimento é o nosso conceito de nós mesmos como um eu separado, contínuo. Tudo a que nos apegamos como "eu" ou "meu" – nosso corpo, esposa, emoções, posses ou amigos – nos causa sofrimento. A *intensidade* da nossa dor, segundo o Buda e Shantideva, depende da intensidade do nosso apego a um "eu" impermanente, inalcançável.

Se isto é verdadeiro, como poderemos ir além deste ser como ponto de referência central? Fazemos isto simples e diretamente ao reconhecermos que as outras pessoas são como eu. Esta prática revela que todos nós temos o mesmo medo do sofrimento e o mesmo desejo pela felicidade. Esta compreensão libera a gentileza do nosso coração.

8.93
E a dor dos outros
Eu não sinto; no entanto,
Porque eu a tomo como minha
O sofrimento deles é igualmente duro de suportar.

Talvez achemos que o nosso próprio sofrimento já é mais do que podemos suportar. Talvez este seja o motivo pelo qual não queiramos nos relacionar com a dor do outro. Entretanto, quando compreendemos que o sofrimento deles não é diferente do nosso, algo muda. O coração temeroso do ego começa a se dissolver.

8.94
Portanto, vou dissipar a dor dos outros seres,
Pois ela é simplesmente dor, exatamente como a minha.
E vou auxiliar e beneficiar os outros,
Pois são seres vivos, exatamente como eu.

8.95
Dado que eu e os outros seres
Somos iguais em querermos a felicidade,
Que diferença nos distingue,

Para fazer com que eu me empenhe em obter unicamente minha
própria felicidade?

Estas estrofes resumem as razões para a prática da igualdade entre o eu e o outro.

8.96
Dado que eu e os outros seres
Somos iguais em querermos fugir do sofrimento,
Que diferença nos distingue
Para que eu salve a mim, mas não o meu próximo?

Alguém já se perguntou por que as pessoas fazem coisas loucas? Elas as fazem pelas mesmas razões que você: para evitar a dor e tornar suas vidas mais amenas. Nenhum ser senciente deseja a ansiedade, o estresse ou a dor física. Nisto, somos todos iguais: todos nós desejamos a segurança, a previsibilidade e a felicidade em nossas vidas – e, para obtê-las, podemos fazer coisas bem estranhas.

8.97
Visto que as dores dos outros seres não me machucam,
Que motivo tenho eu para me proteger?
Mas por que me guardar da "minha" dor futura,
Que não machuca este meu "eu" presente?

Shantideva mais uma vez entra em debate consigo mesmo. Nos primeiros versos da estrofe 97, ele apresenta a lógica *shenpa:* "como a dor do outro não me machuca, por que devo me importar com ela?" E, então, a sabedoria responde.

8.98
Pensar que "eu terei que experimentá-la",
Nada mais é, na verdade, do que uma concepção equivocada –
No momento presente, este "eu" perecerá;
Em um momento futuro, outro nascerá.

Logicamente, podemos dizer: "se uma faca me corta, ela me machuca. Este é, obviamente, o motivo pelo qual me protejo. Mas se a faca corta você, eu não sinto. Então, por que me preocupar?" Shantideva refuta este argumento dizendo que o "eu" que estamos constantemente tentando proteger do perigo hoje, amanhã ou na próxima semana não é o mesmo "eu" deste momento. Ele está constantemente mudando e perecendo. A cada segundo nasce um novo "eu". Vale a pena considerar esta ideia.

8.99
Cabe à própria pessoa que experimenta a dor, você dirá,
Proteger-se dos ferimentos que possam acontecer!
A dor sentida em meu pé não é a dor da minha mão;
Então, por que um proteger o outro?

Do ponto de vista convencional, as práticas da igualdade parecem tolas. Aquele que sofre deve cuidar de si próprio. Este raciocínio faz sentido dentro da nossa perspectiva comum: eu cuido de mim, você cuida de você. A resposta de Shantideva está nos dois últimos versos desta estrofe.

Novamente ele utiliza a analogia do corpo: obviamente a mão protegerá o pé do perigo. Se aceitarmos isso como razoável, por que descartar a ideia de que seres separados poderiam também ser considerados como partes de um todo?

Quando alguém está machucado, nós o vemos como "o outro". E, como sabemos que não somos seres isolados? Uma maneira é refletir que, se não os ajudarmos, estaremos prejudicando a nós mesmos. Trabalhar com esta noção várias e várias vezes, aquilo que começa como uma prática se torna uma compreensão real. Tudo o que acontece a qualquer um de nós afeta o todo.

Se você pensar seriamente sobre isso, este tipo de pensamento interdependente faz sentido. Quando não cuidamos uns dos outros, eu sofro, você sofre, o mundo inteiro sofre.

8.100
"Isso pode ser irracional", você dirá.
"Acontece simplesmente pela força do apego do eu".
Mas aquilo que é ilógico para nós dois
Deve ser refutado e descartado por completo!

Shantideva continua debatendo consigo próprio. A lógica *shenpa* diz: "Não vamos filosofar. O *apego do eu* é a única razão pela qual eu desejo proteger a *minha* mão e não a sua". Mas a sabedoria responde: "É essa exatamente a questão!"

Vamos parar de nos justificar com essas desculpas ilógicas. Vivemos em uma prisão dolorosa autocentrada chamada "eu". Esta interpretação errada causa dor em todos. Como rebater a autoabsorção que nos separa? Como abrir a mente e o coração? Fazemos a prática do "assim como eu".

8.101
O que rotulamos de *continuum* e agregados,
Como uma fieira de contas ou um exército, é como uma miragem.
Do mesmo modo, não há ninguém que seja ferido pelo sofrimento,
Pois quem haveria para ser por ele oprimido?

8.102
E, se não há um sujeito que sofre,
A minha dor e a dor dos outros – em que são diferentes?
Simplesmente, então, pois que a dor é dor, irei afastá-la.
Que fundamento tem você para as suas nítidas distinções?

Na estrofe 101, temos o terceiro fundamento lógico para não praticar a igualdade do ser e do outro. Este é o fundamento racional do vazio: se tudo é ilusório como uma miragem, por que se preocupar com o sofrimento não existente?

"É um bom raciocínio", poderia responder Shantideva, "mas se você não é agregado em um sentido sólido de 'eu', compreenderá a similitude da nossa dor. Não existe diferença entre a minha dor e a sua". Desta maneira, ele usa o argumento do vazio para apoiar, em vez de refutar, a necessidade da compaixão, concluindo que *pois que a dor é dor, irei afastá-la.*

8.103
Assim, o sofrimento de todos
Deve ser dissipado, e aqui não há o que debater.
Livrar a mim da dor significa livrar a todos;
Inversamente, a dor dos outros seres me faz sofrer.

No nível da verdade absoluta, não há razão para o sofrimento, mas a nível relativo, estamos todos sob uma dor considerável. A causa do nosso descontentamento, insiste Shantideva, é a nossa sensação errada de separatismo. Isto não se baseia em nada tangível. Baseia-se em crenças e conceitos. A dualidade de sujeito e objeto, o ser e o outro é uma ilusão imputada pela mente.

Esta compreensão absoluta é atingida através da prática do soltar. Enquanto isso, podemos trabalhar no nível da dor diária e tratar o sofrimento dos outros como se fosse nosso.

> 8.104
> "O sofrimento sentido pela piedade agrava", você diz,
> "A dor já sentida; então, por que gerá-lo?"
> No entanto, pode a ferroada da piedade ser comparada
> A todo o padecimento dos outros seres?

Frequentemente, ouço esta resposta para a prática de se colocar no lugar do outro. É um argumento convencional contra experimentar a dor dos outros. O oponente da piedade – uma palavra melhor seria empatia ou compaixão – diz: "Não consigo suportar o meu próprio sofrimento, que dirá o de outra pessoa". Mas Shantideva responde que a *ferroada* da empatia não é nada se comparada ao sofrimento – a fome, sede, violência, negligência e ignorância fundamental – dos seres sencientes.

A dor da compaixão pode nos deixar decididamente mais amorosos e ternos em relação aos outros. Certamente dói não impedir a dor deles, mas isso cura a dor ainda maior da autoabsorção.

> 8.105
> E, se por meio dessa única dor
> Uma profusão de penas pode ser curada,
> Uma dor assim um ser amoroso
> Esforça-se por encorajar em si e nos outros.

Alguém perguntou a um lama tibetano se ele tinha medo de, ao assimilar o sofrimento dos outros durante a prática da meditação *tonglen,* transferi-lo para si mesmo. A isto ele respondeu que nada o faria mais feliz do que assumir a dor deles para que eles pudessem ficar livres dela. Quando alguém consegue dizer isto, ocorre uma alteração profunda. Sua maior felicidade vem da realização da igualdade entre ele e os outros. Qualquer dor que ele vivenciar no processo não é um impedimento.

> 8.106
> Assim, o Bodhisattva Supushpachandra,
> Embora ciente do mal que o rei lhe causaria,
> Nada fez para escapar de seu suplício,
> Para que as dores de tantos pudessem ser abatidas.

Esta estrofe se refere à história de um homem que foi ameaçado com a morte se ensinasse o dharma. Para beneficiar centenas de pessoas, ele, de bom grado, arriscou sua vida. Supushpachandra é um modelo de bodhisattva. Seu exemplo pode ser difícil de ser seguido, mas pode nos inspirar a crescer um pouco a cada dia.

> 8.107
> Aqueles cujas mentes se treinaram desse modo,
> Cuja felicidade é serenar a dor dos outros,
> Aventuram-se no inferno da agonia sem fim,
> Como cisnes descem sobre um lago coberto de flores de lótus.

> 8.108
> A alegria que brotará – imensa como o mar –
> Quando todos os seres forem liberados,
> Não será ela suficiente? Isso não irá me satisfazer?
> O desejo pela minha própria liberação – o que vale isso para mim?

Conseguiríamos ser corajosos o suficiente para nos aventurarmos em locais de *agonia sem fim?* Faríamos isso com o entusiasmo *de cisnes que descem sobre um lago coberto de flores de lótus?* Nada dava mais prazer à Madre Teresa do que aliviar o sofrimento. A felicidade para ela era ajudar pessoas a morrer sabendo que não estavam sós.

Você e eu somos como aves recém-nascidas aprendendo a voar. Podemos abrigar o coração de bodi de maneiras menores: dar uma esmola a um mendigo com o entusiasmo daqueles cisnes seria um grande passo adiante.

Eu me beneficiei muito com o conselho de Shantideva de começar com pequenos cuidados e pequenos desafios e deixando que a ousadia se desdobrasse naturalmente. Isto envolve riscos; é a sabedoria de começar com o que temos para dar, expandindo a nossa coragem um pouco a cada vez. Se você já se perguntou como chegar lá partindo daqui, este ensinamento traz a resposta.

Nos primeiros capítulos, as instruções de Shantideva eram principalmente para trabalhar a confusão pessoal. Construindo sobre aquela base, ele agora enfatiza um estágio mais avançado da nossa jornada. Contudo, é sempre aconselhável usar os ensinamentos que se aplicam onde você está agora como uma orientação para a vida diária. Esta é a maneira de evitar o desestímulo e o esgotamento.

> 8.109
> O trabalho de trazer benefícios aos outros seres
> Não gerará em mim nem orgulho nem autoenaltecimento.
> A felicidade dos outros, ela própria, será minha satisfação;
> Não espero outra recompensa.

> 8.110
> Assim como eu me defendo
> De eventos desagradáveis, por menores que sejam,
> Vou, do mesmo modo, agir em benefício dos outros
> Protegendo-os e amparando-os com compaixão.

Talvez a maneira mais fácil de apreciar o que Shantideva diz é pensar em nosso relacionamento com os animais. Não é algo complicado. Salvamos com alegria um animal de uma situação cruel não para sermos vistos como virtuosos, mas somente para *protegê-los e ampará-los* da dor. Poderíamos facilmente ser mais protetores do bem-estar deles do que do nosso.

> 8.111
> Embora a gota de esperma e sangue
> Seja alheia a mim e seja desprovida de entidade própria,
> Pela força do hábito,
> Eu a reconheço e a tomo como meu "eu".

> 8.112
> Por que, então, não identificar
> O corpo de outrem, chamando-o de "eu"?

E, vice-versa, que dificuldade há em pensar
Neste meu corpo como sendo de outrem?

O sentido implacável do "eu" e "meu" é um hábito adquirido: o hábito mais arraigado que temos. Ao compreender o absurdo disto, seria muito cômico pensar no "eu" como outra pessoa que não eu? Se este "eu" está insultando alguém, estaria além do razoável imaginar como a outra pessoa se sente? Se estamos literalmente trocando de lugar mesmo por um instante, sentiríamos a força total das nossas próprias palavras cruéis e, sem dúvida, instantaneamente pararíamos de machucá-la.

8.113
Enxergando, então, os defeitos que advêm de prezar a mim mesmo,
E a imensidão de qualidades que advêm de amar o meu próximo,
Porei de lado todo o amor à minha pessoa
E adquirirei o hábito de aceitar os outros.

Quando Shantideva usa as expressões *prezar a mim mesmo* e *amor à minha pessoa,* ele está se referindo ao casulo, à prisão do separatismo. Isto é o oposto de uma relação compassiva consigo. A via de escape da dor da autoabsorção é pensar nos outros.

8.114
As mãos e demais membros
São vistos como partes de um corpo.
Por que não considerarmos os outros do mesmo modo –
Membros e partes integrantes de um todo vivo?

8.115
Assim como nesta forma, desprovida de "eu",
Apareceu a noção de uma identidade pessoal, pela força de um hábito arraigado,
Por que não imputar, pela força do hábito,
A noção de "eu" ao conjunto dos seres viventes?

Como seria uma família ou uma cidade se, no lugar do "eu primeiro", todos cuidássemos uns dos outros e fôssemos abertos para os outros "assim como para mim"?

8.116
Assim, quando trabalho para benefício dos outros,
Não há motivo para me gabar ou me deslumbrar.
Pois é igual a quando dou de comer a mim mesmo –
Não espero ser por isso recompensado.

Não merecemos aplausos se damos de comer a um cachorrinho faminto; isso é tão natural quanto nos alimentarmos. Não esperamos ser elogiados ou ganhar um Prêmio Nobel pelos nossos esforços.

8.117
Portanto, tal como eu me defendo
De quaisquer acontecimentos desagradáveis, por menores que sejam,
Vou agir da mesma forma em benefício dos outros seres,
Zelando por eles e protegendo-os com compaixão.

Esta é uma reminiscência do ensinamento de Jesus de "fazer aos outros aquilo que gostaria que eles fizessem a você". Seria realmente consolador estar no lado do recebimento dessas ações.

8.118
Esse o porquê de o Senhor Avalokita
Por grande compaixão ter abençoado seu nome,
Para livrar de todo o medo
As pessoas pegas em meio a multidões.

O bodhisattva Avalokiteshvara disse que nos momentos de perigo, se chamarmos o seu nome três vezes, ficaremos liberados do medo. Sua história serve como analogia para o vasto potencial da nossa própria compaixão generosa.

8.119
Assim é que não devemos estancar diante de dificuldades.
Pois, pela influência do uso e do hábito,
As pessoas chegam mesmo a chorar por alguém
Cujo mero nome enchia de pavor o seu coração.

Shantideva apresenta a ideia incomum de chorar por aqueles *cujo mero nome enchia de pavor* nossos corações. Se começarmos a praticar agora pelas pessoas que gostamos, poderemos acrescentar aquelas que nos são neutras ou um pouco irritantes. Com o tempo, a nossa compaixão pode expandir até atingirmos o ponto onde o choro por aqueles de quem não gostamos e tememos não parecerá tão forçado.

O Dalai Lama estava falando diante de uma grande audiência quando recebeu um aviso de que Mao Tse-tung tinha morrido. Ele fez uma pausa e depois começou a chorar. Para a maioria do povo tibetano, ninguém era mais temido do que Mao Tse-tung, embora a primeira reação do Dalai Lama tivesse sido chorar – talvez, em parte, pelo sofrimento que Mao Tse-tung teria que atravessar como resultado da sua crueldade com o povo chinês e tibetano.

8.120
Aqueles que desejam rapidamente
Servir de refúgio para si próprios e para os outros seres
Devem trocar os termos "eu" e "outro",
E assim abraçar um mistério sagrado.

Algumas vezes o sol é obscurecido por nuvens. Nem parece estar brilhando. Este, naturalmente, não é o caso; o sol está simplesmente escondido. Da mesma maneira, a natureza não obscurecida da mente está sempre em nós, mas encontra-se bloqueada pela autoabsorção. Está escondida pelas opiniões, inclinações e conceitos e obscurecida pelos kleshas. Quando refletimos sobre esta estrofe, é aconselhável manter isso em mente.

As nuvens da autocentralidade partem misteriosamente quando nos colocamos no lugar da outra pessoa e imaginamos o que ele ou ela sente. Na prática do *tonglen, inspiramos* o que geralmente colocamos para fora e *expiramos* o que geralmente nos apegamos. Isto dissolve as estratégias do ego e revela a clareza da nossa mente. Pode ser um mistério como esta prática simples nos liberta, porém é definitivamente um mistério digno de ser adotado.

8.121
Por causa do apego ao nosso corpo,
Somos amedrontados até mesmo por pequenas coisas.
Este corpo, então, esta fonte de tanto medo –
Quem não se insurgiria contra ele como o pior dos inimigos?

Algumas vezes Shantideva se refere ao corpo como um veículo precioso para atingir a iluminação e, outra vez, destaca as suas desvantagens. Aqui, ele diz que as nossas obsessões corporais criam um tremendo medo.

8.122
Desejando aliviar os males do nosso corpo,
A fome da nossa boca, a secura da nossa garganta,
Ficamos de tocaia à beira da estrada
E roubamos a vida de peixes, pássaros e cervos.

8.123
E, para servir e propiciar o corpo,
Há pessoas que chegam a matar seus pais,
Ou roubar oferendas feitas às Três Joias,
Por conta do que irão arder no mais profundo inferno.

8.124
Que homem sensato
Desejaria mimar e proteger seu corpo?
Quem não iria ignorar e tratar com desdém
Aquilo que representa para si um perigoso inimigo?

As pessoas às vezes têm tanto medo de sofrer que podem querer matar e roubar para se proteger. Estas tendências autoprotetoras podem ser perigosas – tão perigosas quanto nos tratarmos com desprezo. De qualquer forma, espero que a mensagem de Shantideva sobre o dano causado pela autocentralidade esteja clara.

Os ensinamentos mahayana dizem que a razão de não prejudicarmos os outros é porque nos preocupamos com eles. Não matamos porque cuidamos da vida dos outros; não roubamos porque respeitamos suas posses. Não refreamos simplesmente as ações negativas, praticamos também a gentileza amorosa.

8.125
"Se eu der isto, o que sobrará para mim?"
Pensar em si é o caminho que leva aos espíritos maléficos.
"Se eu ficar com isto, o que sobrará para eu dar?"
Cuidar dos outros é o caminho que leva aos céus.

Nossas ações conduzem à felicidade ou ao sofrimento, mas a nossa compreensão normal de como isso funciona é confusa. Pensamos, por exemplo, que guardar o nosso dinheiro nos deixará ricos e doar, generosamente, nos deixará pobres. Nesta estrofe e nas seguintes, Shantideva faz uma reviravolta nesta lógica do dia-a-dia. Ele inicia a estrofe 125 destacando que essa riqueza é um estado mental. Doar livremente *é o caminho que leva aos céus;* guardar aumenta a necessidade e o medo.

As estrofes de 126 até 128 descrevem os três pares de destinos contrastantes que refletem os diferentes relacionamentos entre o ser e o outro.

8.126
Se para servir a mim mesmo prejudico o meu próximo,
Irei mais tarde sofrer nos reinos dos infernos.
Se para benefício dos outros prejudico a mim mesmo,
Toda excelência será minha herança.

8.127
Querer o melhor para mim –
Isso traz como fruto a falta de inteligência e os reinos inferiores!
Ao inverter essa atitude, voltando-a para os outros –
Honrarias e os reinos aventurados vêm como fruto.

8.128
Se eu subjugar os outros e forçá-los a me servir,
Virei a conhecer o estado de servidão.
Porém, se eu trabalhar para o bem dos outros,
Domínio e liderança serão o meu legado.

Quando Shantideva diz *se para benefício dos outros prejudico a mim mesmo,* isto significa simplesmente que ele deseja passar por dificuldades para ajudar os outros. O resultado disto é a felicidade. Desejar somente *o melhor para mim* e usar os outros para o seu próprio benefício resulta em nosso próprio sofrimento. Este sentimento é resumido abaixo em uma estrofe citada com frequência pelo Dalai Lama.

8.129
Toda a alegria que o mundo contém
Vem de querer felicidade para os outros.

Todo o sofrimento que o mundo contém
Vem de querer felicidade para si mesmo.

Acho que Shantideva teria apreciado o filme *Groundhog Day* porque ele ilustra muito bem a estrofe 129. Um homem muito zangado revive um determinado dia várias vezes seguidas, até colocar tudo em ordem. Ele tenta todas as estratégias egoístas possíveis, o que só aumenta a sua frustração e descontentamento.

Finalmente, ele começa passando o dia ajudando pessoas. Por quê? Não para ser visto como uma pessoa boa, mas porque é a única coisa que lhe traz prazer. Todos os dias ele pega o mesmo menino caindo de uma árvore, e todos os dias o menino foge sem dizer obrigado. A cada manhã ele tenta salvar a vida de um sem-teto de quem ele passa a gostar, e a cada dia ele não consegue. Mas, à medida que esse dia se repete, ele fica mais flexível e amoroso. E as pessoas, compreensivelmente, passam a gostar dele.

Como diz Shantideva, quanto mais beneficiamos os outros, mais felicidade chega ao nosso caminho.

8.130
Há necessidade de longas explicações?
Os seres infantis cuidam de si mesmos,
Ao passo que os Budas trabalham pelo bem dos outros:
Veja a diferença que os separa!

Seres infantis como nós são ignorantes sobre as causas da felicidade. Otimistas, tanto Shantideva quanto o *Groundhog Day* sugerem que podemos perceber e agir corretamente.

8.131
Se eu não abrir mão da minha felicidade
Em troca do sofrimento dos outros,
A iluminação nunca será alcançada
E, mesmo no samsara, a felicidade fugirá de mim.

8.132
Deixando as vidas futuras fora da conta,
Mesmo as necessidades desta vida não são preenchidas –

Quando os criados não fazem seu trabalho,
E os amos não pagam os salários que foram ganhos.

Esqueça a respeito da iluminação; até a alegria mundana nos iludirá se não cuidarmos uns dos outros. Nesta vida, se *os criados,* ou empregados, não fazem o seu trabalho e *os amos*, ou empregadores, não se preocupam com eles, então os valores da sociedade começam a ruir.

A estrofe 132 é a história por trás de todas as revoluções. Penso na África do Sul quando eu a leio. Por anos, amos cruéis não pagaram os salários merecidos. O *apartheid*, ou separatismo, foi legalizado e profundamente entranhado, embora muitas pessoas trabalhassem com os mesmos princípios que Shantideva está proclamando e, finalmente, algo mudasse para melhor.

Contudo, como resultado de anos de opressão, os primeiros "servos" atacam agora os primeiros "amos". Esta é uma história familiar: os papéis do opressor e oprimido trocaram de lugar. A felicidade duradora, diz Shantideva, depende de uma mudança verdadeira no coração humano, uma que comece com desejar o que for melhor para os outros, porque vemos suas alegrias e tristezas como se fossem nossas.

8.133
Atirando longe a profusão de alegrias
Que poderiam ser ganhas nesta e em vidas futuras,
Por causar o mal aos outros seres,
Eu causo a mim mesmo, por ignorância, intolerável dor.

Shantideva reitera este ensinamento essencial: ao causar danos aos outros estaremos preparando a nossa dor futura.

8.134
Todo o mal que abunda neste mundo,
Todo medo e sofrimento que existem,
Foram causados pelo apego ao "eu!"
O que vou fazer com esse grande demônio?

8.135
Se esse "eu" não for abandonado por completo,
O sofrimento também não poderá ser evitado.

Pois, se não ficar longe do fogo,
Um homem não poderá escapar de ser queimado.

Quando brincamos com fogo, *não podemos escapar de ser queimados.* Isto descreve a vida no casulo: quanto mais autoabsortos formos, mais sofremos. Mas não podemos simplesmente estalar os dedos e dizer: "Este "eu" é somente um rótulo; não vou mais pensar desta maneira". Nossas elucubrações egoísticas estão profundamente arraigadas. São, na verdade, o próprio meio que mantém os seis reinos bem oleados e funcionando.

Então, como saímos disto? Como disse Shantideva várias e várias vezes, ver a igualdade entre nós e os outros é a chave.

8.136
A fim de livrar-me do mal
E livrar os outros de suas penas,
Vou me doar aos outros,
E prezá-los assim como amo a mim mesmo.

Amar a nós mesmos fornece a base para prezar os outros. Se alimentarmos a nossa baixa autoestima, não teremos nada sobre onde construir. Refletir sobre isso nos auxiliará a manter o rumo.

8.137
"Pois agora estou sob o ditame dos outros,"
Disto, ó minha mente, você deve ter certeza.
E agora você não mais terá pensamento
Que não almeje o bem de todos os seres.

8.138
Minha visão e demais sentidos agora são propriedade dos outros;
Usá-los para mim mesmo seria ilícito.
Sendo assim, quanto mais seria vedado utilizar
Minhas faculdades contra seus legítimos donos?

Estar *sob o ditame dos outros* significa estar a serviço deles. A maior alegria de Shantideva é ajudar os outros. Se a sua *visão e demais sentidos* pudessem beneficiar alguém, isso o deixaria feliz. Usá-los para o mal não é uma opção. Ele sabe que a autoabsorção nos cega para a preciosidade e fragilidade dos outros seres.

> 8.139
> Assim, os outros passarão a ser minha principal preocupação.
> E tudo aquilo que eu vejo em meu corpo
> Será tomado e entregue
> Ao uso e serviço de todos os outros seres.

Como um hóspede que aproveita dos bens materiais de um amigo sem esquecer que eles pertencem a outra pessoa, você pode apreciar com facilidade o seu corpo, porém sem ter problema em deixá-lo ser usado para beneficiar *todos os outros seres.*

Da estrofe 140 até o final do capítulo, Shantideva ensina a prática que é encontrada somente em *O Caminho do Bodhisattva:* sua versão única de "trocar o eu pelo outro".

> 8.140
> Tome os outros – seus inferiores, superiores, iguais – como sendo você mesmo;
> Identifique-se com o "outro".
> Então, sem outro pensamento,
> Experimente inveja, orgulho e rivalidade.

Shantideva começa com uma visão da prática. Ele nos pede para trocar de lugar com o outro – *inferior, superior, igual* – e *sem outro pensamento,* experimente os kleshas deles. Ele nos encoraja a intensificar estas emoções e experimentar a sua energia diretamente, utilizando-as como nosso veículo para despertar o *insight* e a compaixão.

Na estrofe 141, começamos pela identificação com alguém a quem consideramos "inferior", como um sem-teto. Como prática do treinamento da mente, ele nos pede para nos imaginarmos no lugar desta pessoa.

Isto serve a dois propósitos. Primeiro, você vivencia intencionalmente uma emoção que normalmente evitamos: a *inveja* que alguém que nada tem poderia sentir facilmente. Imagine uma pessoa de posses passando e, condescendentemente, atirando-lhe algumas moedas. Veja esta pessoa rica, limpa e bem vestida, talvez conversando com os amigos e indo para um restaurante ou cinema... e não reprima. Entre em contato com a sua inveja. Exagere-a com seus pensamentos e permita que ela aumente, assim como faz Shantideva. Sinta a sua intensidade, sedução, obsessão e dor. Este é o primeiro propósito desta prática.

O segundo propósito é vivenciar o estar do outro lado desta emoção intensa. É também algo radical a ser feito. Normalmente, vemos as coisas exclusivamente da nossa perspectiva. Refletir sobre a experiência da outra pessoa é uma atitude bem mais ampliada e compassiva e um modo direto e prático de despertar o bodhichitta.

Nas próximas estrofes, Shantideva estabelece diálogos entre as pessoas – *inferiores, superiores, iguais* – e se diverte com todas as partes. Pode parecer, nestas estrofes, que ele está interagindo com os outros, mas ele só está descrevendo a si mesmo sob vários pontos de vantagem.

8.141
Ele é o centro das atenções; eu não sou nada,
E, diferentemente dele, sou pobre, sem posses.
Todos o enaltecem e desprezam a mim;
Tudo corre bem para ele, para mim só há amargura!

Aqui ele é a pessoa pobre observando o Shantideva, pessoa com recursos, passando. E, como uma pessoa sem posses, ele, intencionalmente, se permite sentir inveja e aversão.

8.142
Tudo o que tenho é trabalho pesado e enfadonho,
Enquanto ele lá fica, refestelado em meio ao conforto.
Ele goza de renome, é respeitado neste mundo,
Enquanto sou um subalterno, um solene desconhecido.

8.143
O quê! Um desconhecido sem distinção?
Isso não é verdade! Eu tenho as minhas boas qualidades.
Ele não é o melhor; ele é inferior a alguns;
Ao passo que, em comparação a alguns outros, eu me sobressaio!

A escalada de emoções é parte da síndrome da inveja. Quando não estamos nos sentindo vitimizados, a nossa arrogância aumenta.

8.144
Minha disciplina, minha compreensão declinaram,
Mas sou impotente, governado pelas minhas emoções negativas.
Tanto quanto ele seja capaz, ele deve me curar,
E eu devo ser submisso, mesmo às suas punições.

8.145
O fato é que ele não faz nada do gênero!
Com que direito, então, ele me menospreza?
De que me servem, então, suas qualidades,
Essas qualidades de que ele é tão possuidor?

8.146
Indiferente à desgraça dos seres vivos,
Que caminham na goela dos reinos desafortunados,
Ele exibe suas virtudes para os outros,
Até mesmo se coloca entre os perfeitos!

Quando um mendigo olha para alguém com eu, alguém que assumiu os votos do bodhisattva e que não deveria ser tão insensível, ele deve se perguntar por que eu não tenho empatia. Por que eu não faço algo para auxiliar sua situação difícil?

Deve ser assim quando se vive nas ruas: as pessoas da classe média, com todas as suas ideias sobre ajudar os outros, passando apressadas sem sequer notar que você está ali. Imaginar-se nesta posição muda a maneira como você vê os menos afortunados: "assim como eu", esta pessoa apreciaria um pouco de compreensão e gentileza.

Isto termina a seção sobre entrar em contato com a dor da mente da pobreza, assim como a dor que a nossa aversão e inveja causam às outras pessoas.

Alguns comentários se referem a estas estrofes e às seguintes como diálogos entre o ego e a sabedoria. Mas, em sua maior parte, eu não ensino desta maneira. Para mim, o valor de trabalhar com esta prática não é filosófico; o valor vem de fazer o esforço para me colocar no lugar do outro.

Depois, eu posso primeiro me ligar intensamente com a energia dos kleshas partilhada por todos os seres sencientes. E, em segundo lugar, posso vivenciar o lado desagradável de estar na extremidade receptora da negatividade e, portanto, parar antes de denegrir outro ser humano.

8.147
Possa eu me sobressair e sobrepujar a ele,
A ele, visto como meu par e semelhante!
Em competição certamente conseguirei
Minha fama e fortuna, renome e glória.

8.148
Por todos os meios anunciarei
Meus dotes para todo o mundo,
Assegurando que as qualidades *dele*
Permaneçam desconhecidas, por todos ignoradas.

8.149
Vou ocultar os meus defeitos, dissimular.
Pois eu, não ele, serei objeto de devoção;
Eu, não ele, adquirirei posses e fama;
Eu serei o centro das atenções.

8.150
Vou me regalar
Com a vergonha e rebaixamento dele.
Vou fazer dele um ser desprezível,
Alvo do escárnio e zombaria de todos.

Nestas estrofes, Shantideva troca de lugar com um rival. Observando o seu eu anterior, é isto o que ele tem a dizer: Agora *eu serei o centro das atenções,* não ele. Eu transmitirei a Shantideva, *alvo do escárnio e zombaria de todos.* A ideia é sentir o desconforto da estrutura competitiva da mente e também como é ter essa amargura direcionada para você.

8.151
As pessoas dizem que esse pobre coitado
Está tentando competir comigo!
Mas como pode ele se equiparar a mim, perguntam elas,
Em termos de cultura, beleza, riqueza e berço?

8.152
Só de ouvi-los falar de minhas qualidades,

Minha reputação dos lábios de todos,
Fico arrepiado de alegria –
Que delícia, que prazer!

8.153
Certo, ainda que ele tenha alguma coisa,
Sou a pessoa para quem ele está trabalhando!
Ele pode ficar com o suficiente apenas para sobreviver,
Mas, fazendo uso de minha força, vou tirar-lhe o resto.

8.154
Vou dissipar a felicidade dele;
Vou feri-lo e prejudicá-lo sempre.
Foi ele que no samsara
Centenas e centenas de vezes, me causou dano!

Nas estrofes 151 a 154, Shantideva troca de lugar com alguém que olha de cima para ele, alguém que o acha indigno de atenção. Ele se permite experimentar uma total arrogância e também estar no lado receptor desse grau de desprezo e condescendência.

Nesta prática, você tem que representar todos os papéis e usar as suas próprias palavras para tornar a situação pessoal e real. Digamos que eu seja um sem-teto e ali esteja a Pema passando com toda a sua riqueza. E se ela me tratar como um ser humano em vez de somente me dar dinheiro? E se ela me perguntar o que eu estou fazendo ou onde vou dormir esta noite? Em uma relação entre dois seres humanos iguais, tanto o ressentimento da pessoa infeliz como a indiferença da Pema têm a oportunidade de se dissolver.

Com os dois últimos versos na estrofe 154 – *Foi ele que no samsara / centenas e centenas de vezes me causou dano!* – Shantideva inicia um diálogo com a mente temerosa e estreita da autoabsorção.

8.155
Ó minha mente, quantas incontáveis eras
Você gastou trabalhando para si mesma?
E que enorme exaustão isso trouxe,
Enquanto sua recompensa foi apenas padecimento!

Aqui ele também desempenha dois papéis: sua sabedoria inata traz um sentido para o seu eu confuso, neurótico. Todos nós temos essa mente de sabedoria que orienta e, como Shantideva, podemos acioná-la a qualquer tempo.

8.156
Eis, então, a verdade:
Você deve dar-se por inteiro e tomar o lugar do seu próximo.
O Buda não mentiu em suas palavras –
Você verá os benefícios que delas advêm.

Ele dialoga com gentileza para a sua pobre e confusa mente: o melhor para você é servir aos outros. Se você seguir as instruções do Buda, será melhor para todos.

8.157
Se, de fato, você tivesse em tempos passados
Abraçado essa tarefa e a levado a cabo,
Não lhe estaria ainda faltando
A perfeita bem-aventurança do estado de buda.

Além disso, ó mente neurótica, se você iniciou este caminho há somente um mês, você já está mais próximo do estado de Buda na mesma proporção.

8.158
Assim como você identifica
Uma gota de sangue e esperma de outrem,
E se prende a ela como se fosse você mesmo,
Tome agora os seres sencientes – os outros – como sendo a sua pessoa.

8.159
Em benefício dos outros, seja agora ganancioso
De todas as coisas que você vê que possui.
Roube-as, tome-as todas,
E use-as em proveito dos outros.

Grande parte do que fazemos constrói o egoísmo e destrói a nossa felicidade. Trocar de lugar com os outros traz contentamento para as nossas vidas. É muito simples.

Herbert Guenther define ego como um "ser fictício". Aqui, este ser fictício está sendo aconselhado pela mente de sabedoria para se libertar e beneficiar os outros por todos os meios possíveis. Se a sua tendência neurótica é roubar, volte este roubo para beneficiar os outros. Para se libertar da cobiça, imagine-se roubando qualquer coisa a que o seu ser fictício é mais apegado e depois dando isso para os necessitados. Esta é uma instrução única para escapar da armadilha do apego autocentrado.

8.160
Sou feliz, os outros, tristes;
Sou superior e poderoso, os outros, inferiores;
Recebo ajuda, ao passo que os outros são abandonados:
Por que não sinto inveja de mim mesmo?

8.161
Felicidade, preenchimento: isso deixo de lado. A dor dos outros: isso vou abraçar.
Examinando-me repetidas vezes,
Tomarei consciência de todas as minhas faltas.

8.162
Quando os outros cometerem alguma falta, vou pegar
A culpa e jogá-la sobre mim.
E todos os meus pecados, ainda que mínimos,
Vou confessá-los e divulgá-los a muitas pessoas.

Com estas estrofes, iniciamos a parte sobre o direcionamento de toda culpa como a causa do nosso sofrimento: nossa autoabsorção neurótica. Mais do que culpar os outros pela nossa infelicidade ou nos culparmos de modo duro e mesquinho, temos uma visão clara e compassiva de como a nossa autocentralidade arrasa as nossas chances de felicidade duradoura. Nossa autoimportância irrequieta nos faz sofrer bem mais do que qualquer outro culpado.

8.163
A fama dos outros aumentarei,

Para que possa suplantar a minha própria.
Entre ele serei um ser que serve,
Meu trabalho humilde para benefício deles.

8.164
Este ego é, por natureza, repleto de defeitos;
Seus talentos acidentais devo esconder, não exaltar.
As eventuais qualidades que tiver, ocultarei,
Para que, assim, permaneçam desconhecidas de todos.

Estas estrofes poderiam ser facilmente confundidas como orientações para um masoquismo. Precisamos deixar bem claro que Shantideva não está nos aconselhando a nos denegrirmos. Ele está nos encorajando a reconhecer o sofrimento causado pelo nosso egocentrismo e a utilizar a nossa sabedoria inata para mudar isso. Em vez de gerar um ódio pessoal, esta prática promove confiança na nossa bondade básica. Ao direcionar toda a culpa para o ego, é importante manter isto em mente.

8.165
Todo mal, em suma, que meu ego praticar
Em proveito dele e em detrimento dos outros,
Possa todo esse mal descer sobre meu ego,
Em prejuízo dele – para benefício dos outros.

Shantideva deseja que o seu ego vivencie todo o mal que o seu egoísmo causou aos outros. Isto seria certamente um método infalível para curar as tendências agressivas autocentradas.

8.166
Não o deixe pavonear-se de um lado para o outro,
Tão arrogante, tão soberbo.
Antes, como uma noiva recém-casada,
Que ele seja pudico, recatado, acanhado e tímido!

8.167
É assim que ele deve ser e ficar!
E, se ele cometer algum deslize, seja enérgico e,
Com antídotos, ponha-o na linha; se falharem,
Pegue então o chicote!

Aqui Shantideva continua a se referir à autocentralidade do ego e recomenda a abordagem de Geshe Ben. Se as técnicas suaves não estiverem funcionando com você, então se esforce mais. A vida é curta demais para ficarmos aprisionados no ego.

> 8.168
> E, portanto, ó mente, se você continuar a se recusar,
> Apesar dos demorados conselhos que lhe foram dados,
> Você sem dúvida estará pronta para ser punida,
> Já que todo mal tem em você sua raiz!
>
> 8.169
> O tempo em que você podia me fazer mal
> Ficou para trás e agora não está mais aqui.
> Agora eu vejo você! Para onde você irá fugir?
> Vou desbancar você e toda a sua arrogância e insolência.

"O seu tempo acabou!" diz para o ego a sabedoria da natureza de Buda. "Não vou deixar que os padrões antigos me derrubem".

Se a linguagem de Shantideva – *já que todo mal tem em você sua raiz* – não lhe convence, coloque este sentimento com as suas próprias palavras. Mas não abrande muito a mensagem. Permitir-se a autoabsorção é perigoso para a nossa saúde.

Em algum ponto precisamos parar de nos identificar com as nossas fraquezas e desviar a nossa fidelidade para a nossa bondade básica. É altamente benéfico compreender que as nossas limitações não são absolutas e monolíticas, mas relativas e removíveis. A sabedoria da natureza búdica está disponível para nós sempre.

> 8.170
> Todo o pensamento de trabalhar para mim mesmo
> Foi totalmente rejeitado, jogado fora.
> "Agora que você foi vendida para os outros,
> Pare de resmungar e ponha-se a servir!"

Lembre disto! Mas quando você diz para si mesmo *pare de resmungar e ponha-se a servir!,* fale com um sorriso. Lembre, também, que isto é algo que você diz para o seu ego criador do sofrimento e não para os outros.

8.171
Se, por desatenção,
Eu deixar de entregá-la aos outros,
Por certo será você que irá me entregar
Aos terríveis guardiães do inferno.

Pela nossa falta de atenção e pelos vários kleshas nos vemos muitas vezes descansados e relaxados. Mas, para conseguir resultados melhores, permaneça atento! O bodhisattva adora resistir à sedução da autoabsorção e beneficiar os outros.

8.172
Pois foi assim que tantas vezes
Você me traiu e que por tanto tempo eu sofri!
Agora minha lembrança está cheia de rancor;
Vou esmagar suas tramas egoístas!

Aqui temos um exemplo da compaixão irada. Quando esta abordagem muito abrupta, raiva contra raiva, é utilizada com habilidade como ferramenta da gentileza amorosa, pode ser muito útil.

8.173
Assim, se eu quero satisfação,
Não devo nunca buscar contentar a mim mesmo.
Da mesma forma, se eu quero me salvar,
Vou, então, sempre proteger os outros.

O verso *não devo nunca buscar contentar a mim mesmo* se refere a agir egoisticamente. Shantideva diz que, ao beneficiarmos os outros, atingiremos o contentamento pessoal. O Dalai Lama chama isso de "egoísmo sábio". O egoísmo tolo não está preocupado com o bem-estar dos outros e, portanto, perpetua o nosso descontentamento.

8.174
Na medida em que esta forma humana
Seja mimada e poupada de ferimentos,
Do mesmo modo, na mesma extensão,
Ela se torna sensível e rabugenta.

8.175
Àqueles que caem nesse estado,
Mesmo a Terra e tudo o que ela contém
É incapaz de satisfazer.
Pois quem pode lhes fazer todas as vontades?

8.176
Seu irremediável querer lhes traz sofrimento
E concepções funestas invadem sua mente.
Ao passo que aqueles que têm o coração livre e desimpedido
Jamais verão o fim de sua boa fortuna.

Shantideva defende a ideia de que os desejos não têm fim. Pensar que o conforto e a segurança virão com a satisfação deles é tão cômico quanto tentar apagar o fogo adicionando mais madeira.

8.177
Portanto, não darei espaço algum, oportunidade alguma,
Para que as vontades do meu corpo aumentem.
E, quanto às posses, as melhores coisas
São aquelas que não atraem nem cativam.

Novamente, não há nada de errado com os bens materiais. O problema está no nosso vício em relação a eles.

8.178
Pó e cinza são a condição final do corpo,
Deste corpo que, inerte, é movido por outras forças.
Esta forma intolerável e impura –
Por que eu a tomo por meu "eu", minha "pessoa"?

O corpo *movido por outras forças* se refere ao corpo que é decomposto após a morte. Este corpo desaparecerá. Não é uma entidade permanente agora, e não será quando morrermos.

8.179
Vivo ou morto, que diferença faz?
De que me serve esta máquina?

Que diferença a separa de um punhado de terra?
Por que não me livrar desse conceito de "eu"?

Nosso corpo pode, naturalmente, ser muito útil, mas não se estivermos obcecados por ele. Felizmente esta mensagem agora familiar está decaindo.

8.180
Ao cobrir de atenções este corpo,
Tantas mágoas eu insensatamente trouxe sobre mim.
Qual o uso de todo o meu querer, de todo o meu odiar –
Por aquilo que, na realidade, é como um pedaço de pau?

Quando morrermos, poderemos realmente ter aproveitado de todo o nosso querer e de todo o nosso odiar. Mas, com que finalidade? Não vamos esperar morrer para fazer esta pergunta.

8.181
Quer eu o proteja e mime,
Quer ele seja rasgado pelo bico das aves carniceiras,
Este corpo não sente prazer algum, aversão alguma –
Por que, então, eu o estimo tanto?

8.182
Ressentimento quando insultado,
Ou prazer quando apreciado,
Nenhuma dessas coisas o corpo sente –
Então, por que me desgastar assim?

8.183
Por causa da apreciação, você dirá,
Que os outros, todos os meus amigos, terão por ele.
Eles todos apreciam o corpo que têm;
Então, por que eu não gosto dele como do meu próprio?

Quando as pessoas dizem "Você está com uma aparência ótima, tão radiante!" ou "Parece que você tem mais rugas agora do que na última vez em que a vi," você sente alegria ou entra em depressão. Nosso eu fictício é atingido a fundo por um pequeno elogio ou culpa. *Então, por que me desgastar assim?* Shantideva pergunta na estrofe 182. Por que fazer isso conosco, nossos seres passageiros, momentâneos?

Na estrofe 181 temos outro diálogo familiar. Dizemos que *protegemos e mimamos* o nosso corpo para agradarmos os outros. Mas, se for esse o caso, por que não proteger e mimar o corpo deles? Isto certamente os agradaria também.

8.184
Portanto, livre de todo apego,
Doarei este corpo para o benefício de todos os seres;
Assim, embora muitos vícios o aflijam,
Vou conservá-lo como uma ferramenta necessária.

8.185
Basta de todos esses meus modos infantis.
Seguirei as pegadas dos sábios,
Recordando-me de seus conselhos sobre a vigilância,
Afastando-me de toda sonolência e entorpecimento mental.

Aqui Shantideva assume o compromisso de usar o seu corpo como a sua base de trabalho, sua *ferramenta necessária.* Quando da mesma forma e bem animados *seguimos as pegadas dos sábios,* ele nos servirá bem e nos conduzirá à iluminação incomparável.

8.186
Como os herdeiros dos budas, em sua compaixão,
Aceitarei o fardo, tudo o que precisa ser carregado.
Pois, se eu não trabalhar noite e dia,
Quando terá fim todo o meu penar?

Trungpa Rinpoche com frequência utilizou a palavra *fardo* no sentido positivo. O grande fardo que ele sentiu para beneficiar os seres sencientes foi aquele que carregou com alegria. *Trabalhar noite e dia* não significa esforço e luta. Significa perseverar com ânsia de um elefante entrando na água refrescante, ou com o prazer de um cisne pousando sobre um lótus no lago. Finalmente, significa estabelecer corretamente as nossas prioridades de modo que tudo seja feito com a intenção de despertar o coração de bodi.

8.187
Assim, para abolir os véus do obscurecimento,
Vou desviar minha mente do caminho errado;
E, sobre este objeto perfeito, constantemente
Vou repousar minha mente em estado de equilíbrio e meditação.

Dedicação

NO CAPÍTULO 10 de *O Caminho do Bodhisattva*, Shantideva dedica todos os méritos que acumulou pela composição deste texto para o benefício dele mesmo e de todos os outros seres. Ao ler estes versos de dedicatória podemos usar a sua ajuda de especialista para expressar os nossos desejos mais profundos.

Esta é uma maneira simples, embora profunda, de seguir a atividade iluminada. No final de qualquer atividade – uma refeição, um encontro ou um ensinamento do dharma – podemos ter a aspiração de que qualquer benefício que recebermos seja partilhado com os outros. Podemos pensar em uma pessoa em particular que poderia utilizar alguma ajuda, ou homens, mulheres e crianças que vivem em países destroçados pela guerra, ou por todos os seres em toda parte, sem exceção.

Uma vez perguntei a Trungpa Rinpoche a respeito de partilhar o mérito no final de uma refeição. Com muitas vezes como sem dar atenção ao que estou fazendo, parece um pouco hipócrita que eu ache que acumulei alguma coisa além de autoabsorção. Ele respondeu que desde que eu tenho a sorte de receber alimentos nutritivos, os quais aproveito em um ambiente seguro e confortável, eu realmente tenho muito boa sorte para partilhar.

Ele também me lembrou dos três nobres princípios: bom no início, bom no meio e bom no final. Se iniciarmos uma atividade com a clara intenção de que seja benéfica e se continuarmos com a mente aberta enquanto a administramos, sempre teremos alguma coisa para partilhar no final. Mesmo se ficarmos completamente distraídos naquilo que estamos fazendo, a aspiração clara com a qual iniciamos transforma qualquer ação em atividade do bodhisattva.

A dedicação do mérito altera a nossa atitude. Em vez de somente focalizar em nós, começamos a pensar além do "eu" e do "meu". Lembrar do esforço e das dificuldades dos outros e que a iluminação é possível para todos abre para nós uma perspectiva maior.

A dedicação do mérito também nos abranda. O sofrimento de todas as pessoas e animais com que partilhamos este planeta se tornará mais real. Eles precisam de ajuda tanto ou mais do que nós. Mesmo aqueles de quem não gostamos e aqueles que "têm o que merecem" se tornam o foco da dedicação. Estes gestos aparentemente pequenos de amor e consideração podem auxiliar o sofrimento do mundo. O passo mais significativo que qualquer um de nós pode dar para a paz global é suavizar o que está endurecido em nosso coração.

> 10.1
> Pela força de todas as virtudes por mim acumuladas
> Ao compor este livro, que descreve
> Como se entra no caminho do bodhisattva,
> Possam todos os seres trilhar a via que leva ao estado búdico.

Shantideva inicia com esta pequena dedicação. Como um resultado da sua atividade louvável, ele aspira que cada ser tenha a chance de viver a vida de um bodhisattva: *possam todos os seres trilhar a via que leva ao estado búdico,* incluindo aqueles que achamos que atualmente não merecem.

O desejo de que todos os seres despertem possui duas partes. Uma é o anseio sincero de que isso aconteça mais cedo do que tarde. A segunda é a confiança crescente de que isso é não somente possível como inevitável. A única questão é escolhermos diminuir ou acelerar o processo.

> 10.2
> Em toda parte, possam os seres que experimentam
> Tormento em seu corpo e mente
> Gozar, graças a meu mérito,
> De alegria e felicidade sem conta.

10.3
Enquanto permanecerem no samsara,
Possa sua alegria nunca declinar,
E possam eles provar bem-aventurança inigualável,
De forma constante e ininterrupta.

Shantideva formula aspirações para todos os seres nos seis reinos: pela virtude do seu mérito, que pessoas e animais que estão sofrendo recebam conforto físico e alegria mental e *felicidade sem conta.* Que elas tenham boa saúde e outros benefícios mundanos e também a felicidade última de realizar a sua verdadeira natureza. Quando partilhamos o mérito, podemos pensar em *todas* as pessoas em todas as partes e desejar a elas a *bem-aventurança inigualável*, não somente por uma tarde, mas para sempre. Em outras palavras, pensamos tão grande quanto nos for possível.

10.4
Em todas as esferas e cantos do universo,
Nos reinos dos infernos, onde quer que sejam encontrados,
Possam os seres aí acorrentados e atormentados
Provar a sublime felicidade e paz de Sukhavati.

Primeiro, Shantideva direciona a sua compaixão para aqueles que estão sofrendo nos infernos. Ele deseja o bem até para aqueles que considera desprezíveis. As mentes dos seres que fizeram coisas terríveis, e muito provavelmente as apreciaram, projetam os ambientes infernais descritos aqui. Este é o tipo de cenário no qual Hitler, Pol Pot e matadores em série se encontram aprisionados.

Uma razão pela qual somos ensinados a respeito dos reinos infernais é para despertar a nossa compaixão. Outra é sacudir o nosso pensamento convencional, endurecido. Em geral, ficamos contentes quando esse tipo de pessoa recebe aquilo que merece. Contudo, estas aspirações marcam uma mudança profunda na maneira como vemos as coisas. Compreendemos que se as pessoas que abusam do mundo pudessem despertar o bodhichitta, a crueldade se tornaria impossível. Os reinos infernais ficariam vazios, e cessaria a nossa falta de humanidade em relação aos outros.

Muitos de nós não se sentem prontos para assumir este desejo neste momento. Podemos estar em um estágio onde o ressentimento ou uma amargura nos impede de ter essas aspirações em relação àqueles dos quais não gostamos ou tememos. Acho humilhante o fato de Shantideva não ter esse tipo de rancor. Tenho a aspiração de que, finalmente, sejamos todos capazes de dizer as seguintes palavras: Que aqueles que estão nos estados infernais *provem a sublime felicidade e paz* de perceber o mundo com uma mente clara e aberta. Que eles percebam o mundo como a terra pura de Sukhavati.

10.5
Possam aqueles que vivem presos no frio gélido ser aquecidos.
E das abundantes nuvens das preces dos bodhisattvas
Possam jorrar torrentes sem fim
Para refrescar aqueles que ardem no fogo dos infernos.

10.6
Possam as florestas cujas folhas são lâminas e espadas
Transformarem-se em plácidos bosques e clareiras em aprazíveis matas.
E possam surgir as árvores dos milagres,
Para sobrepujar os seres na colina de shalmali.

10.7
Possam as valas dos infernos serem deleitantes,
Com lagos perfumados pelo aroma da flor de lótus,
Embalados pelo canto, tão doce ao ouvido,
De cisnes e gansos selvagens e demais aves aquáticas.

10.8
Possam as brasas ardentes transformarem-se em montes de joias,
O chão escaldante tornar-se um piso de cristal,
As montanhas que esmagam, moradas celestiais,
Adornadas com oferendas, a vivenda dos budas.

10.9
Possam a chuva de lava, pedras incandescentes e armas
Doravante se tornarem uma chuva de flores.
Possam aqueles cujo inferno seja brigar e ferir
Converterem-se em amantes com flores a oferecer.

10.10
E aqueles mergulhados no escaldante Vaitarani,
Sua carne destruída, seus ossos calcinados, brancos como o jasmim,
Possam eles, pela força de meus méritos, gozar de formas divinas,
E do convívio com deusas, nos mansos riachos de Mandakini.

Estas estrofes se referem a descrições tradicionais do inferno, onde, similar ao *Inferno* de Dante, a intensidade do sofrimento o faz parecer interminável. Onde existe a agonia do ódio frio ou escaldante, Shantideva aspira que esta agonia seja aliviada.

Como podem os seres infernais mudarem o seu ódio, mudarem a sua agressão, afastando-se da crueldade? Como despertar um lampejo de ternura em seus corações? Isto raramente acontece em meio a um tormento incessante.

A chave está na frase *das abundantes nuvens das preces dos bodhisattvas.*

Uma razão para que estes seres torturados possam ter uma mudança no coração, embora pareça improvável, é que os bodhisattvas, até pessoas como nós, fazem aspirações pelo bem deles. Este é o poder de dirigir a nossa compaixão para aqueles que estão aprisionados em estruturas mentais das quais é quase impossível escapar.

Afetada pelas nossas aspirações, uma pessoa aprisionada em uma realidade de coração e mente fechados pode, repentinamente, sentir um lampejo de gentileza, um lampejo de possibilidade de viver de outra forma. Esta pessoa pode experimentar isso como uma mudança revigorante em seu ambiente. Em vez de ser engolfada pelos rios de fogo, ela pode se descobrir nos *mansos riachos* da Terra Pura.

10.11
"Que medo é esse", eles perguntarão, "que invade os servidores do Senhor da Morte, os sinistros abutres e corvos carniceiros?
Que nobre força é essa que nos traz alegria e dissipa as nossas trevas?"
E, olhando para o céu, eles verão a forma radiante de Vajrapani.
Então, possam os pecados deles ser cancelados pela alegria, e possam eles se juntar a Vajrapani.

10.12
E, quando virem as torrentes de lava fervente dos infernos
Extinguirem-se sob uma chuva de flores e de água perfumada,
Imediatamente repletos de felicidade, eles se perguntarão
"Como pode ser?"
E, assim, aqueles que moram nos infernos contemplarão o Senhor que Segura o Lótus.

10.13
"Amigos, descartem seus temores e cheguem logo aqui.
Pois quem é esse que vem espantar todo pavor, esse jovem com o cabelo trançado e cintilante,
Esse bodhisattva amoroso, salvador e protetor de todos os seres,
Cujo poder alivia toda dor e faz crescer a alegria?

10.14
"Vocês veem o esplendor de sua casa, onde ressoam as louvações de mil deusas,
Os cem deuses que depositam seus diademas diante de seus pés de lótus,
A chuva de flores que cai sobre sua cabeça, seus olhos úmidos de compaixão?"
Ao contemplar Manjughosha, possam assim exclamar os seres lançados nos infernos.

10.15
E mais, quando, pelo efeito de minhas virtudes,
Eles virem as nuvens ditosas derramarem sua chuva perfumada e refrescante,
Seus obscurecimentos lavados por bodhisattvas como Samantabhadra,
Possam aqueles que padecem nos infernos vir a ter perfeita felicidade.

Bodhisattvas entram em locais de trevas inenarráveis para auxiliar e inspirar aqueles que estão vivendo ali. Como resultado, estes seres torturados podem vivenciar uma abertura inteiramente nova. Não que a nossa natureza de buda desapareça quando estamos nos infernos; mas ela fica difícil de ser acessada. Quando os bodhisattvas aparecem em nossas vidas, eles despertam a nossa sabedoria e compaixão. Seja nos infernos ou em alguma forma menor de tormento, algo ressoa em nossa força e bondade inatas quando estamos com eles.

10.16
Possam os animais ficar livres
Do medo de serem atacados e devorados uns pelos outros.
Possam os fantasmas famintos gozar de tanta felicidade
Quanto aqueles que habitam o continente do norte.

10.17
Possam eles se saciar e se satisfazer
Com os fluxos de leite que jorram
Das mãos do nobre Senhor Avalokita,
E banhando-se neles, possam eles se refrescar e se revigorar.

Os primeiros versos da estrofe 16 se dirigem ao medo e sofrimento dos animais. Os versos seguintes, junto com a estrofe 17, se referem ao reino dos fantasmas famintos, onde os seres são atormentados pela fome e sede que nunca conseguem ser aplacadas.

Segundo a antiga mitologia indiana, *o continente do norte* é Uttarakuru, local de grande harmonia e paz. Vivemos no continente sul, chamado Jambudvipa, que é menos harmonioso e pacífico e, mesmo assim, não é um lugar ruim para se nascer. Tendo se dirigido ao sofrimento dos reinos inferiores, Shantideva agora mostra compaixão pelos seres humanos, como eu e você. Ele enumera os nossos infortúnios e formula o desejo de que todos eles acabem: que todos nós sejamos libertados do sofrimento e das causas do sofrimento.

10.18
Possam os cegos recuperar a visão,
Possam os surdos começar a ouvir
E possam as mulheres dar à luz
Sem dor, como Mayadevi.

10.19
Possam os desnudos agora ter o que vestir,

E todos os famintos ter o que comer.
Possam aqueles atormentados pela sede receber
Águas puras e bebidas deliciosas.

10.20
Possam os pobres e desvalidos encontrar riqueza,
Os aflitos e os oprimidos pela dor, felicidade.
Possa a confiança aliviar os que vivem em desespero
E infundir-lhes firmeza e toda excelência.

10.21
Possam todos os seres molestados por doenças
Ser prontamente libertados de todo mal.
Possam todas as enfermidades que afligem os seres vivos
Ser curadas, de modo imediato e permanente.

10.22
Possam aqueles que vivem apavorados não experimentar mais medo.
E aqueles que vivem em cativeiro ser soltos.
Possam os fracos encontrar força.
E possam os seres vivos, com bondade, ajudarem-se uns aos outros.

10.23
Possam os viajantes que seguem pelas estradas
Encontrar felicidade onde quer que vão,
E possam eles atingir, sem necessidade de esforço,
As metas que os levaram a partir.

10.24
Possam aqueles que se lançam aos mares em barcos e navios
Alcançar o porto pretendido,
E possam eles chegar sãos e salvos à terra firme
Para se reunirem alegremente com seus parentes e amigos.

10.25
Possam aqueles que se perderam e que perambulam aflitos

Encontrar companheiros de viagem,
E ao abrigo da ameaça de ladrões e feras,
Possam eles seguir sem fadiga e ter jornada amena.

10.26
Possam as crianças e idosos, os fracos, os indefesos,
Desnorteados em regiões desertas e inóspitas,
E aqueles cuja mente seja obtusa, e todos os que são insanos,
Ser guardados por seres puros e celestiais.

Shantideva aspira a que todas as pessoas de quem ele consiga se lembrar estejam bem e confortáveis. Ao pensar desta maneira, com sinceridade e abertamente, aquele que tem a aspiração é um ser abençoado assim como aqueles a quem a aspiração é dirigida. Você pode se perguntar por que acontece desta maneira. Ao sentir empatia e generosidade amorosa pelos outros, nos comovemos e mudamos. Deste modo, tanto doador quanto receptor são profundamente beneficiados.

Os estudos mostraram que as aspirações e as orações *exercem* um efeito positivo sobre as pessoas. Mesmo que você seja cético, simplesmente formule o seu desejo com a esperança de que aqueles que você tem em mente recebam esta bênção. Então, você também será definitivamente beneficiado com a realização desta prática de dedicação.

10.27
Possam todos alcançar a condição humana
E ser dotados de sabedoria, fé e amor.
Com meio de vida e sustento perfeitos,
Possam eles manter vigilância mental ao longo de toda a sua vida.

10.28
Possam todos gozar de riqueza ilimitada,
Tal qual o tesouro do espaço,
E dela desfrutar de acordo com seus desejos,
Sem querer um traço de maldade ou hostilidade.

A aspiração *possam todos gozar de riqueza ilimitada* pode ser perigosa. Shantideva, por isso, adiciona uma condição importante: sem criar hostilidade contra ninguém ou sentir egoísmo, ganância ou maldade, que todos os seres tenham suas necessidades preenchidas.

10.29
Possam os seres destituídos de esplendor,
Tornarem-se magníficos e resplandecentes.
E aqueles desgastados por sua labuta
Adquirir grande beleza e perfeição.

10.30
Possam todas as mulheres do mundo
Alcançar a força da masculinidade.
Possam os humildes tornar-se grandiosos,
E os orgulhosos e soberbos desvencilhar-se de sua arrogância.

Possam aqueles exauridos pelo seu trabalho ter a sua saúde e beleza restauradas. Possam os deprimidos ser estimulados e os arrogantes encontrar a humildade, e possam as mulheres *alcançar a força da masculinidade.*

Para compreender este último verso, temos que conhecer o contexto no qual Shantideva estava ensinando. Nascer mulher no século VIII, na Índia, não era um predicado. Mesmo se você fosse rica, teria pouco mais valor do que um animal de trabalho – e, muitas vezes, seria tratada pior do que ele. Se tivesse as aspirações espirituais de praticar o dharma, o fato de ser mulher seria um grande impedimento. Até hoje, monjas em partes do sudeste da Ásia são muito maltratadas; devido ao preconceito cultural, ninguém as alimenta ou cuida das suas necessidades.

Este é o tipo de iniquidade que Shantideva está enfatizando. Sua aspiração é de que as mulheres sejam aliviadas desta injustiça e da dor que isto causa, e que elas nasçam em uma situação livre de preconceito.

A mensagem, aqui, é altamente compassiva. Se sofremos por qualquer preconceito – como gênero, raça ou religião – possamos nos livrar dessa injustiça, e de suas dificuldades e obstáculos inevitáveis.

10.31
E, assim, por todos os méritos que conquistei,
Possam todos os seres, sem nenhuma exceção,
Abandonar toda conduta nefasta
E abraçar o bem, agora e para todo o sempre.

10.32
Do bodhichitta possam eles nunca se separar,
Praticando constantemente os atos do bodhisattva.
E possam eles ser aceitos pelos budas como seus discípulos,
E afastar-se de tudo o que seja obra dos demônios.

Nestas duas estrofes existe uma mudança. Nas estrofes anteriores Shantideva deseja que as nossas circunstâncias externas sejam confortáveis e mantenedoras. Aqui, ele nos deseja também a inspiração espiritual. O desafio do bodhisattva é trabalhar rompendo todos os preconceitos e tendências. Então, o poder da nossa aspiração poderá influenciar todos os seres vivos da maneira mais positiva possível.

10.33
Possam esses seres, sem excluir nenhum,
Desfrutar de longevidade sem igual.
Vivendo sempre em meio ao contentamento,
Sem nunca sequer ouvir a palavra morte.

10.34
De todos os lados, nas dez direções,
Possam se espalhar bosques de árvore que realizam desejos,
Ressonantes com a doçura dos Ensinamentos
Proferidos pelos budas e por seus filhos, os bodhisattvas.

10.35
Possa a terra ser segura em toda parte,
Livre de rochedos, grotas e penhascos,
Plana como a palma da mão
E lisa como o lápis-lazúli.

10.36
E, para muitas congregações de discípulos,
Possa uma profusão de bodhisattvas
Surgir em todas as terras,
Adornando-os com toda excelência.

10.37
Possam todos os seres vivos, sem exceção,

Constantemente ouvir o som do Dharma,
A emanar do canto dos pássaros e do sussurro das árvores,
Dos raios de luz e do próprio céu.

10.38
Possam eles vir à presença dos budas,
E desfrutar da companhia dos filhos destes, os bodhisattvas.
Com nuvens de oferendas sem fim,
Possam os mestres do mundo ser venerados.

10.39
Possam os espíritos benfazejos trazer as chuvas no tempo certo,
Para que as colheitas sejam ricas e abundantes.
Possam os príncipes governar segundo a Verdade,
E possa o mundo ser abençoado com toda a prosperidade.

Que haja bons governos. Que tenhamos uma sociedade iluminada, cujos governantes tenham em mente os melhores interesses de todos.

10.40
Possam os remédios ser potentes e plenos de virtude;
Possam os encantamentos curativos ser recitados com êxito.
Possam os espíritos do ar, que se alimentam de carne,
Ser gentis, suas mentes imbuídas de piedade.

10.41
Que nenhum ser jamais experimente a dor,
Doença ou depressão, jamais pratique o mal.
Possam os seres vivos não conhecer o medo, nem sofrer insultos,
E possa sua mente a todo tempo ficar livre de mágoa.

As estrofes que se seguem são dedicadas, especificamente, aos monges e monjas, irmãos e irmãs de sangha de Shantideva.

10.42
Em todos os templos e monastérios,
Possam as leituras e recitações florescer em abundância.
Possa a harmonia reinar no seio da Sangha,
E possam seus desígnios todos se cumprir.

10.43
Possam os monges ordenados, voltados para sua prática,
Encontrar locais perfeitos para se recolherem em solidão,
Abandonando todos os pensamentos dispersivos,
Possam eles meditar com a mente flexível e bem treinada.

10.44
Possam as monjas ter todas as suas necessidades atendidas;
Possam desavenças e o espírito de vingança ser estranhos a elas.
Possam todos aqueles que abraçaram a vida monástica
Observar suas regras de conduta de forma pura e desimpedida.

10.45
Possam eles sentir arrependimento quando sua disciplina for quebrada,
E possam sempre se empenhar para purificar suas faltas.
Possam eles conquistar um renascimento bem afortunado,
Em condições que lhes permitam manter disciplina inabalável.

Shantideva aspira que a sabedoria floresça nos monastérios; que os monges ordenados vivam harmoniosamente juntos; que o seu propósito de beneficiar os outros seja realizado; e que todas as suas necessidades sejam atendidas. Finalmente, ele aspira que a sangha monástica mantenha sempre os seus votos. Como uma pessoa que vive em um monastério, sei como todas essas coisas são importantes para o bem-estar diário de um monge ou monja.

10.46
Possam os sábios e os doutos ser reverenciados
E sempre ser sustentados por oferendas.
Com a mente imbuída de pureza,
Possa sua reputação se espalhar por todos os cantos.

10.47
Possam os seres nunca padecer nos reinos inferiores;
Possam as dores e tribulações ser deles desconhecidas.
Desfrutando de força e beleza superiores àquelas de um deus,
Possam eles rapidamente alcançar o estado de buda.

10.48
Por vezes sem conta, possam os seres sencientes
Fazer oferendas a todos os budas.
E, com a inconcebível bem-aventurança do Buda,
Possam eles gozar de felicidade constante, sem nenhuma sombra.

110.49
Possam agora se cumprir
As elevadas intenções dos bodhisattvas em benefícios dos seres,
E possam os seres sencientes, também agora, receber
Todo o bem que os budas lhes reservaram.

10.50
Possam os arhats e os pratyekabuddhas
Por fim alcançar perfeita felicidade.

Nosso maior sofrimento é, algumas vezes, ocasionado pela rejeição da gentileza e do apoio. Podemos perceber este auxílio como negativo ou suspeito e, devido à nossa paranoia, ser incapazes de nos beneficiarmos dele. Isto é quase uma definição de estar em um reino inferior. Shantideva deseja que todos os seres sencientes estejam abertos o suficiente para receber todas as bênçãos e boa sorte.

10.51
E possa eu também, pela bondade de Manjushri,
Chegar à terra da Perfeita Alegria,
E, ao longo da sequência de todas as minhas vidas,
Abraçar a ordenação monástica.

10.52
Assim, possa eu viver, sustentado
Por alimento simples e frugal.
E, em todas as minhas vidas, possa eu
Encontrar uma morada em meio à perfeita solidão.

10.53
Sempre que eu quiser fitá-lo
Ou fazer-lhe uma pergunta, mínima que seja,

Possa eu descortinar para mim a visão desobstruída De Manjughosha, meu protetor.

10.54
A fim de satisfazer as necessidades dos seres
Que habitam nas dez direções, até os confins do firmamento,
Possa eu refletir, em todos os meus atos e gestos,
Os feitos perfeitos de Manjushri.

A nossa própria felicidade é, algumas vezes, o mais difícil de ser desejado. Mas, nestas estrofes, Shantideva dedica o mérito ao seu próprio bem-estar. Na estrofe 51, ele aspira a ter a experiência direta do vazio. Isto é tradicionalmente chamado de realização do primeiro bhumi, *a terra da Perfeita Alegria.*

10.55
Enquanto durar o espaço,
Enquanto durarem os seres vivos,
Possa eu também ficar
Para espantar as dores do mundo.

10.56
As dores e as penas de todos os seres errantes –
Possam elas amadurecer integralmente sobre a minha pessoa.
E possa a companhia virtuosa dos bodhisattvas
Propiciar felicidade a todos os seres.

É dito que a estrofe 55 é a favorita do Dalai Lama. Ela resume melhor do que qualquer outra o desejo e o espírito do caminho do bodhisattva.

Um exemplo do tipo do pensamento expresso na estrofe 56 é a prática do *tonglen.*

10.57
Possa a doutrina, o único remédio para o sofrimento,
A fonte de toda bem-aventurança e felicidade,
Ser cultivada e mantida com reverência,
E, por um vasto espaço de tempo, possa ela perdurar!

Os ensinamentos budistas têm perdurado por dois mil e quinhentos anos. Eles persistiram até o século VIII; por isso, Shantideva pôde se beneficiar deles; e eles persistiram, desde o século VIII até agora, talvez devido a aspirações como esta. Contudo, o Buda ensinou que tudo é impermanente e que até os seus ensinamentos seriam perdidos. Ouvir isto me faz pensar que seria aconselhável fazer bom uso deles enquanto durarem.

> 10.58
> E agora prostro-me diante de Manjughosha,
> Cuja bondade é a fonte das minhas boas intenções.
> E também me curvo diante de meus amigos virtuosos,
> Cuja inspiração me dá forças para crescer.

Esta última estrofe é uma recordação da gentileza dos bodhisattvas e dos amigos espirituais que nos ajudaram no caminho – uma expressão final da gratidão e da veneração. Segundo a tradição, ela é repetida três vezes.

• • •

Isto encerra o capítulo 10 e o término dos ensinamentos de Shantideva. Que, assim como eu, você possa achá-los inspiradores e os utilize para guiar a sua vida.

Embora compostas há muito tempo, estas instruções podem fazer uma diferença significativa na maneira como cada um de nós trabalha com estes desafios nesta época atual. Eles podem nos ajudar a realizar todo o nosso potencial e nos apoiar em nosso trabalho pela paz: como cidadãos mais eficazes, responsáveis e compassivos em um mundo turbulento.

Podemos considerar as palavras de Shantideva com instruções essenciais para trabalhar com as dificuldades que virão. Não vejo uma habilidade mais necessária do que aprender a não piorar as situações, algo que todos nós precisamos desenvolver rapidamente. E Shantideva não pára aqui. Ele nos fornece ensinamentos precisos sobre como desenvolver a compaixão até para com os nossos "inimigos" e como agir com amor em vez de ódio.

Trungpa Rinpoche devotou os últimos anos de sua vida a passar ensinamentos sobre como criar uma sociedade iluminada, chamando-a "Visão de Shambhala". Esta linhagem de ensinamentos é, ainda hoje, apresentada por seu filho, Sakyong Mipham Rinpoche. A mensagem é simples, embora profunda. Todos nós temos a sabedoria inata para criar uma existência íntegra e elevada para nós mesmos e para os outros. As palavras de Shantideva também apoiam esta mensagem. Podemos pensar além do nosso pequeno casulo e tentar auxiliar este mundo problemático. Não somente os nossos amigos e nossa família serão beneficiados, como também os nossos "inimigos" colherão as bênçãos da paz.

Se estes ensinamentos fizerem sentido para nós, poderemos assumir um compromisso com eles? Na época atual, temos alguma escolha? Temos a opção de viver uma autoabsorção inconsciente? Quando os riscos são tão altos, poderemos nos dar ao luxo de permanecer amarrados? No espírito da amizade, como membros da mesma família e passageiros no mesmo barco, partilho estas preocupações com você. Que estes ensinamentos possam ajudar cada um de nós a fazer a diferença. Seguindo o exemplo dos meus mestres e do próprio Shantideva, desejo bom êxito a todos – e boa sorte!

Quc o bodhichitta, precioso e sublime,
Surja onde ainda não existe;
E, onde já surgiu, que não decline,
Mas cresça e floresça cada vez mais.

Agradecimentos

Minha primeira inspiração vem, como sempre, dos meus mestres: o Vidyadhara Chögyam Trungpa Rinpoche; Sua Santidade o Décimo Sexto Karmapa; o Sétimo Karmapa, Sua Santidade Ogyen Trinley Dorje; Sua Santidade Dilgo Khyentse Rinpoche; Venerável Thrangu Rinpoche; Sakyong Mipham Rinpoche; e o meu mestre principal desta vez, Venerável Dzigar Kongtrul Rinpoche.

As observações de Sua Santidade o Dalai Lama muito fizeram para familiarizar o público, em geral, com Shantideva, mais do que qualquer outro ensinamento. Sou grata aos seus comentários e, especialmente, a seu livro *A Arte de Lidar com a Raiva,* que traz instruções verso por verso do sexto capítulo de *O Caminho do Bodhisattva.* Os ensinamentos orais do Venerável Dzongsar Khyentse Rinpoche dos capítulos 1 ao 7 foram uma fonte primordial de informação e inspiração. Apoiei-me também muito no comentário de Geshe Kelsang Gyatso e, quanto ao capítulo 1, nos comentários de Khenpo Kunpal e Khenpo Choga, traduzido por Andreas Kretschmar.

Em meus estudos, referi-me repetidas vezes a várias traduções deste texto, e gostaria de agradecer especialmente ao Padmakara Translation Group. A introdução da tradução do Padmakara foi particularmente útil. Consultei também transcrições dos ensinamentos dados pelo Venerável Ponlop Rinpoche na Abadia de Gampo. Gostaria, também, de expressar gratidão a Kokai Roberts, cujos ensinamentos sobre o capítulo 6 tiveram uma grande influência, e a Tim Olmstead pelos seus excelentes ensinamentos sobre o capítulo 8.

Finalmente, minha sincera apreciação por todas as boas pessoas que tanto trabalharam para que este livro viesse a existir: Gigi Sims, que transcreveu os meus ensinamentos orais; Sue Keely, que datilografou, pesquisou, viajou e me encorajou; Warner Keely, que compilou o glossário; Clare Ming, Glenna Olmstead e Margaret Jones Callahan, que datilografaram o manuscrito; Helen Tworkov, cujos *insights* valiosos melhoraram consideravelmente o manuscrito; Eden Steinberg da Shambhala Publications, por suas sugestões e apoio; e, finalmente, a minha editora, Helen Berliner, que fez o trabalho heroico de criar o livro final, partindo das transcrições originais.

Apêndice
Guia de Estudo

ABAIXO ESTÃO ALGUMAS SUGESTÕES para o estudo de *O Caminho do Bodhisattva*, a sós ou em grupo.

Ler em Voz Alta

Tradicionalmente, *O Caminho do Bodhisattva* é lido em voz alta. Isto é feito para que ele possa ser ouvido pelo maior número possível de seres sencientes, incluindo crianças que não estão na escola, esquilos e cães, e também pequenos besouros. Eles podem não o ouvir verdadeiramente agora, mas talvez ele penetre em seus poros e, de alguma maneira, os afete de modo positivo.

Patrul Rinpoche frequentemente ensinou ao ar livre, e o texto podia ser lido de modo que todos os pássaros e animais, e qualquer pessoa que passasse pudessem ouvir e se beneficiar. Essa é a ideia geral. É uma atitude de abrir as suas portas para todos os seres sencientes.

Memorizar

À medida que você ler, tente memorizar pelo menos uma estrofe. Você pode copiá-la em um cartão e colocá-la em um lugar visível. Repita-a várias vezes até conseguir se lembrar dela. Definitivamente, isto lhe será benéfico.

Registrar

Seja um estudo individual ou em grupo, será bom manter um caderno onde você poderá registrar a sua experiência sobre uma estrofe em particular. Por exemplo, após ler ou memorizar um verso, simplesmente caminhe um pouco. Pense sobre o que ele significa para você e anote, mesmo que seja um resumo. Mais tarde, após uma aula ou grupo de discussão, ou simplesmente após a vida ter passado um pouco, você talvez deseje escrever mais a respeito. A experiência de vida de somente um dia ou dois pode ser muito significativa.

Dedicação do Mérito

Se desejar, ao finalizar uma sessão de leitura, você poderá concluir dedicando o mérito do seu estudo. Uma maneira de fazer isto é cantar um ou mais versos de dedicação do décimo capítulo de Shantideva. Os versos de dedicação poderão, então, ser seguidos da prática de visualização descrita abaixo.

Uma Visualização para Fechar uma Sessão de Estudo

Após dedicar o mérito, você poderá terminar com a seguinte visualização. Com os olhos fechados, visualize defronte de você o texto *O Caminho do Bodhisattva*, de Shantideva. Ele pode ter o formato deste livro ou do texto tradicional, em rolo de pano. Você pode considerá-lo como uma representação da compaixão, gentileza amorosa e sabedoria. O texto também representa o seu anseio de aliviar o seu próprio sofrimento, de modo que você pode fazer a sua parte para aliviar o sofrimento do mundo.

Vendo isto diante de você, visualize que o livro se transforma em luz. Você pode imaginar isso da maneira que quiser. A luz irradia e depois se dissolve dentro de você. Você pode imaginar que ela preenche o seu corpo e o faz se sentir muito feliz, isto é, você realmente sente as qualidades do bodhichitta de amor, compaixão e um coração e mente abertos, ilimitados. Termine irradiando esta luz para todos no seu espaço imediato e, depois, para todos os seres na sua cidade, estado, país, e o mundo inteiro.

Glossário

Todas as referências cruzadas aparecem em letras maiúsculas. A abreviação "sans." significa sânscrito e "tib.", tibetano.

Arhat (sans.) Praticante no estágio mais elevado de realização espiritual no fundamento do caminho *yana* (ou hinayana). *Ver também* YANAS, TRÊS.

Bhumis, Dez (sans.) Cada um dos dez estágios que o bodhisattva deve atravessar para atingir a condição de Buda: alegria perfeita, imaculado, luminoso, radiante, difícil de conquistar, comunicação direta, longo alcance, impassível, ter bom intelecto e a névoa do dharma.

Bodhichitta (sans.) Coração ou mente desperta. Bodhichitta relativo é a nossa aspiração e perseverança de nos tornarmos despertos para podermos beneficiar todos os seres em sofrimento. Bodhichitta absoluto é a nossa mente desperta, livre de conceitos, que vê o vazio de todos os fenômenos.

Cemitérios Historicamente, cemitérios eram locais na antiga Índia onde os cadáveres eram deixados para serem devorados pelos animais selvagens. Na sociedade contemporânea, um cemitério pode ser qualquer local que não esconda a verdade do sofrimento e que, portanto, possui uma qualidade desesperada, irremediável ou aterrorizante. Os bodhisattvas não temem estas situações e são inspirados a trabalhar com estes caos.

DHARMA (sans.) Em termos gerais, dharma é qualquer verdade, norma ou lei. Do ponto de vista budista, Dharma se refere aos ensinamentos do Buda histórico, Sakyamuni. Também chamado de budadharma.

KLESHAS (sans.) Algumas vezes traduzido como "neuroses", "aflições" ou "emoções corrompidas". Emoções fortes que certamente nos conduzirão ao sofrimento: agressão, anseio, ignorância, ciúme, arrogância, orgulho e todos os seus afins.

BUDISMO MAHAYANA O "grande veículo" dos bodhisattvas. Este caminho enfatiza a prática da compaixão e o cultivo da sabedoria do vazio, a natureza final do eu e de todos os fenômenos. Com a motivação de livrar todos os seres do sofrimento do estado não iluminado, ele conduz ao estado de buda pelo bem dos outros. O Budismo Mahayana floresceu nos países do norte da Ásia: China, Coréia, Japão, Mongólia e Tibete. *Ver também* YANAS, TRÊS.

NIDANA(S) (sans.) Os doze elos que formam a corrente do despertar condicionado: (1) ignorância, (2) formações ou impulsos, (3) conscientização, (4) nome e forma, (5) os seis reinos dos sentidos, (6) contato, (7) sensação, (8) anseios, (9) apegos, (10) vir a ser, (11) nascimento, e (12) velhice e morte.

PARAMITA(S) (sans.) As seis práticas do caminho mahayana: generosidade, disciplina, paciência, empenho ou entusiasmo, meditação e sabedoria. Todos eles são chamados de "transcendentes" porque nos transportam através do rio da existência confusa para a "outra margem" da iluminação.

RINPOCHE (tib.) Um título honorífico que significa "precioso"; título conferido a mestres reverenciados do Budismo Tibetano.

SAMSARA (sans.) O ciclo vicioso do sofrimento causado pela busca constante pela segurança.

SANGHA (sans.) A comunidade dos seguidores do caminho budista.

SHAMATHA (sans.) Meditação da "calma permanente". Uma das duas principais práticas de meditação budista, a *shamatha* focaliza a estabilização da mente e o desenvolvimento da plena atenção.

SHENPA (tib.) Geralmente traduzido como "apego" ou "fixação", é o sentimento não conceitual de estar preso; é o peso por trás das emoções e, mais fundamentalmente, o peso por trás do sentido do "eu".

SHRAVAKA (sans.) Literalmente, "ouvintes". Aqueles que ouvem os ensinamentos dos primeiros tempos de Buda (hinayana) e os aplicam em suas vidas, com o foco sobre a liberação individual. *Ver também* YANAS, TRÊS.

SEIS REINOS Segundo os ensinamentos budistas, são as seis categorias amplas da experiência nas quais os seres samsáricos nascem como resultado do carma, ou ações, do passado. Nos três "reinos inferiores" dos animais, fantasmas famintos e infernos predomina o sofrimento. Nos três "reinos superiores" dos deuses mundanos, *asuras* ou semideuses e seres humanos, o sofrimento é mitigado pelos prazeres temporais.

SUTRA (sans.) Sutras budistas se referem aos ensinamentos atribuídos ao Buda Sakyamuni. Eles tomaram a forma de discursos e diálogos com os discípulos.

TONGLEN (tib.) Enviar e praticar. Uma prática de meditação que desenvolve a equanimidade e a compaixão ao assumir o sofrimento dos outros e desfazer-se de tudo o que é positivo e bom.

YANAS, TRÊS (sans.) Os três estágios de desenvolvimento, ou "veículos", para atravessar a estrada da iluminação, conhecidos no Budismo Tibetano como "hinayana", ou base *yana,* "mahayana" e "vajrayana". Cada um possui uma visão específica da jornada e um corpo específico de conhecimento e prática.

Bibliografia

Traduções e Comentários

Batchelor, Stephen (trad.). *A Guide to the Bodhisattva's Way of Life*. Dharamsala: Library of Tibetan Works and Archives, 1979. Poucas notas, porém, com linguagem elegante, poética e uma extensa análise do capítulo 9, o "capítulo *da sabedoria*".

Crosby, Kate e Andrew Skilton, trad. *The Bodhicharyavatara: The Guide to the Buddhist Path to Awakening*. Birmingham, Inglaterra: Windhorse, 2002. Reimpresão da aclamada edição de 1995 da Oxford University Press. Notas eruditas abrangentes.

Dalai Lama. *A Flash of Lightning in the Dark of Night*. Boston: Shambhala Publications, 1994. Comentário abreviado do texto.

________. *A Arte de Lidar com a Raiva*. Rio de Janeiro: Editora Campus, 2001. Comentário somente sobre o sexto capítulo (paciência).

________. *Transcendent Wisdom: A Commentary on the Nineth Chapter of Shantideva's Guide to the Bodhisattva Way of Life*. Trad. B. Alan Wallace. Ithaca: Snow Lion Publications, 1988.

Elliott, Neil (trad.). *Guide to the Bodhisattva's Way of Life: A Boddhist Poem for Today*. Ulverston and Glen Spey: Tharpa Publications, 2002. Tradução clara com excelente glossário e algumas palavras complicadas.

Geshe Kelsang Gyatso. *Meaningful to Behold*. Ulverston and Glen Spey: Tharpa Publications, 1994. Comentário verso por verso de todo o texto.

Padmakara Translation Group (trad.). *The Way of the Bodhisattva*. Boston: Shambhala Publications, 1997. Uma tradução bela e respeitável, com extensas notas explicativas e material de apoio. (É a tradução do texto utilizada neste livro.)

Wallace, Vesna A. e B. Alan Wallace (trad.). *A Guide to the Bodhisattva Way of Life*. Ithaca: Snow Lion Publications, 1997. Uma tradução em prosa com uma pequena introdução e notas dos tradutores.

Leituras Relacionadas

Chögyam Trungpa Rinpoche. *Cutting through Spiritual Materialism*. Berkeley: Shambhala Publications, 1973. Ver particularmente a sessão chamada "Styles of Imprisonment" para uma descrição do inferno como um estado psicológico.

________. *Training the Mind and Cultivating Loving-Kindness*. Boston: Shambhala Publications, 2003. Excelente companhia para *O Caminho do Bodhisattva*.

Dzigar Kongtrul Rinpoche. *It's Up to You*. Boston: Shambhala Publications, 2005.

Pema Chödrön. *The Places that Scare You*. Boston: Shambhala Publications, 1997. Traz práticas pertinentes que complementam *O Caminho do Bodhisattva*.

Sakyong Mipham Rinpoche. *Turning the Mind into an Ally*. New York: Riverhead Books, 2003. Ensinamentos claros sobre como meditar; grande ajuda para o capítulo 5 de *O Caminho do Bodhisattva*.

Audiocassetes

Chögyam Trungpa Rinpoche, com Ösel Tendzin. *The Way of the Bodhisattva*. Seminário de nove palestras sobre o texto de Shantideva, Naropa Institute, Boulder, Colo., 1980. Abrange tópicos como o voto do bodhisattva e práticas mahayana. Disponível no Shambhala Shop. *Website*: www.shambhalashop.com.

Dzongsar Khyentse Rinpoche. *The Way of the Bodhisattva*. Comentários em trinta e um audiocassetes sobre o texto de Shantideva. Siddhartha's Intent, 486 West 26th Avenue, Vancouver, B. C. Canadá,

V5Y2K2. *Website*: www.siddharthasintent.org. *E-mail*: Siddhartha @ sprynet.com

Pema Chödrön. *The Way to Bodhisattva.* Comentário de doze conferências (dezesseis audiocassetes) sobre os oito primeiros capítulos realizadas na Abadia de Gampo, 2001. (Transcrição também disponível.) Great Path Tapes and Books, 330 E. Van Hoesen, Portage, MI 49002. (269) 384-4167. *Website*: www.pemachodrontapes.org. *E-mail*:gptapes@aol.com.

________. *The Excellence of Bodhichitta*, um programa de fim de semana em Karmê Chöling, Vermont, maio 2002. Um ensinamento profundo sobre o primeiro capítulo de *The Way of the Bodhisattva*, e uma excelente introdução à prática do *tonglen.* Transcrição também disponível. Great Path Tapes and Books, 330. E. Van Hoesen, Portage, MI 49002. (269) 384-4167. *Website*: www.pemachodrontapes. org. *E-mail*: gptapes@aol.com.

________. *City Retreat II: Transforming Confusion into Wisdom*, Berkeley, Cal., 1999. Abrange o *lojong* ("treinamento da mente") slogans, além do *tonglen*, prática da igualdade, transformação de circunstâncias dolorosas no caminho e expansão do *lojong* à vida inteira. Estas práticas complementam o texto de Shantideva. Great Path Tapes and Books, 330 E. Van Hoesen, Portage, MI 49002. (269) 384-4167. *Website*: www.pemachodrontapes.org. *E-mail*: gptapes@aol.com.

________. *City Retreat III: The Four Limitless Qualities*, Berkeley, Cal., 2001. Visão geral altamente recomendada das quatro qualidades ilimitadas da gentileza amorosa, da compaixão, da alegria e da equanimidade. Meditação guiada da gentileza amorosa, do bodhichitta e da compaixão e o poder da atenção, três métodos para dissolver os aprisionamentos, trabalhar com as reviravoltas e a prática da equanimidade, e a continuação da prática na vida diária. Estas práticas complementam o texto de Shantideva. Great Path Tapes and Books, 330. E. Van Hoesen, Portage, MI 49002. (269) 384-4167. *Website*: www.pemachodrontapes.org. *E-mail*: gptapes@aol.com.

________. *The Bodhisattvas's Way of Life*, Berkeley, Cal., 2002-2004. Comentário oral de Pema Chödrön sobre o *Bodhicharyavatara, the Way of the Bodhisattva* de Shantideva. Transcrição também disponível. Great Path Tapes and Books, 330 E. Van Hoesen, Portage, MI 49002. (269) 384-4167. *Website*: www.penachodrontapes.org. *E-mail*: gptapes@aol.com.

Outras transcrições

Andreas Kretschmar, trad. *Bodhisattva-charyavatara, Entering the Conduct of the Bodhisattvas*, acompanhado de uma tradução de *Drops of Nectar.* Esta é uma tradução de um comentário importante do texto de Shantideva por Khenpo Kunpal (discípulo direto de Patrul Rinpoche), com uma abordagem pormenorizada do comentário oral de Khenpo Choga. Todos os textos e comentários têm sido apresentados pelo tradutor como um presente do dharma. Texto em inglês editado por Judith S. Amtzis. *Website*: www.kunpal.com.

Índice Remissivo

https://www.facebook.com/GryphusEditora/

twitter.com/gryphuseditora

www.bloggryphus.blogspot.com

www.gryphus.com.br

Este livro foi diagramado utilizando as fontes Adobe Caslon Pro e Times New Roman
e impresso pela Gráfica Eskenazi, em papel off-set 75 g/m²
e a capa em papel cartão supremo 250 g/m².